XUAN CHE GOU CHE
YI BEN TONG

选车购车一本通

赵培全 王志萍 吕志明 编著

Jeep

KIA

化学工业出版社
·北京·

本书共分五篇，包括认识汽车、购车准备、新车导购、二手车的选购、贷款购车等相关内容。本书浅显易懂，简洁明了，层次清晰，叙述有条有理，读者可以根据自己的需要直接翻阅其中的某个篇章查阅自己所需信息。

本书既可以作为各位准备购车朋友的口袋书，也可以供汽车从业者阅读参考。

图书在版编目（CIP）数据

选车购车一本通/赵培全，王志萍，吕志明编著.
北京：化学工业出版社，2017.10（2023.1重印）
ISBN 978-7-122-30405-6

Ⅰ.①选… Ⅱ.①赵…②王…③吕… Ⅲ.①汽车-选购-基本知识 Ⅳ.①F766

中国版本图书馆CIP数据核字（2017）第190933号

责任编辑：辛　田　　　　文字编辑：冯国庆
责任校对：边　涛　　　　装帧设计：尹琳琳

出版发行：化学工业出版社（北京市东城区青年湖南街13号　邮政编码100011）
印　　装：三河市延风印装有限公司
710mm×1000mm　1/16　印张$17^1/_2$　字数363千字　2023年1月北京第1版第3次印刷

购书咨询：010-64518888　　　　售后服务：010-64518899
网　　址：http://www.cip.com.cn
凡购买本书，如有缺损质量问题，本社销售中心负责调换。

定　　价：59.80元

前言 FOREWORD

2000年，我国汽车年产销量仅仅206万辆，2002年我国汽车产量达到300万辆，随后在21世纪第一个10年内，每年以两位数的速度高速增长。2009年由于金融危机的影响，在全球经济复苏举步艰难的情况下，全世界汽车工业受影响很大，我国的汽车产销量却分别完成1379.10万辆和1364.48万辆，产销量达到世界第一；2016年我国汽车产销分别完成2811.9万辆和2802.8万辆，创全球历史新高，并连续8年蝉联全球第一；我国已成为世界汽车生产、消费大国，且私人购车比例占到80%以上，私人消费正在成为我国汽车市场的主导因素。

汽车市场的高速增长，引起各大汽车公司之间以及各品牌经销商之间的激烈竞争，汽车市场每时每刻都在发生价格战、品牌战、服务战、促销战、广告战……每天“战事”不断，战略战术层出不穷。在竞争激烈的汽车市场上，消费者越来越挑剔，卖方市场已经演变为买方市场。

汽车属于高档耐用消费品，对于普通老百姓来说，买辆轿车作为家用也算得上一笔不小的开支，那么如何选购一辆适合自己家庭的汽车？是买进口车？合资车？还是国产车？买轿车还是SUV？买新车还是二手车？买传统的燃油车还是新能源汽车？选购汽车需要注意哪些事项？银行有什么贷款政策？新能源汽车有什么特点？国家对于新能源汽车有什么优惠政策？……为此，我们特编写该书，希望可以为计划购车的朋友带来一些便利。

本书共分五篇，包括认识汽车、购车准备、新车导购、二手车的选购、贷款购车等内容，读者朋友可以根据自己的需要直接翻阅其中的某个篇章查阅自己所需信息。

本书由赵培全、王志萍、吕志明编著，内容浅显易懂，简洁明了，层次清晰，叙述有条有理。编写过程中，韩广德、陈业辉、李永庆、魏郑龙、徐鸿领、朱玉林、于洪顺、万盛超、李朋、赵尚殿、宋健、王玲、赵嘉茗、何平等在资料整理中提供了很大帮助，曹鑫、宋甘霖、房敏和殷长浩在插图处理过程中做了很多工作，在此一并致谢。

编写过程中，参考了一些专业著作、报纸杂志，也采用一些网友的建议，在此，对提供帮助的作者和网站致以诚挚的谢意。

由于笔者水平有限，书中不足之处在所难免，希望广大读者批评指正。

编著者

目录
CONTENTS

第一篇

认识汽车

1. 了解汽车的构造

汽车由发动机、底盘、车身、电气设备四大部分组成，如图1-1所示。

(a)发动机

(b)底盘

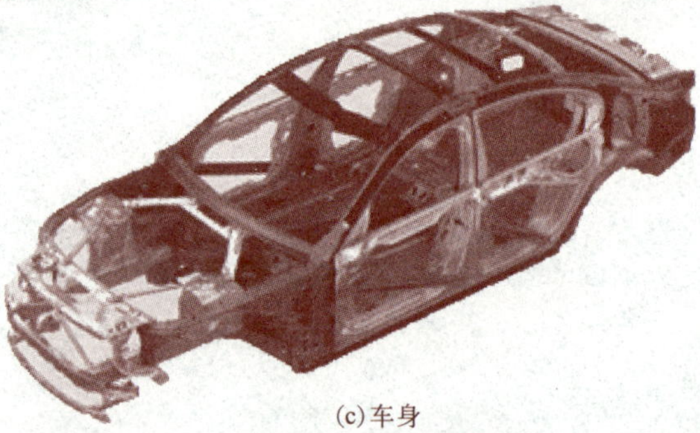

(c)车身

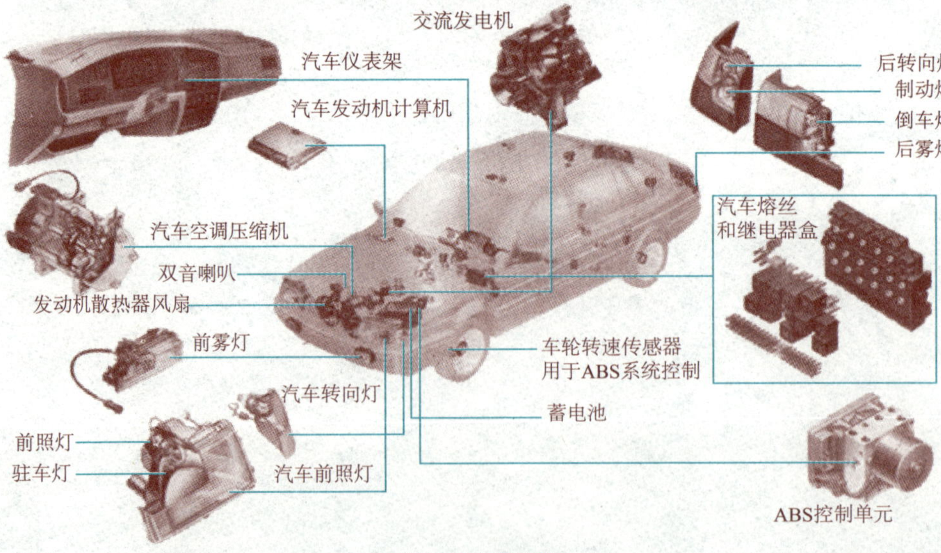

(d)汽车主要电器

图1-1 汽车的构造

（1）发动机

发动机是汽车的心脏，是汽车的动力装置，为汽车的行驶提供动力。

根据所用的燃料不同，常见的发动机可分为汽油发动机（简称汽油机）和柴油发动机（简称柴油机）两种。汽油机以汽油为燃料，柴油机以柴油为燃料。

（2）底盘

底盘的作用是支撑、安装汽车发动机及其各部件总成，形成汽车的整体造型，接受发动机的动力，使汽车产生运动，并保证汽车按驾驶员的操纵正常行驶。底盘包括传动系统、行驶系统、转向系统和制动系统四大部分。

① 传动系统　汽车发动机所发出的动力靠传动系统传递到驱动车轮。传动系统具有减速、变速、倒车、中断动力、轮间差速和轴间差速等功能，与发动机配合工作，能保证汽车在各种工况条件下的正常行驶，并具有良好的动力性和经济性。主要由离合器、变速器、万向节、传动轴和驱动桥等组成。

② 行驶系统　行驶系统由车架、车桥、悬架和车轮等部分组成。行驶系统的功用如下。

a.接受传动系统的动力，通过驱动轮与路面的作用产生牵引力，使汽车正常行驶。

b.承受汽车的总重量和地面的反作用力。

c.缓和不平路面对车身造成的冲击，衰减汽车行驶中的振动，保持行驶的平顺性。

d.与转向系统配合，保证汽车操纵稳定性。

③ 转向系统　汽车上用来改变或恢复其行驶方向的机构称为汽车转向系统。转向系统主要由转向盘、转向轴、转向管柱等组成。

转向器将转向盘的转动变为转向摇臂的摆动或齿条轴的直线往复运动，并对转向操纵力进行放大。转向器一般固定在汽车车架或车身上，转向操纵力通过转向器后一般还会改变传动方向。

转向传动机构是指将转向器输出的力和运动传给车轮（转向节），并使左右车轮按一定关系进行偏转的机构。

④ 制动系统　其作用是使行驶中的汽车按照驾驶员的要求进行强制减速甚至停车；或使已停驶的汽车在各种道路条件下（包括在坡道上）稳定驻车；或使下坡行驶的汽车速度保持稳定。

（3）车身

车身是容纳驾驶员、乘客和货物部分的总称，它包括驾驶室和各种形式的车厢。

轿车、客车的车身一般是整体结构，货车的车身一般由驾驶室和货厢两部分组成。汽车车身结构主要包括车身壳体（白车身）、车门、车窗、车前钣制件、车身内外装饰件和车身附件、座椅以及通风、暖气、冷气、空气调节装置等。在货车和专用汽车上还包括车厢和其他装备。

（4）电气设备

汽车电气设备是保证汽车动力性、经济性、安全性和可靠性，提高汽车品质的重要组成部分，包括汽车电源、用电设备和电子控制装置。随着汽车技术的发展，汽车上的电气设备越来越多，使现代汽车向着智能化、自动化、电子化方向发展。

2. 汽车的分类

汽车的分类方法很多，常见的分类方法有按燃油类别分类、按汽车用途分类、按发动机位置分类、按车轮驱动形式分类、按承载方式分类等。下面介绍一下生活中常用的汽车分类方法。

（1）按汽车的用途分类

在GB/T 3730.1—2001中，根据汽车的用途不同将汽车分为乘用车和商用车，如图1-2所示。

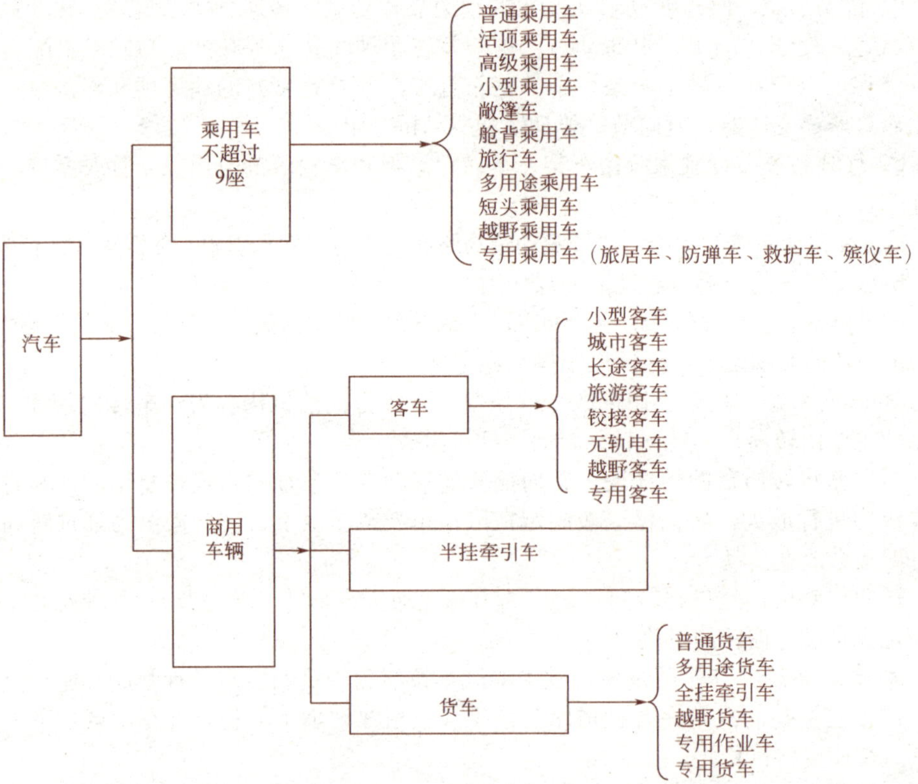

图1-2　汽车的分类（根据GB/T 3730.1—2001整理）

本书着重讲解乘用车，如图1-3所示。

（2）按动力装置分类

① 内燃机汽车　内燃机汽车是以内燃机作为原动力，通过传动装置驱动车轮的汽车。它又分为汽油机汽车、柴油机汽车、气体燃料汽车、液化气体汽车、双燃料汽车，如图1-4所示。

② 电动汽车　电动汽车是指以车载电源为动力，用电动机驱动车轮行驶，符合道路交通、安全法规各项要求的车辆。其组成包括电力驱动及控制系统、驱动力传动等机械系统、完成既定任务的工作装置等，如图1-5所示。

(a)普通乘用车　(b)活顶乘用车　(c)高级乘用车
(d)小型乘用车　(e)敞篷车　(f)舱背乘用车
(g)旅行车　(h)多用途乘用车　(i)短头乘用车
(j)越野车乘用车　(k)专用车乘用车

图1-3　各种乘用车

图1-4　内燃机汽车

图1-5　电动汽车

纯电动汽车以电动机代替燃油机，由电动机驱动而无需自动变速箱。电动汽车的优点是在行驶过程中不需要换挡变速装置，操纵方便容易，易实现操纵自动化；噪声低；无废气排出，不产生污染；能量转换效率高。电动机的供能装置通常是化学蓄电池。传统式的铅酸蓄电池在重量、充电间隔时间、寿命、放电能力等方面还不完全令人满意，从而限制了电动汽车的大量普及。

③ 混合动力汽车　广义上说，混合动力汽车是指拥有至少两种动力源，使用其中一种或多种动力源提供部分或者全部动力的车辆，如图1-6所示。但是，在实际生活中，混合动力汽车多半采用传统的内燃机和电动机作为动力源，通过混合使用热能和电力两套系统驱动汽车。使用的内燃机既有柴油机又有汽油机，因此可以使用

传统汽油或者柴油，也有的发动机经过改造使用其他替代燃料，例如压缩天然气、丙烷和乙醇燃料等。使用的电动力系统中包括高效强化的电动机、发电机和蓄电池。使用的蓄电池包括铅酸电池、镍锰氢电池和锂电池，将来应该还能使用氢燃料电池。

混合动力汽车在动力性能、续行里程、使用方便性、环保性等方面具有显著优势，因而具有商业价值和实用价值。目前，世界各国都对混合动力汽车给予极大关注，我国的汽车厂家也在纷纷进入这一新兴领域。

④ 太阳能汽车　太阳能在汽车上的应用技术主要有两个方面：一是作为驱动力；二是用作汽车辅助设备的能源，如图1-7所示。

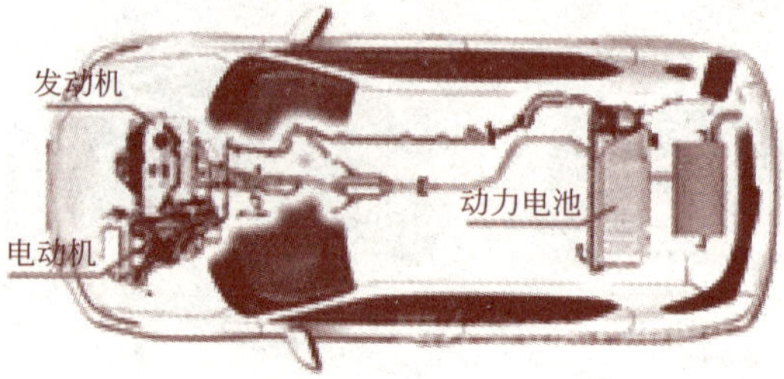

图1-6　混合动力汽车

图1-7　太阳能汽车

汽车主要动力这一应用方式，一般采用特殊装置吸收太阳能，再转化为电能驱动汽车运行。按照应用太阳能的程度又可分为三种形式，即太阳能作为第一驱动力驱动汽车、太阳能和其他能量混合驱动汽车、太阳能用作汽车蓄电池的辅助充电能源。目前国内销售的车型当中，奔驰（E级）、奥迪（A8、A6L、A4）、大众（途锐）等部分车型配备了太阳能天窗。

（3）按发动机排量分类

乘用车可按发动机工作容积（发动机排量）分级。

① 微型乘用车　发动机排量在1L以下，尺寸较小，结构紧凑，前排座椅是较舒适的乘坐位置，而后排座椅通常供辅助用。因此，这些乘用车最宜作为车主个人的代步工具。

② 普通级乘用车　发动机排量为1.0～1.6L，空间介于微型车和中级车之间，属于紧凑型车，多数用于家庭。

③ 中级乘用车　发动机排量为1.6～2.5L，前后排空间相对较大，适合公私兼顾的商务用车。

④ 中高级乘用车　发动机排量为2.5～4L，如德国奔驰300系列乘用车。

⑤ 高级乘用车　发动机排量在4L以上，如美国通用汽车公司的凯迪拉克（CADILLAC）高级乘用车、美国福特汽车公司的林肯（LINCOLN）高级乘用车、英国劳斯莱斯（ROLLS ROYCE）高级乘用车，德国奔驰S系列、E系列高级乘用车。

中高级和高级乘用车的主要特点是尺寸大、装备齐全考究、性能优良，较舒适的座位设置在后排。

（4）按驱动方式分类

① 前轮驱动汽车　前轮驱动是指发动机的动力直接传递给前轮，从而带动车辆前进的驱动方式。形象地说，就是前进时前轮“拖动”后轮，带动车辆行进。

现在大部分轿车都采用前轮驱动的配置。前轮驱动的汽车上，发动机一般是横向安装的，即气缸的排列方向与车的行驶方向垂直，但是也有少数车型的发动机采用纵向安装。前轮驱动的车辆通常发动机和变速箱也都在汽车前部。

② 后轮驱动汽车　后轮驱动是指在汽车设计中，发动机的动力只驱动后轮的动力分配方式。后轮驱动汽车的前轮在行驶时不产生动力，只起到承重和转向的作用。

后轮驱动方式使得车辆中心分配比较均衡，一般可以达到50 ∶ 50的最佳比例，过弯的极限值更高，所以在加速转弯时，驾驶人员会感到有更大的横向握持力，操控性能变好。这就是世界上高速跑车和高档轿车较多采用后轮驱动的原因。如奔驰、宝马、凯迪拉克、雷克萨斯等，一些准豪华车如丰田皇冠、锐志等也是后轮驱动。

③ 四轮驱动汽车　所谓四轮驱动，又称全轮驱动，是指汽车前后轮都有动力。可按行驶路面状态不同而将发动机输出扭矩按不同比例分布在前后所有的轮子上，以提高汽车的行驶能力。一般用4×4或4WD来表示，如果你看见一辆车上标有上述字样，那就表示该车辆拥有四轮驱动的功能，如图1-8所示。

图1-8　四轮驱动汽车

过去只有越野车采用四轮驱动，现在有些轿车也用上四轮驱动装置，比如奥迪A4 quattro、Q7，欧蓝德四驱版。目前，轿车的功率一般比较大，加速时重心后移，全车重量就会向后轴移动，造成前轴轻飘。前轮驱动的轿车即使在良好的路面上也会打滑，四轮驱动就可以防止这种现象发生。

（5）按发动机的位置和驱动方式分类

① 前置前驱（FF）汽车　发动机前置，由前轮驱动的汽车。

② 前置后驱（FR）汽车　发动机前置，由后轮驱动的汽车。

③ 后置后驱（RR）汽车　发动机后置，由后轮驱动的汽车。

④ 中置后驱（MR）汽车　发动机中置，由后轮驱动的汽车。

3. 常见汽车类型术语

（1）MPV

MPV的全称是multi-purpose vehicle，即多用途汽车。它集轿车、旅行车和厢式货车的功能于一身，车内每个座椅都可以调整，并有多种组合的方式，例如可将中排座椅靠背翻下即可变为桌台，前排座椅可作180°旋转等。近年来，MPV趋向于小型化，并出现了所谓的S-MPV，S是小（small）的意思。S-MPV车长一般在4.2～4.3m之间，车身紧凑，一般为5～7座。

（2）SUV

SUV的全称是sport utility vehicle，中文意思是运动型多用途汽车。现在主要是指那些设计前卫、造型新颖的四驱或两驱越野车。SUV一般前悬架是轿车型的独立悬架，后悬架是非独立悬架，离地间隙较大，在一定程度上既有轿车的舒适性，又有越野车的越野性能。由于带有MPV式的座椅多组合功能，使车辆既可载人，又可载货，适用范围广。

（3）RV

RV的全称是recreati on vehicle，即休闲车，是一种适用于娱乐、休闲、旅行的汽车，首先提出RV汽车概念的国家是日本。RV的覆盖范围比较广泛，没有严格的范畴。从广义上讲，除了轿车和跑车以外的轻型乘用车，都可归属于RV。MPV及SUV也同属RV。

（4）皮卡

皮卡（pick-up）又名轿卡。顾名思义，亦轿亦卡，是一种采用轿车车头和驾驶室，同时带有敞开式货车车厢的车型。其特点是既有轿车般的舒适性，又不失动力强劲，而且比轿车的载货和适应不良路面的能力还强。最常见的皮卡车型是双排座皮卡，这种车型是目前保有量最大，也是人们在市场上见得最多的皮卡，如图1-9所示。

图1-9　皮卡

（5）CKD汽车

CKD是英文completely knocked down的缩写，意思是“完全拆散”。换句话说，CKD汽车就是进口或引进汽车时，汽车以完全拆散的状态进口之后，再把汽车的全部零部件组装成整车。我国在引进国外汽车先进技术时，一开始往往采取CKD组装方式，将国外先进车型的所有零部件买进来，在国内汽车厂组装成整车。

（6）SKD汽车

SKD是英文semi-knocked down的缩写，意思是“半散装”。换句话说，SKD汽车就是指从国外进口汽车总成（如发动机、驾驶室、底盘等），然后在国内汽车厂装配而成的汽车。SKD相当于国外厂家将汽车做成“半成品”，进口后简单组装就成整车。

（7）零千米汽车

零千米汽车是一个销售术语，指行驶里程为零或里程较低（如不高于20km）的汽车，它的出现是为了满足客户对所购车辆“绝对全新”的要求。零千米表示汽车从生产线上下来后，只有工人调试时短距离驾驶过。为了保证里程表的读数为零，从生产厂到各销售点，均采用大型专用汽车运输，以保证车辆全新。

（8）概念车

概念车由英文conception car意译而来。概念车不是已经或即将投产的车型，它仅仅是向人们展示设计人员新颖、独特、超前的构思而已。概念车还处在创意、试验阶段，很可能永远不会投产。因为不是大批量生产的商品车，每一辆概念车都可以更多地摆脱生产制造水平方面的束缚，尽情地甚至夸张地展示自己的独特魅力。

概念车是时代的新汽车科技成果，代表着未来汽车的发展方向，因此它展示的作用和意义很大，能够给人以启发并促进相互借鉴学习。因为概念车有超前的构思，体现了独特的创意，并应用了新的科技成果，所以它的鉴赏价值极高。

世界各大汽车公司都不惜巨资研制概念车，并在国际汽车展上亮相，一方面了解消费者对概念车的反应，从而继续改进；另一方面也是为了向公众显示本公司的技术水平，从而提高自身形象。

（9）sedan

是指在马路上最常见的四门三厢车。

（10）coupe

通常是两门三厢车的英文名。比较富有时代感，比较“酷”。通常coupe是年轻人所宠爱的。coupe并非跑车，仅仅是运动感很强，如图1-10所示。

(a)mini coupe

(b)奔驰C300 coupe

图1-10　coupe

（11）hatchback

也就是掀背式，通常就是两厢车，车尾上的门可向上掀起，外形小巧玲珑。一般来说，价格比较便宜，开起来也比较经济。通常，年轻人开这种车的比较多。

（12）wagon

就是常说的旅行车。大多数旅行车都是以轿车为基础的，也就是说将轿车的后备厢加高到与车顶齐平，用来增加行李空间。wagon既有轿车的舒适，也有相当大的行李空间，外形也相当的稳重，有成熟的魅力。

（13）VAN

中文意思就是客货两用车，也可以说是MPV。在北美洲，VAN是相当常见的车型。在我国也叫大面包，通常有7～8个座位，侧面是滑行的车门。国内常见的别克GL8公务车就是VAN。

（14）convertible

中文意思为可折叠的，也就是篷可折叠的敞篷车。这类车不追求速度，主要是以休闲为主。

（15）roadster

顾名思义，就是要跑得快，即跑车。

（16）两厢车与三厢车

两厢车是一种将驾驶室和后备厢做成同一个厢体，并且发动机舱独立的布置形式。这种布置形式能增加车内空间，但后备厢空间有所减少，因此多用于小型车和紧凑型车。两厢车尾部有宽敞的后车门，使这种汽车具备了使用灵活、用途广泛的特点——放平后排座位，就可以获得比三厢车大得多的载物空间，甚至可用来运送许多大型家电和家庭用品，如图1-11（a）所示。

常见的轿车一般是三厢车，之所以称为三厢车，是因为它的车身结构由三个相互封闭、用途各异的“厢”组成：前部的发动机舱、车身中部的乘员舱和后部的行李舱，如图1-11（b）所示。

(a)两厢车　　(b)三厢车

图1-11　两厢车与三厢车

（17）老爷车

老爷车也叫古典车，一般指20年前或时间更久的汽车。老爷车是一种怀旧的产物，是人们过去曾经使用的，现在仍可以行驶的汽车。

老爷车这一概念始于20世纪70年代，最早出现在英国的一本杂志上。不到10年工夫，关注老爷车的人就越来越多，致使老爷车的身价戏剧性地增长起来。

（18）零排放汽车

零排放汽车是指不排出任何有害污染物的汽车，比如太阳能汽车、纯电动汽车、氢气汽车等。人们也把零排放汽车称为绿色汽车、环保汽车、生态汽车和清洁汽车等。

（19）电动汽车

目前人们所说的电动汽车多是指纯电动汽车，即是一种采用单一蓄电池作为储能动力源的汽车。它利用蓄电池作为储能动力源，通过蓄电池向电动机提供电能，驱动电动机运转，从而推动汽车前进。

（20）混合动力车

混合动力汽车就是在纯电动汽车上加装一套内燃机，其目的是减少汽车的污染，提高纯电动汽车的行驶里程。混合动力汽车有串联式和并联式两种结构形式。

（21）燃气汽车

燃气汽车主要有液化石油气汽车（LPG汽车或LPGV）和压缩天然气汽车（CNG汽车或CNGV）。燃气汽车是目前较为实用的低排放汽车。

4. 家用轿车的主要类型

其实家用轿车并没有特定的类型，只是根据家庭使用需要，某些结构的车型更适合家庭消费罢了。常见的家用轿车的类型如下。

阶背式轿车，也称为三厢车，这是典型的轿车结构，发动机前置，四个车门、车尾有分隔后备厢，乘客交谈方便，车身重心在前方偏中位置，通常是中高档轿车的款式，涵盖的车型最多。

溜背式轿车，也称两厢车，在欧洲和日本比较流行，这几年正在我国逐步流行。溜背式轿车结构紧凑、小巧，车身长度短，重心前移，行驶比较平稳。

溜背式轿车和阶背式轿车并不是轿车档次的主要标志。由于我国民众喜欢汽车有个“屁股”，一些厂家就专门将溜背式轿车改装成阶背式轿车，以适应市场需要，如三厢夏利、富康988等。

旅行轿车，适合旅行用。在三厢车尾部加上顶棚，具特大后备厢。

越野车，适应恶劣道路，野外行驶，跋山涉水，多为四轮驱动，底盘离地间隙高，车身坚固，通过力强。

跑车、运动车、双门跑车，以运动、刺激、乐趣、舒适、高速为目标。发动机功率大，底盘和悬挂适应高速行驶。

小型客货车、皮卡车，客货两用，兼有轿车舒适和卡车坚实的特点。

RV，娱乐休闲汽车。

MPV，多用途车，单厢式结构。

SUV，运动型多用途、造型新颖的越野车。

5. 轿车的级别划分

德国大众在开始推广它的平台战略的时候，将车型平台按照大小和定位，分成A00级、A0级、A级、B级、C级、D级六个级别。按照德国汽车分级标准，A级（包括A0、A00）车是指小型乘用车，B级车是指中档乘用车，C级车是指高档乘用车，而D级车指的则是豪华乘用车，其等级划分主要依据轴距、排量、重量等参数，字母顺序越靠后，该级别车的轴距越长，排量和重量越大，乘用车的豪华程度也不断提高。

国内一般把A00级、A0级、A级、B级、C级、D级分别称为微型车、小型车、紧凑型车、中型车、中大型车、豪华车，而E级指跑车。

随着车型的增加以及价格、款式、配置选择越来越多样化，A级车、B级车、C级车的边缘交叉也会越来越多。例如，有些车型或许轴距属于A级车范围，而排量与价格却与B级车相差无几。因此，乘用车分级不应过于僵化死板，需灵活处理。

（1）A00级

A00级车的轴距在2～2.3m之间，发动机排量小于1L，如奥拓、Smart就属于

A00级车，如图1-12所示。

(a)奥拓　　(b) Smart

图1-12　A00级车

（2）A0级

A0级车的轴距为2.3～2.5m，排量为1～1.5L，比较典型的是赛欧、飞度、Polo、瑞纳、嘉年华，如图1-13所示。

(a)飞度　　(b)Polo　　(c)瑞纳

图1-13　A0级车

（3）A级

A级车的轴距范围在2.5～2.7m之间，排量为1.5～2.0L，如朗逸、福克斯、速腾、卡罗拉、奥迪A3。A级车是我国销量最多的家用车，如图1-14所示。

(a)朗逸　　(b)速腾　　(c)卡罗拉

图1-14　A级车

（4）B级

B级车轴距在2.7～2.9m之间，排量为1.8～2.5L。B级车市场逐渐成为国内汽车企业拼杀的主战场，迈腾、马自达6、雅阁、蒙迪欧、索纳塔、奥迪A4、帕萨特、丰田凯美瑞等众多车型均属于B级车阵营，如图1-15所示。

（5）C级

C级车的轴距在2.8～3.0m之间，发动机排量为2.3～3.0L。国内名气最大的C级车非奥迪A6、宝马5系、奔驰E系列莫属，如图1-16所示。

(a)雅阁 (b)帕萨特 (c)凯美瑞

图1-15 B级汽车

(a)奥迪A6 (b)宝马525

图1-16 C级车

（6）D级

D级车大多外形气派，车内空间极为宽敞，发动机动力也非常强劲，其轴距一般均大于2.8m，排量基本都在3.0L以上。常见的D级车有奔驰S系列、宝马7系、奥迪A8和劳斯莱斯、宾利等品牌的车型，如图1-17所示。

(a)奔驰S600 (b)宾利

图1-17 D级车

6. 看懂汽车的型号

为了便于汽车在生产、管理、使用、维修过程中的识别，我国于1988年制定了新的国家标准GB 9417—1988《汽车产品型号编制规则》，用简单的汉语拼音字母和阿拉伯数字来编号表示国产汽车的企业代号、类型代号、主要特征参数代号、产品序号和企业自定代号等。必要时附加企业自定代号，对于专用汽车及专用半挂车增加专用汽车分类代号。

如图1-18所示，汽车型号需表明汽车的生产企业、汽车类型和主要的特征参数以及产品序号和企业自定代号等内容。完整的汽车型号包括五部分内容：企业名称代号、车辆类别代号、主参数代号、产品序号和企业自定代号。

（1）企业名称代号

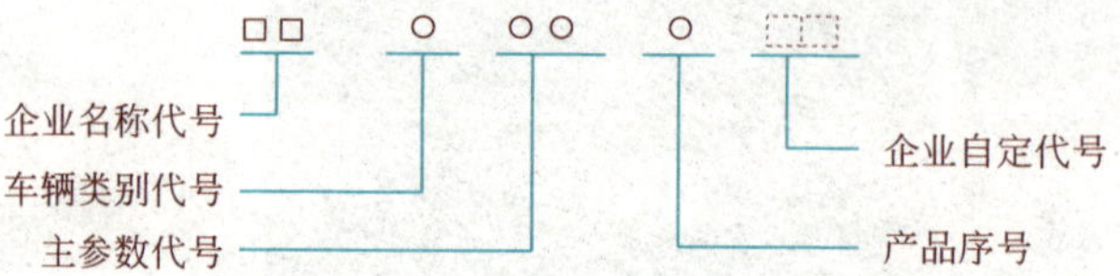

图1-18 汽车型号组成示意图

□ 用汉语拼音字母表示；○ 用阿拉伯数字表示；
⬚ 用汉语拼音字母或阿拉伯数字表示均可

企业名称代号位于产品型号的第一部分，用代表企业名称的两个字的汉语拼音首字母表示。

EQ——东风汽车集团公司（二汽集团公司）。

BJ——北京汽车集团公司。

NJ——南京汽车集团公司。

SH——上海汽车工业（集团）总公司。

TJ——天津汽车工业有限公司。

（2）车辆类别代号

车辆类别代号表明车辆分属的种类，用一位阿拉伯数字表示。我国的车辆类别代号见表1-1。

表1-1 我国的车辆类别代号

车辆类别代号	车辆种类	车辆类别代号	车辆种类
1	载货汽车	6	客车
2	越野汽车	7	轿车
3	自卸汽车	8	
4	牵引汽车	9	半挂车及专用半挂车
5	专用汽车		

（3）主参数代号

主参数代号用两位阿拉伯数字表示。

① 载货汽车、越野汽车、自卸汽车、牵引汽车、专用汽车与半挂车的主参数代号为车辆的总质量（t），牵引汽车的总质量包括牵引座上的最大质量。当总质量在100t以上时，允许用3位数字表示。

② 客车及半挂车的主参数代号为车辆长度（m）。当车辆长度小于10m时，表示汽车长度的单位是0.1m。当车辆长度等于或大于10m时，表示汽车长度的单位是m。

③ 轿车的主参数代号为发动机排量（L），精确到小数点后一位，并以其数值的10倍数值表示。如7180表示发动机排量为1.8L的轿车。

④ 专用汽车及专用半挂车的主参数代号，当适用定型汽车底盘或定型半挂车底盘改装时，若其主参数与定型底盘原车的主参数之差不大于原车的10%，则沿用原车的主参数代号。

⑤ 主参数不足规定位数时，在参数前以“0”占位。

（4）产品序号

产品序号用阿拉伯数字表示，数字由0、1、2……依次使用。0表示第一代产品，1表示第二代产品……以此类推。

当车辆主参数有变化，但变化不大于原定型设计主参数的10%时，其主参数代号不变；如果主参数的变化大于10%，则应改变主参数代号；若因为数字修约而主参数代号不变时，则应改变其产品序号。

（5）企业自定代号

企业自定代号用汉语拼音字母或阿拉伯数字表示均可，位数由企业自定，主要用于区别结构略有变化的同一种汽车，如单排座与双排座、单卧铺与双卧铺、普通驾驶室与高顶驾驶室、转向盘左置与右置等。供用户选装的零部件（如暖风装置、收音机、地毯、绞盘等）不属于结构特征变化，不给予企业自定代号。

应用举例如下。

① BJ2020S　BJ代表北京汽车制造厂；2代表越野车；02代表该车总质量为2t；0代表该车为第一代产品；S为厂家自定义。

② TJ7131U　TJ代表天津汽车制造厂；7代表轿车；13代表发动机排量为1.3L；1代表该车为第二代产品；U为厂家自定义。

7. 车辆识别代号

车辆识别代号（vehicle identification number，VIN）就像人的身份证一样，具有在世界范围内对某一车辆的唯一识别性。每一辆新出厂的车都会打上VIN代号，此代号将伴随着该车辆的注册、保险、年检、维修与保养，直至回收或报废而载入车辆的服役档案。利用VIN可以方便地查找车辆的制造者、销售者及使用者。使用VIN是我国在车辆制造与贸易及管理上与世界接轨的重要体现。国际标准化组织ISO在1976年制定了ISO 3780《道路车辆——世界制造厂识别代号》后，各主要汽车生产国纷纷制定了自己的标准，建立了世界范围内的车辆识别系统。我国在1996年完成了有关车辆识别代号的报批工作，颁布了标准GB/T 16735—1997与GB/T 16736—1997，并采用了ISO标准。现在新标准为GB/T 16735—2004，代替了GB/T 16735—1997与GB/T 16736—1997，并成为汽车行业的强制性标准。

车辆识别代号由世界制造厂识别代号（WMI）、车辆说明部分（VDS）、车辆指示部分（VIS）三部分组成，共17位字码。

对完整车辆和（或）非完整车辆年产量大于或等于500辆的车辆制造厂，车辆识别代号的第一部分为世界制造厂识别代号（WMI）；第二部分为车辆说明部分（VDS）；第三部分为车辆指示部分（VIS），如图1-19所示。

对完整车辆和（或）非完整车辆年产量小于500辆的车辆制造厂，车辆识别代号的第一部分为世界制造厂识别代号（WMI）；第二部分为车辆说明部分（VDS）；第三部分的第三至第五位与第一部分的三位字码一起构成世界制造厂识别代号（WMI），其余五位为车辆指示部分（VIS），如图1-20所示。

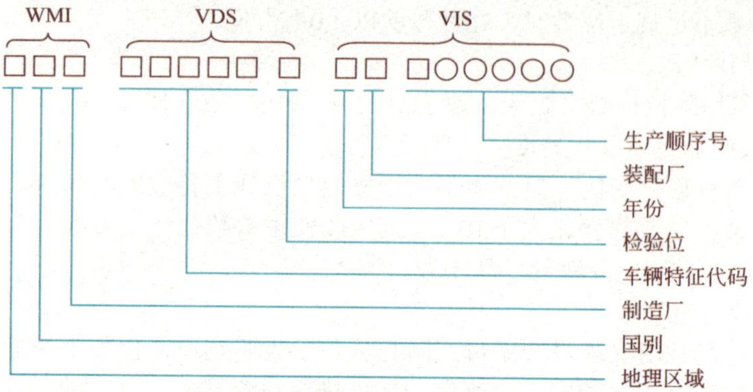

图 1-19　年产量大于或等于500辆的车辆制造厂车辆识别代号的含义

□ 代表字母或数字；○ 代表数字

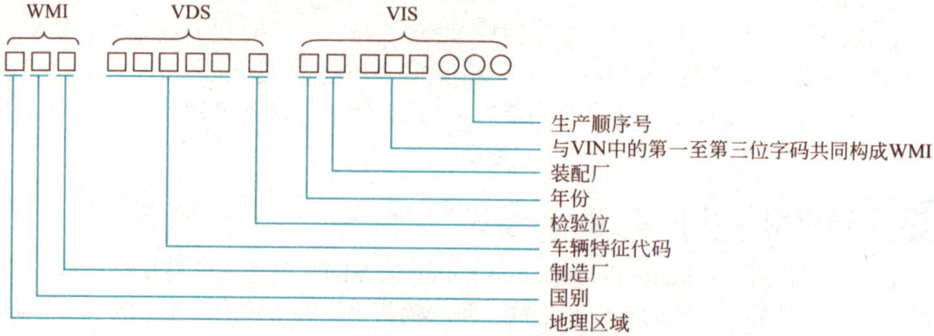

图 1-20　年产量小于500辆的车辆制造厂车辆识别代号的含义

□ 代表字母或数字；○ 代表数字

（1）第一部分：世界制造厂识别代号（WMI）

世界制造厂识别代号（world manufacturer identifier，WMI）作为车辆识别代号（VIN）的第一部分，用以标识车辆的制造厂。当此代号被指定给某个车辆制造厂时，就能作为该厂的识别标志，世界制造厂识别代号在与车辆识别代号的其余部分一起使用时，足以保证30年之内在世界范围内制造的所有车辆的车辆识别代号具有唯一性。

WMI具有世界车辆制造厂的世界唯一性。ISO组织授权美国汽车工程师学会（SAE）作为其国际代理，负责为世界各国指定地区代码及国别代码，负责WMI的保存与核对。

车辆制造厂应由其所在国的国家机构分配一个或几个WMI代号。国内车辆制造厂的WMI由国家汽车主管部门进行分配，国家汽车主管部门应将分配的WMI代号向ISO授权的国际代理机构进行申报并核对。

WMI代号由三位字码组成，字码可使用下列阿拉伯数字和英文字母。

1 2 3 4 5 6 7 8 9 0

A B C D E F G H J K L M N P R S T U V W X Y Z（字母I、O及Q不能使用）

WMI的第1位字码是由国际代理机构分配的，用以标明一个地理区域的一个字母或数字字码，国际代理机构根据预期的需要为某一个地理区域分配了几个字码，见表1-2。

表1-2 WMI第1位：生产国家或地区代码

代码	国家	代码	国家
1	美国	J	日本
2	加拿大	S	英国
3	墨西哥	K	韩国
4	美国	L	中国
6	澳大利亚	V	法国
9	巴西	Y	瑞典
W	德国	Z	意大利
T	瑞士		

WMI的第2位字码是由国际代理机构分配的，用以标明某特定地区内的某个国家的一个字母或数字字码，国际代理机构根据预期的需要为某一个国家分配了几个字码。WMI应通过第1位和第2位字码的组合保证国家识别标志的唯一性。例如，10～19——美国，1A～1Z——美国，2A～2W——加拿大，3A～3W——墨西哥，W0～W9——德国，WA～WZ——德国，L0～L9——中国，LA～LZ——中国等。

WMI的第3位字码是由国家机构指定的，用以标明某个特定制造厂的一个字母或数字字码，WMI通过前3位字码的组合保证制造厂识别标志具有唯一性。

国家机构在第3位上使用数字9来识别所有实际年产量小于500辆的制造厂。对于这样的制造厂，VIS的第3～5位字码由国家机构指定，以便识别特定的制造厂。表1-3为国内部分常见汽车制造厂的WMI代号。

表1-3 国内部分常见汽车制造厂的WMI代号

WMI	生产企业	WMI	生产企业
LSV	上海大众	LHG	广州本田
LFV	一汽大众	LKD	哈飞汽车
LDC	神龙富康	LSY	沈阳金杯
LEN	北京吉普	LSG	上海通用
LS5	长安汽车	LHB	北汽福田

（2）第二部分：车辆说明部分（VDS）

车辆说明部分（vehicle descriptor section，VDS）作为车辆识别代号（VIN）的第二部分，用以说明车辆的一般特征信息，由6位字码组成（即VIN的第4～9位）。

如果车辆制造厂不使用其中的一位或几位字码，应在该位置填入车辆制造厂选定的字母或数字占位。

VDS的第1～5位（即VIN的第4～8位）是对车型特征进行描述，其代码及顺序由车辆制造厂决定。

VDS从以下几个方面对车型特征进行描述：车辆类型、车辆结构特征（如车身类型、驾驶室类型、货厢类型、驱动类型、轴数及布置方式等）、车辆装置特征（如约束系统类型、发动机特征、变速器类型、悬架类型、制动型式等）、车辆技术特性参数（如车辆最大总重量、车辆长度、轴距、座位数等）。

对于以下不同类型的车辆，在VDS中描述的车型特征应包括表1-4中规定的内容。

VDS的最后一位（即VIN的第9位字码）为检验位。检验位可为0～9中任一数字或字母X，用以核对车辆识别代号记录的准确性，检验位按照以下步骤计算得出。

① 车辆识别代号中的数字和字母对应值见表1-5和表1-6。

② 按表1-7所示，给VIN代号中的每一位字码指定一个加权系数。

表1-4　VDS的第1～5位（VIN的第4～8位）的含义

车辆类型	车型特征
乘用车	车身类型、发动机特征①
载货车（含牵引车）	车身类型、车辆最大总重量、发动机特征①
客车	车辆长度、发动机特征①
挂车	车身类型、车辆最大总重量
摩托车和轻便摩托车	车辆类型、发动机特征①
非完整车辆	车身类型②、车辆最大总重量②、发动机特征③

① 发动机特征至少应包括对燃油类型、排量和（或）功率的描述。

② 用于制造成为货车的非完整车辆的描述项目。

③ 用于制造成为客车的非完整车辆的描述项目，此时发动机特征至少应包括对燃油类型、发动机布置型式、排量和（或）功率的描述。

表1-5　VIN代号中的数字对应值

VIN中的数字	0	1	2	3	4	5	6	7	8	9
对应值	0	1	2	3	4	5	6	7	8	9

表1-6　VIN代号中的字母对应值

VIN中的字母	A	B	C	D	E	F	G	H	J	K	L	M	N	P	R	S	T	U	V	W	X	Y	Z
对应值	1	2	3	4	5	6	7	8	1	2	3	4	5	7	9	2	3	4	5	6	7	8	9

表1-7　VIN中每一位字码的加权系数

VIN中的位置	1	2	3	4	5	6	7	8	9	10	11	12	13	14	15	16	17
加权系数	8	7	6	5	4	3	2	10	*	9	8	7	6	5	4	3	2

③ 将检验位之外的16位中每一位的加权系数乘以此位数字或字母的对应值，再将各乘积相加，求得的和被11除。

④ 除得的余数即为检验位。如果余数是10，检验位就为字母X。

（3）第三部分：车辆指示部分（VIS）

车辆指示部分（vehicle indicator section，VIS）是车辆识别代号的第三部分，为车辆出厂特征的指标部分，由8位字码组成（即VIN的第10～17位）。

VIS的第1位字码（即VIN的第10位）应代表年份。年份代码按表1-8规定使用（30年循环1次，保证每个车辆制造厂在30年之内生产的每辆车的车辆识别代号具有唯一性）。

表1-8　VIN代码中的年份与字码

年份	字码	年份	字码	年份	字码	年份	字码
1971	1	1981	B	1991	M	2001	1
1972	2	1982	C	1992	N	2002	2
1973	3	1983	D	1993	P	2003	3
1974	4	1984	E	1994	R	2004	4
1975	5	1985	F	1995	S	2005	5
1976	6	1986	G	1996	T	2006	6
1977	7	1987	H	1997	V	2007	7
1978	8	1988	J	1998	W	2008	8
1979	9	1989	K	1999	X	2009	9
1980	A	1990	L	2000	Y	2010	A

VIS的第2位字码（即VIN的第11位）应代表装配厂。如果车辆制造厂生产的完整车辆和（或）非完整车辆年产量≥500辆，VIS的第3～8位字码（即VIN的第12～17位）用来表示生产顺序号。如果车辆制造厂生产的完整车辆和（或）非完整车辆年产量<500辆，则VIS的第3～5位字码（即VIN的第12～14位）应与第一部分的3位字码一同表示车辆制造厂，第6～8位字码（即VIN的第15～17位）用来表示生产顺序号。

如图1-21所示是以一辆红旗轿车的VIN代码为例进行解读。

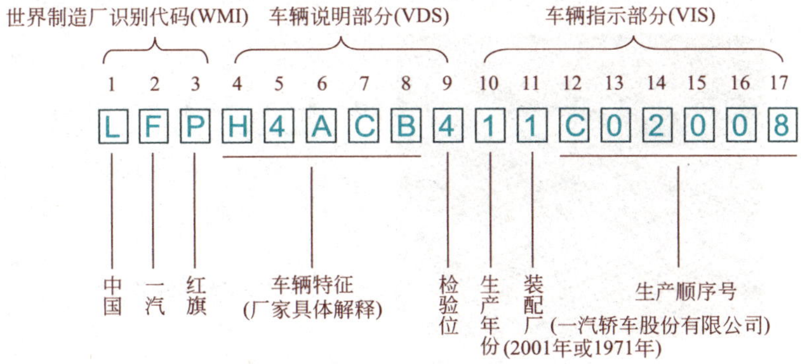

图1-21　一辆红旗轿车的VIN代码

8. 如何知道汽车的生产年份？

（1）看发动机舱的铭牌

在发动机舱的靠里面位置，一般都有铝制的汽车铭牌，上面标注了汽车的编号、发动机排量、型号、品牌等，还有重要的具体生产日期，如图1-22所示。

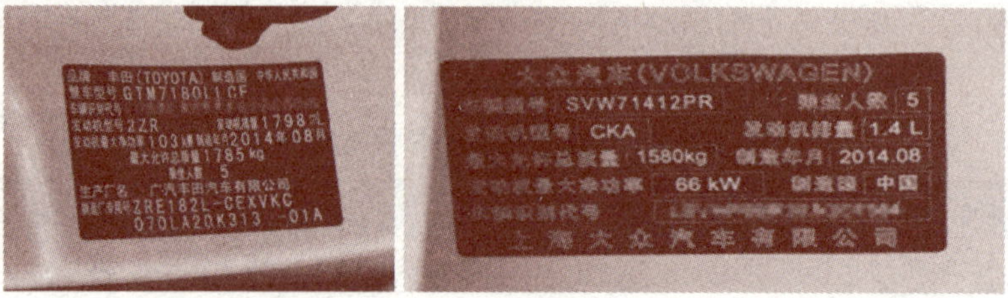

图1-22　发动机舱铭牌

（2）看门缝周边的小铭牌

除了在发动机舱里有铭牌外，在车辆驾驶室或者副驾驶门缝周边也有小铭牌，上面也清晰地写着汽车的品牌、型号、生产日期等，看准生产日期后再和发动机舱的铭牌对照一下，看看是否正确无误，如图1-23所示。

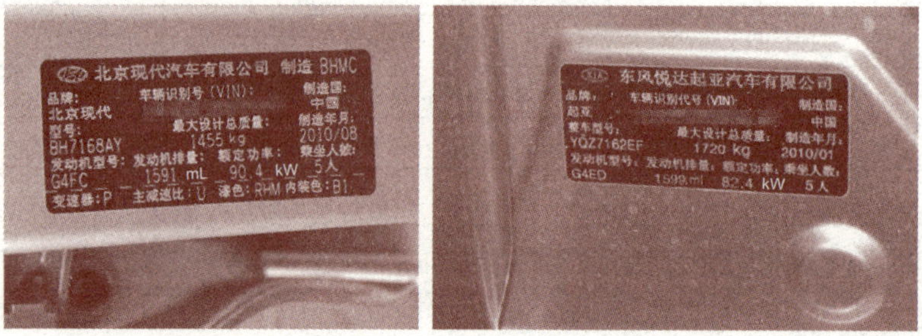

图1-23　门缝周边的小铭牌

（3）看前挡风玻璃下面的VIN代码

一般汽车前挡风玻璃下面都有车架号，车架号的第10位就是汽车的生产日期，每辆车的车架号码不一样，但是都能找到生产日期，如图1-24所示。

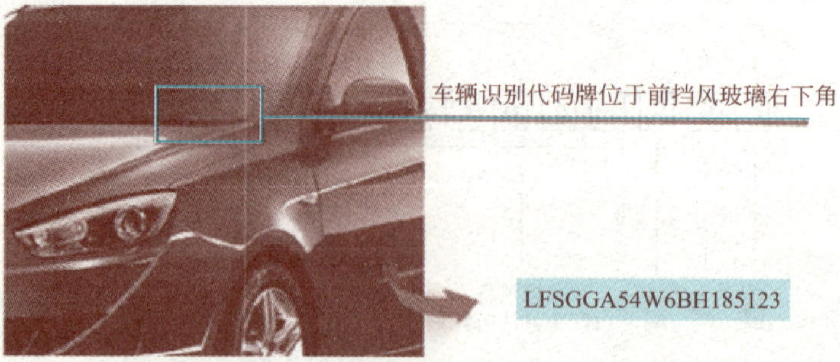

图1-24　前挡风玻璃下面的VIN代码

（4）查阅汽车的说明书

一般情况下，汽车说明书上都明确地写着汽车的生产日期，可以仔细地找一找，找到后最好再和汽车车身的铭牌对一下，看看是否一致。

9. 如何看懂发动机编号?

内燃机型号由阿拉伯数字（以下简称数字）、汉语拼音字母或国际通用的英文缩略字母（以下简称字母）组成。由国外引进的内燃机产品，允许保留原产品型号或在原型号基础上进行扩展。经国产化的产品宜按GB/T 725—2008《内燃机产品名称和型号编制规则》的规定编制。

（1）发动机型号组成

按GB/T 725—2008的规定，内燃机型号包括下列四部分，如图1-25所示。

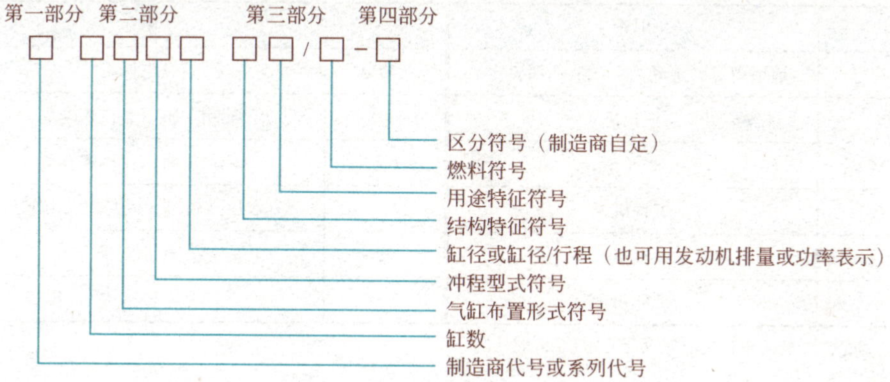

图1-25 发动机型号的表示方法

第一部分：由制造商代号或系列符号组成。本部分代号由制造商根据需要选择相应1～3位字母表示。

第二部分：由气缸数、气缸布置型式符号、冲程型式符号、缸径符号组成。

① 气缸数用1～2位数字表示。

② 气缸布置型式符号按表1-9规定。

表1-9 气缸布置型式符号

符号	含义	符号	含义
无符号	多缸直列及单缸	H	H型
V	V型	X	X型
P	卧式		

注：其他布置型式符号见GB/T 1883.1。

③ 冲程型式为四冲程时符号省略，二冲程用E表示。

④ 缸径符号一般用缸径或缸径/行程数字表示，也可用发动机排量或功率数表示。其单位由制造商自定。

第三部分：由结构特征符号、用途特征符号组成，其符号分别按表1-10和表1-11的规定。

表1-10　结构特征符号及含义

符号	结构特征	符号	结构特征
无符号	冷却液冷却	Z	增压
F	风冷	ZL	增压中冷
N	凝气冷却	DZ	可倒转
S	十字头式		

表1-11　用途特征符号及含义

符号	用途	符号	用途
无符号	通用型及固定动力（或制造商自定）	D	发电机组
T	拖拉机	C	船用主机、右机基本型
M	摩托车	CZ	船用主机、左机基本型
G	工程机械	Y	农用三轮车（或其他农用车）
Q	汽车	L	林业机械
J	铁路机车		

注：内燃机左机和右机的定义按GB/T 726的规定。

第四部分：区分符号。同系列产品需要区分时，允许制造商选用适当符号表示。第三部分与第四部分可用“-”分隔。

（2）发动机型号编制举例

① 柴油机型号举例。

a. YZ6102Q——扬州柴油机厂生产的六缸直列、四冲程、缸径102mm、冷却液冷却、车用柴油机。

b. JC12V26/32ZLC——济南柴油机股份有限公司生产的12缸、V型、四冲程、缸径260mm、行程320mm、冷却液冷却、增压中冷、船用主机、右机基本型柴油机。

② 汽油机型号举例　492Q/P-A——四缸、直列、四冲程、缸径92mm、冷却液冷却、汽车用（A为区分符号）。

③ 燃气机型号举例　12V190ZL/T——12缸、V型、四冲程、缸径190mm、冷却液冷却、增压中冷、燃气为天然气。

④ 双燃料发动机型号举例　G12V190ZLS——12缸、V型、缸径190mm、冷却液冷却、增压中冷、燃料为柴油/天然气双燃料（G为系列代号）。燃料符号及含义见表1-12。

表1-12 燃料符号及含义

符号	燃料名称	备注
无符号	柴油	
P	汽油	
T	天然气（煤层气）	管道天然气
CNG	压缩天然气	
LNG	液化天然气	
LPG	液化石油气	
Z	沼气	各类工业化沼气（农业有机废弃物、工业有机废水物、城市污水处理、城市有机垃圾）允许用1～2个字母的形式表示，如“ZN”表示农业有机废弃物产生的沼气
W	煤矿瓦斯	浓度不同的瓦斯允许用1个小写字母的形式表示，如“Wd”表示低浓度瓦斯
M	煤气	各类工业化煤气如焦炉煤气、高炉煤气等，允许在M后加1个字母区分煤气的类型
S SCZ	柴油/天然气双燃料 柴油/沼气双燃料	其他双燃料用两种燃料的字母表示
M	甲醇	
E	乙醇	
DME	二甲醇	
FME	生物柴油	

注：1.一般用1～3个拼音字母表示燃料，也可用英文缩写字母表示。
2.其他燃料允许制造商用1～3个字母表示。

10. 常用发动机术语

如图1-26所示为发动机的工作原理与各种术语的关系示意图。

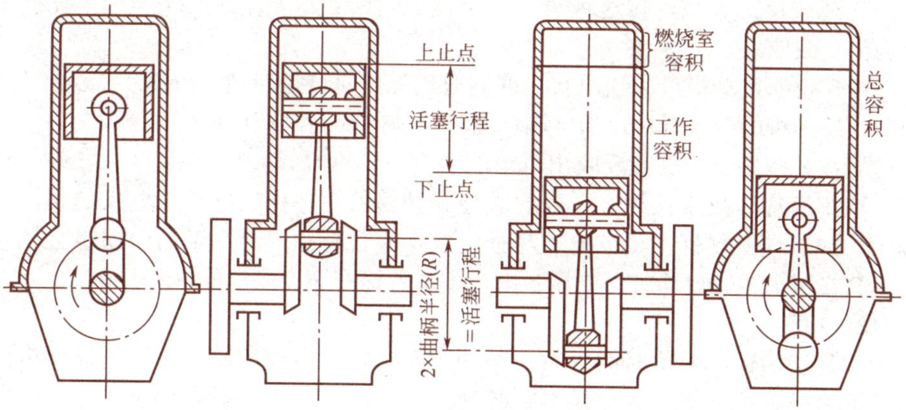

图1-26 发动机的工作原理与各种术语的关系示意图

（1）上止点

活塞顶部距离曲轴旋转中心线的最远位置，称为上止点。

（2）下止点

活塞顶部距离曲轴旋转中心线的最近位置，称为下止点。

（3）活塞行程

上、下止点间的距离称为活塞行程。四冲程发动机的活塞从上（下）止点到下（上）止点每移动1次称为1个行程，且每移动1个行程，曲轴必须旋转半周（180°）。

（4）燃烧室容积

活塞位于上止点时，活塞顶部上方的空间，称为燃烧室容积。

（5）气缸工作容积

上、下止点之间气缸的容积，称为气缸工作容积。

（6）发动机排量

多气缸发动机各气缸工作容积之和，称为发动机排量。

（7）气缸总容积

活塞位于下止点时，活塞顶上方的空间，称为气缸总容积。气缸总容积等于气缸工作容积与燃烧室容积之和。

（8）压缩比

气缸总容积与燃烧室容积的比值称为压缩比，压缩比表示气体被压缩的程度。发动机的压缩比，汽油机为6～10，柴油机为16～22。

（9）工作循环

发动机完成进气、压缩、做功和排气四个行程称为1个工作循环。

（10）四冲程发动机

曲轴旋转两周（720°），活塞上、下往复运动4个行程内，完成1个工作循环的发动机，称为四冲程发动机。

（11）转矩

发动机的转矩是指发动机从曲轴端输出的力矩。在功率固定的条件下，它与发动机的转速成反比关系，转速越快，转矩越小；反之越大。它反映了汽车在一定的范围内的负载能力。

一般在说明发动机最大输出转矩的同时也标出每分钟转速（r/min）。最大转矩一般出现在发动机的中、低转速的范围，随着转速的提高，转矩反而会下降。

转矩在某些场合能真正反映出汽车的“本色”，如启动时或在山区行驶时，转矩越高，汽车运行的反应性越好。以同类型发动机轿车作比较，转矩输出越大，承载量越大，加速性能越好，爬坡能力越强，换挡次数越少，对汽车的磨损也会相对减少。尤其在轿车零速启动时，更显示出转矩高者提升速度快的优越性。

（12）功率

功率是指物体在单位时间内所做的功。在一定的转速范围内，汽车发动机的功率与发动机转速成非线性正比关系，转速越快，功率越大；反之越小。它反映了汽车在一定时间内的做工能力。以同类型汽车作比较，功率越大，转速越高，汽车的最高速度也越高。

随着转速的增加，发动机的功率也相应提高，但是到了一定的转速以后，功率反而呈下降趋势。一般在说明发动机最高输出功率的同时标出每分钟转速（r/min），如73.5kW（5000r/min），即在5000r/min时最高输出功率为73.5kW。

（13）多点电喷

汽车发动机的电喷装置一般是由喷油油路、传感器组和电子控制单元三大部分组成的。如果喷射器安装在原来化油器位置上，即整个发动机只有一个汽油喷射点，这就是单点电喷；如果喷射器安装在每个气缸的进气管上，即汽油的喷射是由多个地方（至少每个气缸都有一个喷射点）喷入气缸的，这就是多点电喷。

（14）多气门

传统的发动机多是每缸一个进气门和一个排气门，这种两气门配气机构相对比较简单，制造成本也低，对于输出功率要求不太高的普通发动机来说，就能获得较为满意的发动机输出功率与转矩性能。排量较大、功率较大的发动机要采用多气门技术，最简单的多气门技术是三气门机构，即在一进一排的两气门结构基础上再加一个进气门。

（15）涡轮增压（Turbo）

如果在车辆尾部看到Turbo或者T，即表明该车采用的发动机是涡轮增压发动机。涡轮增压实际上是一种空气压缩机，通过压缩空气来增加进气量。它是利用发动机排出的废气惯性冲力来推动涡轮室内的涡轮，涡轮又带动同轴的叶轮，叶轮压送由空气滤清器管道送来的空气，使其增压进入气缸。

11. 发动机为何采用多气门?

一般来说，在同等缸径下，缸数越多，排量越大，功率越高；在同等排量下，缸数越多，缸径越小，转速可以提高，从而获得较大的提升功率。

一般来说，同等排量情况下，气门越多，进排气效率越好，就像一个人跑步，累得气喘吁吁时，需要张大嘴呼吸。

近年来，世界各大汽车公司新开发的轿车大多采用四气门结构。四气门配气机构中，每个气缸各有两个进气门和两个排气门。

四气门结构能大幅度提高发动机的吸气、排气效率，新款轿车大都采用四气门技术。大众汽车曾一度采用五气门技术，如排量1.6L的老款捷达王、宝来1.8T、1.8L的帕萨特、1.8L的高尔夫等车型的发动机都是五气门结构。

不过，达到或超过六气门不仅使配气结构过于复杂，还会导致发动机寿命缩短，气门开启的空间帘区（气门的圆周和气门的升程）也较小，效率下降。因此，四气门技术目前使用最为普遍。

12. 什么是可变配气系统? 它有什么作用?

在现在的轿车发动机上，我们经常可以看见像VVT-i、i-VTEC、VVL、VVTL-i等技术标号。这些专有名词表示这些发动机都采用了发动机可变配气的技术。

可变配气技术，从大类上分，包括可变气门正时和可变气门行程两大类，有些发动机只匹配可变气门正时，如丰田的VVT-i发动机；有些发动机只匹配可变气门行程，如本田的VTEC发动机；有些发动机既匹配可变气门正时，又匹配可变气门行程，如丰田的VVTL-i发动机，本田的i-VTEC发动机。

（1）可变气门正时

为了能更好地说清楚可变气门正时的原理，首先有必要简单解释一下发动机的工作原理。大家都知道，气门是由发动机的曲轴通过凸轮轴带动的，气门的配气正时取决于凸轮轴的转角。在普通的发动机上，进气门和排气门的开闭时间是固定不变的，这种固定不变的正时很难兼顾到发动机不同转速的工作需求，可变气门正时就是解决这一矛盾的技术。

在发动机运转的时候，需要让更多的新鲜空气进入到燃烧室，让废气尽可能地排出燃烧室，最好的解决方法就是让进气门提前打开，让排气门推迟关闭。这样，在进气行程和排气行程之间，就会发生进气门和排气门同时打开的情况，这种进排气门之间的重叠被称为气门叠开角。当发动机处于不同转速时，气门叠开角的要求也是不同的。没有任何一种固定的气门叠开角设置能让发动机在高低转速时都能完美输出动力，如果没有可变气门正时技术，发动机只能根据其匹配车型的需求，选择最优化的固定的气门叠开角。例如，赛车的发动机一般都采用较小的气门叠开角，以有利于高转速时的动力输出。而普通的民用车则采用适中的气门叠开角，同时兼顾高速和低速时的动力输出，但在低转速和高转速时会损失很多动力。而可变气门正时技术，就是通过技术手段，实现气门叠开角的可变来解决这一矛盾。

采用了可变气门正时技术，发动机的功率和扭力输出将会更加线性，同时兼顾高低转速的动力输出。引擎的转速能够设计得更高，因而获得更多的功率输出。

（2）可变气门行程

我们知道，发动机的气门行程是受凸轮轴转角长度控制的，在普通的发动机上，凸轮轴的转角长度固定，气门行程也是固定不变的。类似于不可变气门正时的发动机，其气门行程固定不变，它采用的气门行程设计也是根据发动机的需求而设定的。赛车发动机采用长行程设计，以获得高转速时强大的功率输出，但在低转速时会工作不稳定；普通民用车则采用兼顾高低转速的气门行程设计，但会在高低转速区域损失动力。而采用可变行程技术的发动机，气门行程能随发动机转速的改变而改变。在高转速时，采用长行程来提高进气效率，让发动机的“呼吸”更顺畅；在低速时，采用短行程，能产生更大的进气负压及更多的涡流，让空气和燃油充分混合，因而提高低转速时的扭力输出。

（3）可变配气技术在节能和环保方面的优势

可变配气技术在大幅度提升发动机性能的同时，在节能和环保方面也有其独特的优势。

理论上说，进排气的混合需要根据发动机转速的不同与其相配合。当汽车在公路上中速行驶的时候，发动机的负荷很小，长时间的叠开角可能会有益于减小燃料消耗和降低废气排放。排气门延时关闭直到进气门打开，一部分废气同时被引入到气缸中，与新鲜混合气混合燃烧。因为废气中主要为不可燃烧的成分，引入新鲜混合气以后，可以降低混合气的浓度，达到减小燃油消耗和降低废气排放的目的。

以上说的可变配气技术都是汽油机，柴油机很少采用这种技术。原因是该技术主要是在发动机高转速的时候作用明显，柴油机的转速一般比较低，这种技术运用在柴油机上意义不大。可变配气技术带来的优势是显而易见的，这种技术将逐步成为先进发动机的标准配备。随着这一技术的普及，不配备这种技术的发动机在大多数领域将面临淘汰。

13. 发动机为什么要配置涡轮增压装置？

涡轮增压装置其实就是一种空气压缩机，通过压缩空气来增加发动机的进气量。一般来说，涡轮增压都是利用发动机排出的废气惯性冲力来推动涡轮室内的涡轮，涡轮又带动同轴的叶轮，叶轮压送由空气滤清器管道送来的空气，使其增压进入气缸，如图1-27所示。当发动机转速增快时，废气排出速度与涡轮转速也同步增快，叶轮就压缩更多的空气进入气缸，空气的压力和密度增大，可以燃烧更多的燃料，相应增加燃料量和调整发动机的转速，即可增加发动机的输出功率。

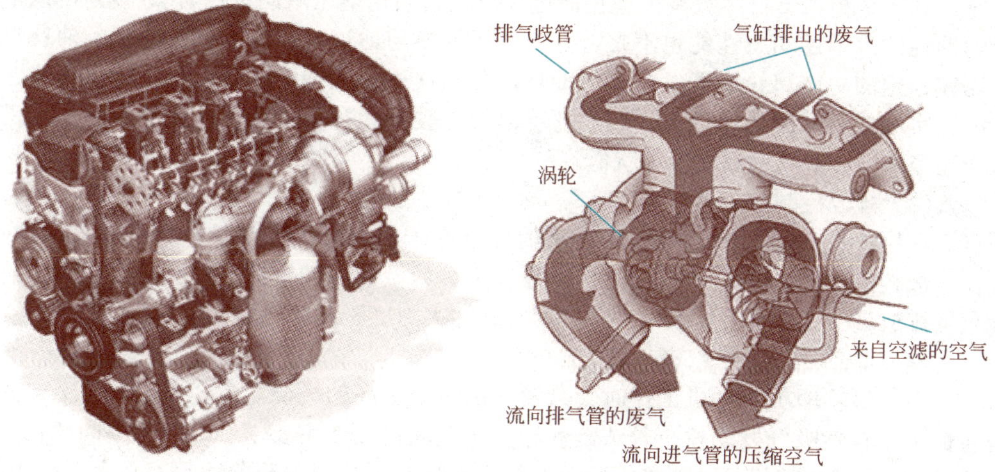

图1-27　涡轮增压发动机及其工作示意图

如今，随着各种搭载全新动力系统的新车型的发布，给大家带来了更多的选择。消费者注意到很多新车型的发动机排量也是越来越小了，从豪华中级车的排量下探至2.0T，到中级车下探至1.4T的排量，甚至有小型SUV推出了1.0T三缸的动力系统。

自然吸气发动机与涡轮增压发动机究竟孰优孰劣的争论一直未停止，如技术可靠性、经济省油性、排放控制、寿命耐久性到加速性能、驾驶乐趣、实用保养等，其实各有优缺点，不一而足，自然吸气发动机的优点是涡轮增压发动机所没有的，涡轮增压发动机的优点也是自然吸气发动机所不具备的。

（1）技术可靠性

自然吸气发动机的优点在于技术成熟，稳定性较高。涡轮增压发动机有涡轮迟滞这类型动力系统的“硬伤”。而自然吸气发动机比较容易做得完善，又因油品要求低、结构简单、维护简单、扭矩分布均匀、提速线性、工作温度低等原因，在平顺性、耐久性、稳定性、安全性上比涡轮增压发动机更有优势。当然这只是一个方面，人们希望让发动机有更大功率、更省油、更有驾驶乐趣等，所以才有了不断改进的自然吸气发动机，以及涡轮增压技术的出现和应用。

（2）经济性

涡轮增压发动机究竟是更费油，还是更省油？这个问题相信确实令不少人都觉得困惑。涡轮增压发动机能否真正省油？从大多数使用者的反映来看，涡轮增压发动机谈不上特别费油，但也谈不上特别省油，一般会比同排量自然吸气发动机油耗高出一些，但比性能指标上对应的更大排量的自然吸气发动机的油耗还是让人放心多了。如果是市内行驶的话，在堵车严重或者红绿灯比较多的情形下，涡轮增压车型还是能够依靠较小的排量达到节油目的。这个道理很简单，比如1.8T涡轮增压如果技术指标同等于2.3L自然吸气动力单元，同样怠速或慢速情况下，涡轮增压其实没有启动，只是等于一台普通的1.8L自然吸气发动机，自然要比2.3L发动机节油。此外，涡轮增压启动有一个发动机转速限制，如果油门踩得不够深，或者转速达不到2000r/min时，其实是相当于自然吸气车型在前进（没达到涡轮增压启动条件），这样是可以节约油耗的，不过动力性能也不是特别充沛了。换句话说，自然吸气发动机的油耗是比较稳定的，而涡轮增压发动机的油耗，则与其工作状态、发动机和车辆自重的匹配、实际使用时的道路情况、驾驶环境以及驾驶方式等息息相关，涡轮增压系统工作得多，油耗就高；反之油耗就低。

（3）排放控制

在排放控制上，涡轮增压发动机的优点在于提高燃油经济性，降低尾气排放。在排放控制方面，涡轮增压相比自然吸气更容易做到降低排放，尤其是二氧化碳的单位排放量。这正是为什么欧洲车厂都纷纷加大力度研发涡轮增压发动机的原因。

（4）寿命耐久性

由于涡轮增压发动机工作时会给发动机带来更高的燃烧温度，所以理论上它的寿命不如自然吸气发动机更长久。涡轮增压发动机在使用要求上最大的不同，就是要做到“延时熄火”。涡轮增压器在正常工作状态下能获得充分冷却，不会有问题，但是停车熄火断电后，冷却系统就不能对涡轮增压继续进行冷却，而此时涡轮叶片仍然因惯性高速转动，这时候轴承就会受损。这种损坏可能是瞬间的，也可能是微小的，但日积月累会缩短涡轮的工作寿命。因此，劝告驾驶涡轮增压车的朋友，最好每次停车时延迟几分钟熄火，让仍然处于高温状态的涡轮叶片轴承获得冷却和润滑，以延长轴承寿命。这是涡轮增压发动机与自然吸气发动机最大、也差不多是唯一的使用方式上的区别。过去不少涡轮增压车辆的车主会自己加装一个延时熄火装置，而大众TSI涡轮发动机现在原厂已配有自动延迟冷却系统，用户已完全不用考虑延迟熄火的问题，相信这一技术在涡轮发动机中也会日渐普及。此外，涡轮增压发动机长时间及高速工作状态下，油温、水温和进气温度会急速攀升，因此长途行车时涡轮增压车辆的温度会很高，停车前必须让涡轮继续工作2～3min，如果此时断掉行车用电，失去润滑的中轴很容易被烧毁。

（5）加速性能

涡轮增压发动机加速表现更好。小排量涡轮增压发动机通过空气压缩驱动涡轮增加发动机进气量来增加输出功率，其优势特别体现在动力性方面。这是因为涡轮增压发动机有着更大的“肺活量”，“肺活量大的人”运动起来当然更有劲。涡轮增压发动机的动力普遍能达到相当于其排量1.3～1.5倍的自然吸气发动机的水平。虽然涡轮增压能够提升发动机的动力，不过它的缺点也有不少，其中最明显的就是噪声大以及动力输出反应滞后。由于转子的惯性作用，叶轮对油门的骤时变化反应还是迟缓。从踩油门希望立即提速，到叶轮高速转动将更多空气压进发动机之间，存在一个时间差，一般经过改良的涡轮也至少要2s左右来增加或者减少进气的压力。如果要突然加速的话，瞬间会有提不上速度的感觉。

（6）驾驶乐趣

一方面，涡轮增压发动机相比自然吸气发动机可以在排量较小的情况下提供更大的功率和扭矩。涡轮增压的主要作用就是提高发动机的进气量，从而提高发动机的功率和扭矩，让车辆更有劲。一台发动机装上涡轮增压器后，其最大功率与未装增压器的时候相比可以增加40%甚至更高。也就意味着同样一台发动机在经过增压之后能够产生更大的功率。所以说，涡轮增压车辆跑高速优势明显。但另一方面，自然吸气发动机的动力收放更容易掌控。主要表现在细微操控油门时力度的输出上，如一直保持油门在某一个开度不变，自然吸气的车辆加速会比较畅顺，加速度相对比较平均；涡轮增压发动机的车辆则会呈一种渐入高峰的变化性输出。即怠速的安静平顺性、冷车发动时的噪声和运转平稳度等方面，自然吸气发动机普遍会做得更好。

（7）实用保养

从平时用车角度而言，自然吸气发动机更容易保养维护，结构简单、维护简单、油品要求低，而涡轮增压发动机对保养有特殊的要求，如品质更高的机油、更加洁净的使用环境、要求使用更高标号的油品等。另外，自然吸气发动机的后期保养费用较涡轮增压发动机低。一般来说，涡轮增压部件有使用寿命周期，这在随车使用说明手册上都有特意标注。需要更换涡轮增压部件这个流程，不仅在工序上比较烦琐，而且也会给车主增加不小的后期养车经济负担。由此我们不难看出，自然吸气发动机比较可靠完善，涡轮增压发动机则在各项性能指标上有优势。

建议：对于那些以车辆为代步工具的人群或普通家庭消费者以及中年用户，选择自然吸气发动机似乎更实惠一些。就涡轮增压发动机来讲，在高速行驶的条件下无疑是比较经济的，在低速行驶的条件下，一般排量小于1.5L的涡轮增压发动机配0.5t左右的车体比较适宜。排量过小，低速行驶时将形成“小马拉大车”的效应，排放和经济性都将受到影响，使用寿命也将大大缩短。经常跑长途或在空气稀薄地区行驶，可以考虑涡轮增压车型；经常跑市内和郊区公路的，适合选用自然吸气车型。如果经常在城市内行驶，那么就真的有必要考虑一下是否需要涡轮增压了。可见，涡轮增压型车辆跑高速比较好，自然吸气型车辆在城市中使用比较好。

14. 汽油机与柴油机的相同点和区别

汽油机和柴油机的相同点如下。

① 冲程：活塞在往复运动中从气缸的一端运动到另一端。

② 一个工作循环活塞往复运动2次，曲轴和飞轮转动2周，经历4个冲程，做功1次。

汽油机和柴油机的区别见表1-13。

表1-13　汽油机与柴油机的区别

项目		汽油机	柴油机
构造		气缸顶部有火花塞，无喷油嘴	气缸顶部有喷油嘴，无火花塞
燃料		汽油	柴油
工作过程	吸气冲程	吸进汽油和空气的混合物	吸进空气
	压缩冲程	燃料被压缩后，压强达6～15atm，温度达250～300℃	空气被压缩后，压强达35～45atm，温度达500～700℃
	做功冲程	压缩末火花塞点火，燃料燃烧产生30～50atm的压强和2000～2500℃的高温	压缩末喷油嘴喷出雾状柴油，遇高温燃烧产生50～100atm的压强和1700～2000℃的高温
效率/%		20～30	28～40
用途		轻巧，体积小，常用于汽车、飞机和小型农业机械等	笨重、经济、功率大，主要用于载重汽车、轮船、坦克、带功发电机等

注：1atm=101325Pa。

15. 汽车行驶的基本原理

要使汽车行驶，必须具备两个基本条件：驱动条件和附着条件。

（1）汽车驱动力的产生

这个问题需要一点儿专业知识，为了便于理解，简单阐述一下。

如图1-28所示，发动机产生的动力经过汽车的传动系统传到车轮的转矩M_t力图使车轮旋转。

图1-28　汽车驱动力的产生

在车轮与地面接触处，车轮向地面施加一个力F_0，其数值为车轮的转矩M_t与车轮半径r之比，即$F_0=M_t/r$。

与此同时，地面对车轮施加一个与F_0数值相等、方向相反的反作用力F_t，这个反作用力F_t就是汽车前进的驱动力。也就是说，当发动机产生的动力，通过传动系统最终传递到车轮，当车轮转动时，轮胎表面与地面之间产生摩擦力，这个摩擦力才是推动汽车前进的直接力量。车轮的转动，实际上是推动地面往后运动。

据牛顿第三定律，作用力与反作用力相等。轮胎向后推地面，此时地面则会有一个反作用力向前推动轮胎前进；同理，当汽车制动时，也就是利用轮胎与地面的摩擦力，使汽车减速或停车，如图1-29所示。

（2）汽车行驶受到的阻力

汽车必须克服各种行驶阻力，才能前进，这些阻力主要包括滚动阻力、空气阻力、坡度阻力和加速阻力，如图1-30所示。

图1-29　汽车前进或制动的作用力与反作用力

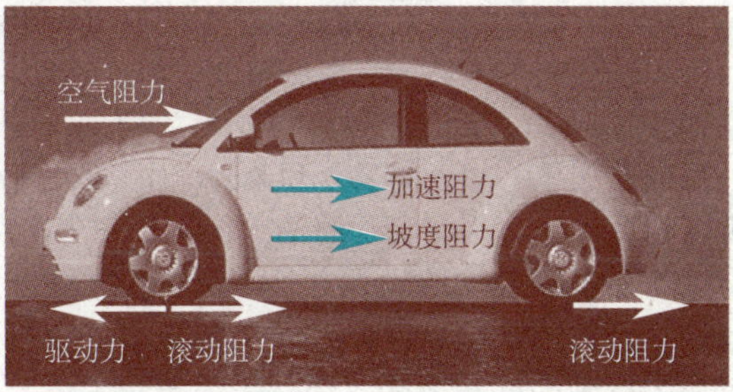

图1-30　汽车行驶阻力

① 滚动阻力　滚动阻力是由于车轮在地面上滚动时，轮胎与路面之间在接触区域发生变形而产生的。车轮在较硬路面（如水泥路面）上滚动时，驱动汽车的一部分动力消耗在轮胎变形的内摩擦上，而路面变形很小；车轮在较软路面（如松软的土路、沙地、雪地等）上滚动时，由于路面变形较大，所产生的阻力就成为滚动阻力的主要部分。

汽车滚动阻力的大小取决于汽车的重量、路面质量、车轮轴承的摩擦力以及轮胎气压、轮胎花纹形式等。克服滚动阻力所需要的功率随汽车行驶速度而变化，速度越快，功率消耗就越大。

② 空气阻力　汽车在空气中向前行驶时，前部承受气流的压力而车尾后部被抽空，产生压力差，如图1-31所示。另外，空气与车身表面以及各层空气之间存在着摩擦，再加上引入车内冷却发动机、室内通风以及外伸零件引起气流的干扰，就形成空气阻力。

汽车行驶时，空气阻力的大小取决于行驶速度、汽车横断面积和车身的形状（即流线型程度决定风阻系数的大小）。空气阻力的大小和行驶速度的平方成正比，而克服空气阻力所需功率则和行驶速度的立方成正比。因此，速度越快，空气阻力急剧加大，车速每增加1倍则克服空气阻力所消耗的功率增加8倍。

大多数轿车的风阻系数在0.28 ～ 0.40之间，流线型较好的汽车如跑车等，其风阻系数能达到0.25左右，高级赛车可达到0.15左右。风阻系数与汽车油耗成正比关系，因此降低空气阻力系数，对于降低汽车的燃料消耗有重要的意义。

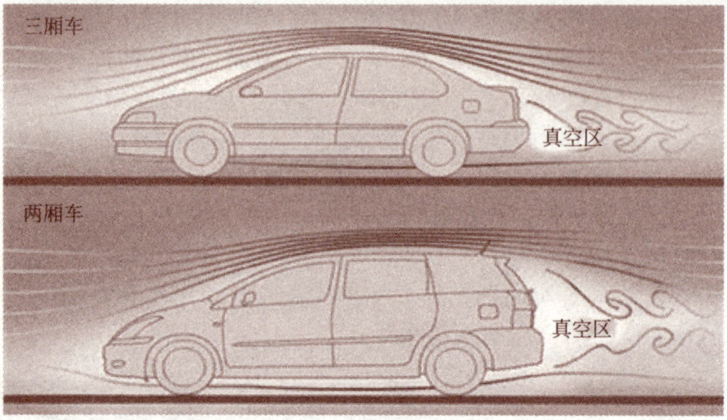

图 1-31　空气阻力的产生

根据测试，当一辆轿车以80km/h的速度前进时，有60%的耗油是用来克服风阻。所以超速行驶，不仅会让燃油出现无法完全燃烧的问题，也会因风阻而加大油耗。

除了车辆最初的设计之外，汽车“发烧友”对汽车的改装很可能会破坏原有风阻设计。比如加装行李架、过大的尾翼，更换较大的后视镜等都会令风阻增加，从而加大行驶油耗与风噪。当然，如果车主就是爱好改装，不计较油耗，那就另当别论了。

③ 坡度阻力　当汽车上坡行驶时，汽车重力沿坡道的分力称为汽车坡度阻力，如图1-32所示的分力$G\sin\theta$。它与所爬坡度直接相关。

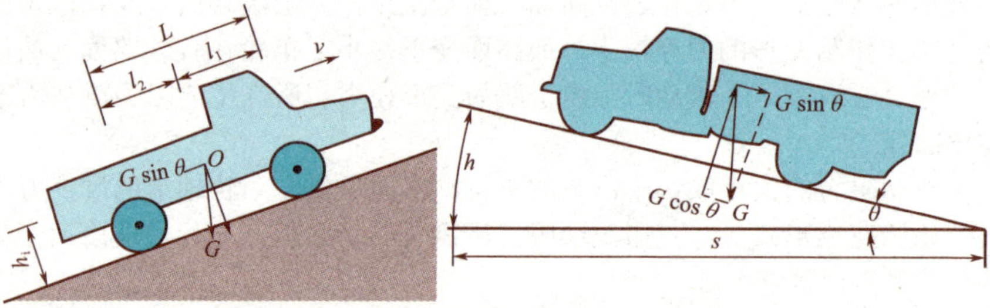

图 1-32　坡度阻力的产生

公路的坡度是以坡高h与底长s之比来表示的，即$i=h/s=\tan\theta$。

汽车爬坡度表达了汽车爬坡的能力。只有当汽车牵引力大于上坡阻力和滚动阻力时，汽车才能爬上坡。

汽车的最大爬坡度是指汽车满载时在良好路面上用一挡克服的最大坡度，它表明汽车的爬坡能力。爬坡度用坡度的角度值（以度数表示）或以坡度起止点的高度差与其水平距离的比值（正切值）的百分数来表示，如图1-33所示。

如果汽车技术说明书上“汽车爬坡度”直接标注了角度，就是指此车可爬越的最陡坡度。根据汽车行业规定，只有百分比坡度标注方式才是符合标准的，如果仅标注数字，实际上也是百分比数字。

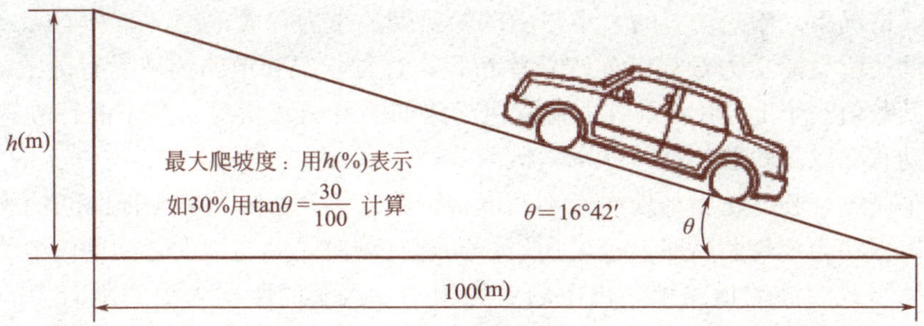

图1-33　最大爬坡度

对于经常在城市和良好公路上行驶的汽车，最大爬坡度在10°左右即可。对于载货汽车，有时需要在坏路上行驶，最大爬坡度应在30%（即16°42′）左右。而越野汽车要在无路地带行驶，最大爬坡度应达30°以上。

④ 加速阻力　汽车行驶时，有一个保持等速运动的惯性力。如果要使汽车加速，就必须克服这一惯性力，即加速阻力。也就是说，汽车加速行驶时，需要克服汽车加速运动时的惯性力。加速阻力的大小，等于加速度与汽车重量的乘积。汽车的重量越大，加速阻力越大；加速度越大，加速阻力也越大。

（3）汽车行驶的驱动条件

要使汽车向前行驶，驱动力必须大于或等于各项行驶阻力之和，这是汽车行驶的必要条件。

当驱动力等于各项行驶阻力之和时，汽车将保持匀速前进。

当驱动力大于各项行驶阻力之和时，汽车将加速行驶，同时产生加速阻力，空气阻力也随车速的增加而急速增加。在某个速度处达到新的平衡，然后继续匀速行驶。

当驱动力小于各项行驶阻力之和时，汽车将减速行驶乃至停驶，同时产生负加速阻力，即惯性力。这时，如果要维持较高的车速，就需要加大发动机的输出功率或将变速器换入较低的挡位以维持较大的驱动力。

（4）汽车行驶的附着条件

汽车正常行驶还要受到轮胎与地面的附着状况的影响。正如人走路，当脚蹬地时打滑，则会摔跤而无法行走。汽车驱动轮也只有附着于地面不打滑，才能行驶。

在驱动轮转矩的作用下，驱动轮将给地面一个向后的圆周力，只要地面不打滑，地面将产生一个推动汽车行驶的反作用力。

所谓附着力，就是抵抗车轮在地面上产生滑动的能力。附着力越大，就越能保持车轮在路面上正常滚动而不发生滑动；反之，车轮就会空转打滑，如图1-34所示。

图1-34　车轮打滑

一般情况下，附着力F的大小与驱动轮所受的重力G成正比，即$F=G\psi$。

驱动轮所受的重力G与汽车的总体布置、行驶状况和道路的坡度有关；ψ为附着系数，其数值小于1，附着系数主要取决于路面的种类和状况、汽车的行驶速度、车轮的运动状况以及轮胎的花纹状况等因素。

汽车高速行驶，轮胎与地面来不及嵌合，或来不及排除轮胎与地面间的水分，高速的冲击振动会使轮胎瞬时悬空，所以，高速行驶时轮胎与地面之间的附着力较低。

在冰雪或泥泞的道路上，由于附着力很小，汽车的驱动力受到附着力的限制而不能克服较大的阻力，导致汽车减速甚至不能前进，即使加大油门或换入抵挡，车轮只会滑转而驱动力不会增大。为了增加车轮在冰雪路面的附着力，可采用特殊花纹的轮胎、镶钉轮胎或者在普通轮胎上绕装防滑链以提高轮胎对冰雪路面的抓着力，如图1-35所示。

图1-35　防滑措施

非全轮驱动汽车的附着重力仅为分配到汽车驱动轮上的那一部分所受的汽车重力，而全轮驱动汽车的附着重力则为全车所受的总重力。因此，全轮驱动汽车的附着力比非全轮驱动汽车的附着力显著增大。

16. 什么是汽车的最高车速？

汽车的最高车速也就是汽车在水平、良好路面上能达到的最高行驶车速，指在无风条件下，在水平、良好的沥青或水泥路面上，汽车所能达到的最大行驶速度。

最高车速是汽车的一个重要的动力指标。目前普通轿车最高车速一般为150～220km/h。按我国的规定，以1.6km长的试验路段的最后500m作为最高车速的测试区，来回往返四次，取平均值。

17. 什么是汽车的加速时间？

汽车的加速性能，包括汽车的原地起步加速时间和超车加速时间。原地起步加速时间，指汽车从静止状态下，由第一挡起步，并以最大的加速强度（包括选择最恰当的换挡时机）逐步换至高挡后，到某一预定的距离或车速所需的时间。它也是汽车动力性能的重要指标。轿车常用0～100 km/h的换挡加速时间来评价，如普通轿车为10～15s，高档跑车的加速时间可达到3～5s。

18. 什么是汽车的最大爬坡度？

最大爬坡度是指汽车满载时在良好路面上用一挡克服的最大坡度，代表汽车的爬坡能力。爬坡度用坡度的角度值（以度数表示）或以坡度起止点的高度差与其水平距离的比值（正切值）的百分数来表示。一般轿车要求在30%（即16.7°）左右。越野车要求更高，一般在60%（即30°）左右。

19. 汽车尺寸参数

（1）外形尺寸

外形尺寸包括车长、车宽和车高三方面的尺寸。车长即沿汽车长度方向前后两极端之间的离（mm）；车宽即沿汽车宽度方向两侧极端之间的距离（mm）；车高是指汽车最高点至地面间的距离（mm），如图1-36所示的*B*、*G*、*H*所示。

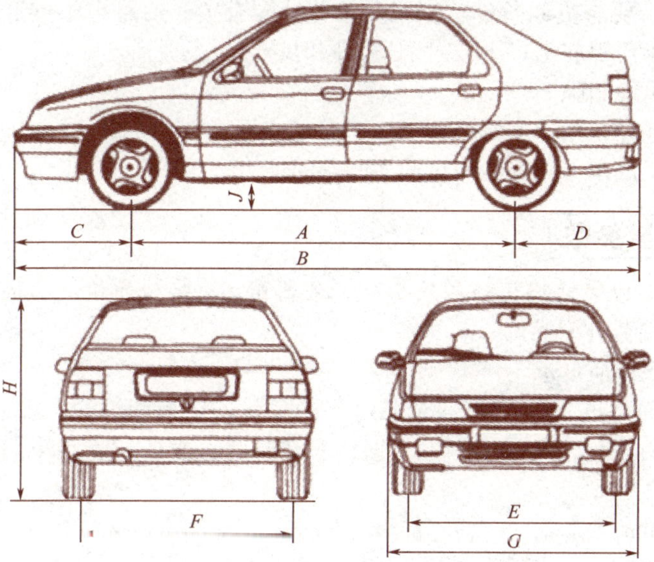

图1-36　汽车尺寸参数示意图

A—轴距；*B*—车长；*C*—前悬；*D*—后悬；*E*—前轮距；*F*—后轮距；*G*—车宽；*H*—车高；*J*—离地间隙

我国对公路车辆的限制尺寸：总高不大于4m；总宽（不包括后视镜）不大于2.5m，左、右后视镜等突出部分的侧向尺寸总共不大于250mm；总长，对于载货汽车及越野汽车不大于12m，牵引汽车带半挂车不大于16m，汽车拖带挂车不大于20m，挂车不大于8m，大客车不大于12m，铰接式大客车不大于18m。

（2）轴距

轴距是指汽车两轴中心线之间的距离（mm），如图1-36中的*A*所示。汽车轴距短，其总长就短，重量就轻，最小转弯半径和纵向通过半径也小，机动灵活。一般来说，普通轿车与轻型货车轴距较短。但轴距过短会导致车厢长度不足或后悬过长，汽车行驶时纵向振动过大，汽车加速、制动或上坡时轴荷转移过大而导致其制动性和操纵稳定性变差，以及万向节传动夹角过大等。所以一般货车、中高级轿车轴距较长。

（3）轮距

轮距是指汽车同一轴上左右两轮中心面之间的距离（mm），如图1-36中的E、F所示。若为双轮胎时，则为同一轴左右双轮中心面之间的距离。汽车轮距对总宽、总重量、横向稳定性和机动性都有较大影响。轮距越大，则悬架的角度越大，汽车的横向稳定性越好。但轮距过大，会使汽车的总宽和总重量过大。

（4）前后悬

前悬是指汽车最前端至通过前轴轴线的垂面间的距离（mm），如图1-36中C所示；后悬是指汽车最后端至通过后轴轴线的垂面间的距离（mm），如图1-36中D所示。

前悬处要布置发动机、弹簧前支架、车身前部、保险杠和转向器等，要有足够的纵向布置空间。前悬也不宜过长，以免使汽车的接近角过小而影响通过性。

后悬长度主要与货厢长度、轴距及轴荷分配有关。后悬也不宜过长，以免使汽车的离去角过小而引起上、下坡时刮地，同时转弯也不灵活。

（5）最小离地间隙

最小离地间隙是指汽车满载时，汽车最低点至地面的距离（mm），如图1-36中J所示。它反映了汽车无碰撞地通过地面凸起的能力。

20. 汽车质量参数

汽车质量参数包括整车整备质量m_0、载客量n_1、装载质量m_e、质量系数n_0、汽车总质量m_a、轴荷分配等。

（1）汽车整备质量m_0

汽车整备质量m_0是指汽车完全装备好的质量，包括润滑油、燃料、随车工具、备胎等所有装置，但没有装货和载人时的整车质量。整备质量越小的汽车，燃油消耗越少，经济性越好。

（2）载客量n_1

载客量n_1也就是车上的座位数，轿车一般为5人。

（3）装载质量m_e

装载质量m_e是指在硬质、良好路面上行驶时所允许的额定载重量。乘用车以座位数计算，包括驾驶员座位在内最多不超过9个座位；商用车中的客车以载客量计；商用车中的载货汽车以其在良好的硬路面上行驶时所装载货物质量的最大限额（t）计。超载将导致车辆早期损坏，制动距离变长，甚至造成交通事故。

（4）质量系数n_0

质量系数是指汽车装载质量与整车整备质量的比值，即$n_0=m_e/m_0$。它表明单位汽车整备质量所承受的汽车装载质量。此系数越大，表明该车型的材料利用率及设计与工艺水平越高。

（5）汽车总质量m_a

汽车总质量m_a是指汽车装备齐全，并按规定装满客（包括驾驶员，按平均每人体重65kg计算）和货物的质量，即 $m_a=m_0+m_e+n_1\times65kg$。

汽车总质量的确定方法如下。

对于轿车，汽车总质量=整备质量+驾驶员及乘员质量+行李质量。

对于客车，汽车总质量=整备质量+驾驶员及乘员质量+行李质量+附件质量。

对于货车，汽车总质量=整备质量+驾驶员及助手质量+行李质量。

（6）轴荷分配

指汽车满载或空载静止状态下，各车轴对支承平面的垂直负荷。汽车的驱动形式与发动机的位置、汽车的结构特点、车头形式的使用条件等均对轴荷分配有显著影响。

21. 汽车的主要性能评价指标

通常用来评定汽车性能的指标主要有动力性、燃油经济性、制动性、操控稳定性、行驶平顺性以及通过性等。

（1）动力性

汽车的动力性是用汽车在良好路面上直线行驶时所能达到的平均行驶速度来表示的。汽车的动力性主要用三个方面的指标来评定：最高车速、汽车的加速时间、汽车的爬坡能力。

（2）燃油经济性

汽车的燃油经济性常用一定工况下汽车行驶100km的燃油消耗量或一定燃油量能使汽车行驶的里程来衡量。

在我国及欧洲，汽车的燃油经济性指标的单位为L/100km，即汽车行驶100km所消耗的燃油体积，其数值越小，汽车的燃油经济性就越好，汽车就越省油。而在美国，则用MPG或mile/US gall表示，它的意思是每加仑燃油能行驶的英里数，其数值越大，汽车的经济性就越好，汽车就越省油。

燃油经济性与很多因素有关，如行驶速度，当汽车在接近于低速的中等车速行驶时燃油消耗量最低，高速时随车速增加而迅速增加。另外，汽车的保养与调整也会影响到汽车的燃油消耗量。

（3）制动性

汽车的制动性是指汽车在行驶中能强制降低行驶速度以致停车，或在下长坡时维持一定速度的能力。汽车的制动性主要由下列三方面来评价。

① 制动效能，即制动距离与制动减速度。

② 制动效能的恒定性，如抗热衰退性能。

③ 制动时汽车方向稳定性，即制动时汽车不发生跑偏、侧滑以及失去转向能力的性能。

制动效能是指在好路面上，汽车以一定初速度制动到停车的制动距离或制动时的减速度。它是制动性最基本的评价指标。抗热衰退性能指的是在高速时或下长坡连续制动时制动效能保持的程度。因为，制动过程实际上是把汽车行驶的动能通过制动器吸收转化为热能，所以制动器温度升高后，能否保持在冷状态时的制动效能已成为设计制动器时要考虑的一个重要问题。

（4）操控稳定性

汽车的操控稳定性是指驾驶员在不感到紧张、疲劳的情况下，汽车能按照驾驶员通过转向系统给定的方向行驶，而当遇到外界干扰时，汽车所能抵抗干扰而保持稳定行驶的能力。汽车的操控稳定性通常用汽车的稳定转向特性来评价。

转向特性有不足转向、过度转向以及中性转向三种状况。有不足转向特性的汽车，在固定转向盘转角的情况下绕圆周加速行驶时，转弯半径会增大；有过度转向特性的汽车在这种条件下转弯半径则会逐渐减小；有中性转向特性的汽车则转弯半径不变。易操控的汽车应当有适当的不足转向特性，以防止汽车出现突然甩尾现象。

（5）行驶平顺性

汽车的行驶平顺性是指保持汽车在行驶过程中，乘员所处的振动环境具有一定的舒适度的性能。这与汽车的底盘参数、车身几何参数、汽车的动力性以及操控性等有密切关系。

（6）通过性

汽车的通过性是指车辆通过一定路况的能力。通过能力强的车辆，可以轻松翻越坡度较大的坡道，可以放心地驶入一定深度的河流，也可以高速行驶在崎岖不平的山路上，在城市中也不用为停车时上下马路牙子而担心。

（7）使用性能

在一定使用条件下，汽车以最高效率工作的能力，称为汽车的使用性能。它是决定汽车利用效率和方便性的结构特性表征。

22. 汽车动力性指标

动力性是汽车首要的使用性能指标。汽车必须有足够的牵引力才能克服各种行驶阻力，保证车辆能够以尽可能高的平均速度正常行驶。

汽车的动力性可用下面三个指标进行评价。

（1）最高车速

汽车的最高车速是指在风速小于等于3m/s的条件下，汽车在平坦公路（水泥路面或沥青路面）上行驶时能达到的最高行驶速度（km/h）。

（2）汽车的加速能力

汽车的加速能力是指汽车在行驶中迅速提高行驶速度的能力。加速过程越短、加速度越大或加速距离越短，汽车的加速性能越好。常用原地起步加速时间和超车加速时间来评价。

① 原地起步加速时间　原地起步加速时间是指汽车由静止状态起步后以最大的加速度加速，并选择适当的时机逐步换挡到高挡后加速到某一规定车速或达到某一规定距离所需要的时间。常用0～100km/h所用的时间表示，有时也用从0～400m的距离所需要的时间表示。原地起步加速时间越短，汽车的动力性能越好。

② 超车加速时间　超车加速时间是指汽车用最高挡或次高挡，由某一预定车速（该挡的最低稳定车速或30km/h）全力加速到另一预定速度所需要的时间。超车加速

时间越短，说明车辆高挡位加速性能越好，动力性能越强，可以减少超车过程中两车的并行时间，相对提高行驶安全性。

（3）汽车的爬坡能力

汽车的爬坡能力一般用汽车最大爬坡度来衡量。

汽车最大爬坡度是指汽车满载时的最大爬坡能力（%），也就是在风速小于等于3m/s的条件下，在干燥、清洁的混凝土或沥青坡道路面上，以最低挡行驶能够爬上的最大坡度。

不同类型的汽车对上述三项指标要求有所不同：乘用车偏重于最高车速和加速能力，而商用车特别是载货汽车和越野汽车对最大爬坡度要求较高。无论何种汽车，为了能够在公路上正常行驶，必须具备一定的平均速度和加速能力。

23. 误区：功率大，动力性就好

最大功率是汽车的重要指标，也是消费者最为关心的。大多数消费者往往认为，发动机功率越大，汽车的动力性就越好，实际上决定汽车动力性的指标并不仅仅是功率。重视功率而忽视扭矩，这是许多初次购车者的盲区。

例如，同样是1.6L的发动机，捷达的最大功率是64kW，哈飞赛马的最大功率是74kW，看起来似乎应该是哈飞赛马的动力强。但实际驾驶中，捷达的动力性却明显要好于哈飞赛马，起步加速时的动力表现尤其明显，这实际上就是扭矩的差异。捷达的发动机在3000r/min时的扭矩达到135N·m，而哈飞赛马的发动机扭矩要到4500r/min时才能达到133N·m。通俗地说，就是当捷达挂上3挡的时候，哈飞赛马才刚刚挂上2挡。对于经常行驶在走走停停的城市道路上的人来说，汽车的低速扭矩更值得考虑。

只看功率的大小，而忽视扭矩的高低及最大扭矩出现时的转速，那么你买到的很可能是一辆更适合在高速公路上行驶的车。判断汽车低速动力性能的高低，有一个简便的办法，即着车起步时，挂入一挡，松开手刹，然后慢抬离合器踏板，但不要给油，如果汽车能够很轻松地起步而不熄火，那么，该车的低速动力表现就一定是不错的。

24. 汽车燃油经济性指标

汽车在一定的使用条件下，以最少的燃油消耗量完成单位运输工作量的能力，称为燃油经济性。为降低汽车使用成本，要求汽车以最少的燃料消耗，行驶尽量远的路程或完成尽量多的运输量。

汽车的燃油经济性评价指标有两种形式。

① 汽车在一定的使用条件下，每行驶100km消耗掉的燃油量，单位L/100km。我国及欧洲常用此指标。此数值越大，说明汽车的燃油经济性越差。

② 汽车在一定的使用条件下，一定的燃油量能使汽车行驶的里程，单位为MGP或mile/US gal（英里/加仑），即每加仑燃油能够使汽车行驶的英里数。美国常用此指标，此值越高表明汽车的燃油经济性越好。

25. 汽车燃油经济性的影响因素

（1）发动机的影响

目前的轿车发动机都是高速汽油发动机，发动机的热效率越高，燃油利用率越高，也就越省油。发动机的热效率随压缩比的增加而增加，现在轿车汽油发动机的压缩比一般在9.3～10.5之间；同时，还采用配气系统可变装置（可变气门升程、可变凸轮轴转角、可变进气管长度等）和稀燃技术，来达到节油的目的。比如长安福特新嘉年华所采用的Duratec发动机，其电子控制节气门技术，可根据发动机转速与负荷水平调整节气门，控制空燃比，增加补气量时间，使其在各种工况下取得性能与燃油经济性之间的最优平衡。

另外，发动机的功率和负荷率对燃油经济性也有很大的影响。一般发动机排量决定输出功率，根据使用者的实际需要合理选择汽车排量。在汽车行驶中经常保持较高的功率利用率，对提高汽车的燃油经济性很有意义。新嘉年华的发动机有CVVT连续可变气门正时系统，在不改变发动机基本构造的前提下，通过调整进气门与排气门而改善燃烧室的工作环境，获得最优化的进气，同时使燃烧更加充分，不但提高了发动机低速下的稳定性和高转速下的动力性，也提高了发动机的经济性。

（2）传动系统的影响

汽车的传动系统对汽车的燃油经济性有重要影响。变速器挡位越多，不但汽车换挡平顺，而且使发动机增加了处于经济工况下运行的机会，也有利于提高燃油经济性。因此现代汽车都趋向于5挡或以上变速器，或者采用无级变速，保证在任何条件下具有使发动机在最经济工况下工作的可能性。

在速度不变的情况下，接合高速挡时，传动比小，发动机转速低；接合低速挡时，传动比大，相应的发动机转速高。由发动机负荷特性可知，当发动机负荷相同时，一般是转速越低燃油消耗率越小。在一定的行驶条件下，传动系统的速比越小，汽车的燃油经济性越高，因此汽车的经济行驶都在高挡位。

为了在良好路面条件下以较高车速行驶，轿车在变速器内装置速比小于1的超速挡，在车速相同的情况下，挂上超速挡可使发动机转速比较低，相对也降低了燃油消耗。

传动系统的传动比包括变速器各挡速比和主减速器比，在良好的道路上行驶选用小速比的主减速器可提高汽车的燃油经济性。但是，汽车上许多物体都有一个“临界点”问题，超过后就会走向反面。主减速器比也是一样，过小就会使最高挡的动力性过低，反而会使汽车的燃油经济性变差，因此一般设计减速器传动比都有一个范围，使得挂直接挡时仍有较大的后备功率用于加速或上小坡。

（3）车身造型的影响

由于现代汽车速度的增高，汽车的造型对燃油经济性也有重要影响，车速越快，影响越大，这就是人们常说的“风阻”。减小空气阻力主要是通过减少汽车的迎风面积和空气阻力系数来实现的，一般而言，迎风面积取决于汽车的体积，空气阻力取决于车身造型。为此，汽车车身紧凑化和流线型是提高燃油经济性的途径。许多轿车的空气阻力系数为0.28～0.40，对减少燃油消耗起到很大作用。

对于整车行驶系统，整个行驶过程中最大的阻力在于风阻和滚动阻力。滚动阻力主要来源于车重，而风阻却不同，一般情况下，风阻带来的消耗功率为$W=Cv^3$（C代表空气阻力系数，v代表车速）。如果在同一条件下，风阻系数越小，燃油的利用率就越高。根据实际数据的测试，速度每超过10km/h会相应增加1L/100km油耗，当一辆汽车以80km/h行驶时，有60%的耗油是用来克服纵向风阻的。风阻系数降10%，油耗就降7%。这样我们就能看出良好的流线型设计，以及根据空气动力学原理设计的车身结构所带来油耗的经济效益。

通常而言，车身高度超过1.5m的汽车，其空气阻力系数比较大，与同类型动力系统的低车身汽车相比，不但行驶速度降低，而且燃油消耗量也增大。因此，空间、速度、燃油消耗量都是矛盾的组合体，只能求得一个合理的平衡点，不可能有每个方面都设计得很好的汽车。

26. 如何看懂汽车的官方油耗?

经常有消费者对油耗问题感到疑惑，为什么自己用车时的油耗数值总比说明书上的油耗指标大?

要了解这个问题，首先要明白所谓官方油耗数值的含义与测定方法。2010年以前，厂商公布的油耗数据为等速油耗。等速油耗是汽车厂商按照国家标准规定的温度、风向、风速等客观环境要求，使车辆在平坦路面或在底盘测功机上保持90km/h的速度，然后通过专业方法计算出的理论油耗。

汽车的燃油经济性有两种测定法：一种是行驶试验法；另一种是在平坦道路上和一定条件下进行等速油耗试验。

（1）等速油耗

汽车在无坡度的平坦好路上以等速行驶时的油耗为等速百千米油耗。所谓等速，还要计入以不同车速等速行驶的情况，不同车速的等速行驶，百千米油耗是不同的。

选择一段无坡度的平坦水泥路面或沥青路面，汽车以最高挡分别以不同车速（可每隔10km/h的车速取一个点）等速行驶完这段路程，往返一次取平均值（消除风和坡度影响），记下油耗量，即可获得不同车速下汽车百千米油耗，即所谓等速百千米油耗。其曲线形状一般是两头高中间凹。即使同一种型号的车辆，其凹下的位置和深度是不同的。

例如福克斯的油耗为5.8L/100km，那么一般指的就是该车在经济车速时最省油的百千米耗油量。不过，在特定的环境下或者某些节油大赛中会比这个油耗指标更低，例如在2009年度CCTV节油大赛中，福克斯就能表现出4.2L/100km油耗的好成绩。

（2）综合油耗

由于等速油耗与实际行驶情况有很大差别，实际上不能全面地评定汽车的燃油经济性。一般都采用综合油耗（又称循环油耗）来评定汽车的燃油经济性。

循环油耗是指在一段指定的典型路段内汽车以设定的不同工况行驶时的油耗，起码要规定等速、加速和减速3种工况，复杂的还要计入启动和怠速停驶等多种工况，然后折算成百千米油耗。例如我国有6工况循环油耗（货车）和城市4工况循环油耗（客车），欧洲有ECE-R15工况循环油耗，美国有公路循环和城市循环油耗。一般而言，求得的循环油耗还要与等速百千米（指定车速）油耗加权平均取得综合油耗，以便更科学地评价汽车的燃油经济性。不过有时也不严格地称这种综合油耗为循环油耗，所以现代轿车给出的城市油耗和公路油耗，更全面地说应该是城市综合油耗和公路综合油耗，也有简称为城市循环油耗和公路循环油耗，在我国也更简单地称为城市油耗和公路油耗。

工信部规定，从2010年1月1日起，所有最大设计总质量在3500kg以下的乘用车和轻型商用车在销售时都必须粘贴汽车燃料消耗量标识，并标注市区、市郊、综合三种工况的油耗，进口车也包括在内。

图1-37 雪佛兰景程的粘贴燃油标识

如图1-37所示为雪佛兰景程的粘贴燃油标识，这是一张黄色的大概半张A4纸大小的标签，上面详细地标识了该款景程车的发动机参数、车身质量等基本信息，在最中间的位置醒目地记载了该款车型的市区工况、综合工况、市郊工况百千米的燃油消耗量，并且打印着启用日期。

27. 汽车制动性能评价指标

汽车的制动性是汽车安全行驶的保证，也是汽车动力性得以发挥的前提。只有在保证汽车行驶安全的前提下，才能充分发挥汽车的其他性能。

汽车的制动性一般采用制动效能、制动效能的恒定性和制动时的汽车方向稳定性三个指标进行评价。

（1）制动效能

制动效能是汽车迅速降低行驶速度直到车辆停止的能力。制动效能是评价汽车制动性能最基本的指标，一般采用一定初速度下的制动时间、制动减速度和制动距离来评价，制动时间越短、制动距离越短则制动性能越好。

汽车的制动距离与行车安全有直接的关系，评价汽车制动性能非常直观，国家交通管理部门通常也是按照汽车的制动距离来制定相关的安全法规。

（2）制动效能的恒定性

汽车在高速制动、短时间内连续制动或下长坡连续制动时，制动器温度急剧升高，导致制动效能下降，这称为制动器的热衰退性。

汽车连续制动后，制动效能的稳定程度称为制动效能的恒定性，或者称为制动系统抗热衰退性。

汽车涉水后，由于水进到制动器里，也会使制动效能下降。汽车涉水后制动效能的保持程度用汽车制动系统抗水衰退性表示。

（3）制动时的汽车方向稳定性

制动时的汽车方向稳定性是指汽车在制动过程中按指定轨迹行驶的能力，即不发生跑偏、侧滑和失去转向的能力。检测汽车的方向稳定性时，一般选择符合一定宽度和路面要求的试验通道，根据制动时汽车偏离通道的大小确定其方向稳定性。试验时，制动稳定性良好的汽车不允许产生不可控制的效能使汽车偏离通道。

如果汽车左右侧的制动力不一样，则会发生跑偏。当汽车车轮因制动而趋于抱死时，易发生侧滑，并失去方向稳定性和操纵性。为防止上述现象发生，现代汽车主流车型均配置了制动防抱死系统ABS，防止紧急制动时因车轮抱死而发生危险，提高了方向稳定性。

28. 汽车紧急制动时车轮抱死的可怕之处

车轮抱死就是在汽车制动过程中，车轮由于制动力矩的作用，在路面上停止转动而产生拖滑，通俗地讲，也就是轮胎不转了，汽车就像一块砖头一样在路面上滑动，这样就会导致车辆并不沿着驾驶员期望的方向行驶，而是朝作用力小的方向行驶，极容易出现危险事故。

车轮抱死会使车轮失去抵抗横向力作用的能力，易发生侧滑、汽车失控等现象。如果车轮抱死，必须放开制动踏板，才能使控制恢复正常，而车轮抱死往往发生在紧急制动时，此时由于本能，驾驶员往往死死踩住制动踏板，极易发生事故。如果前轮抱死，车辆失去侧向转向力就会容易跑偏；如果后轮抱死，后轮将失去侧向抓地力，就易发生甩尾。特别是在积雪路面，当紧急制动时，更容易发生上述的情况。

在一些电影特技场景中，我们能够看到主人公开车做出侧滑、甩尾等多种高难度动作的刺激场面，有些年轻人感到很刺激，请注意电影里都是一些经过专门训练的特技人员做的动作，并不适合普通人。归根结底，ABS不是给特技演员和高级赛车手设计的，而是针对一般驾驶者，以保证他们驾车的安全。

29. 什么是防抱死系统？

汽车的制动性能是汽车的主要性能之一，重大交通事故往往与制动距离过长、紧急制动时发生侧滑等情况有关，所以汽车的制动性能是汽车安全行驶的重要保障。目前ABS防抱死制动系统已被广泛运用于汽车上。那什么是防抱死系统呢？

防抱死系统（anti-lock，braking system，ABS）是通过安装在各车轮或传动轴上的转速传感器等不断检测各车轮的转速，由计算机计算出当时的车轮滑移率（由滑移率来判断汽车车轮是否已抱死），并与理想的滑移率相比较，做出增大或减小制动器制动压力的决定，命令执行机构及时调整制动压力，以保持车轮处于理想的制动状态，如图1-38所示。因此，ABS装置能够使车轮始终维持在有微弱滑移的滚动状态下制动，而不会抱死，达到提高制动效能的目的。

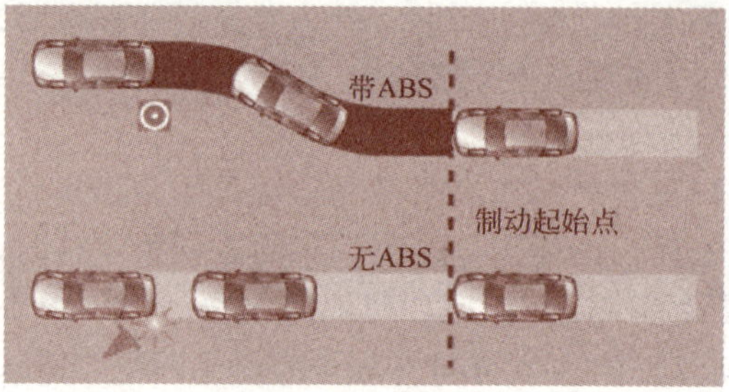

图1-38 ABS工作示意图

防抱死系统的作用如下。

① 一种具有防滑、防锁死等优点的汽车安全控制系统。ABS是常规刹车装置基础上的改进型技术，可分机械式和电子式两种。

② 它既有普通制动系统的制动功能，又能防止车轮锁死，使汽车在制动状态下仍能转向，保证汽车的制动方向稳定性，防止产生侧滑和跑偏，是目前汽车上最先进、制动效果最佳的制动装置。

③ 普通制动系统在湿滑路面上制动，或在紧急制动的时候，车轮容易因制动力超过轮胎与地面的摩擦力而完全抱死，防抱死系统可以避免这一问题。

30. 汽车装配ABS后有哪些好处？

汽车在制动时，ABS的功能是通过调节、控制制动管路压力，能够自动控制制动器制动力的大小，使车轮不被抱死，处于边滚边滑（滑移率在15%～25%）的状态，以保证车轮与地面的附着力在最大值。具体来说有以下几点好处。

① 改善汽车制动时的横向稳定性。

② 改善汽车制动时的方向操纵性。

③ 改善制动效能。

④ 减少轮胎的局部过度磨损。

⑤ 使用方便，工作可靠。

31. 什么是制动力分配系统？它有哪些作用？

电子制动力分配装置的英文全称是electronic brake force distribution，即EBD（图1-39）。汽车在制动时，因为四个轮胎所附着的地面条件不同，其与地面的摩擦力也不同，制动时就容易产生打滑、倾斜和侧翻等现象，为了有效地避免这种现象，电子制动力分配装置就应运而生，它的作用就是在汽车制动的瞬间，通过对四个轮胎附着的不同地面情况进行感应、计算，得出不同的摩擦力数值，使四个轮胎的制动装置根据不同的情况用不同的方式和力量制动，并在运动中不断高速调整，从而保证车辆的平稳、安全。

在紧急刹车车轮抱死的情况下，EBD在ABS动作之前就已经平衡了每一个车轮的有效地面抓地力，可以防止出现甩尾和侧移，并缩短汽车制动距离。

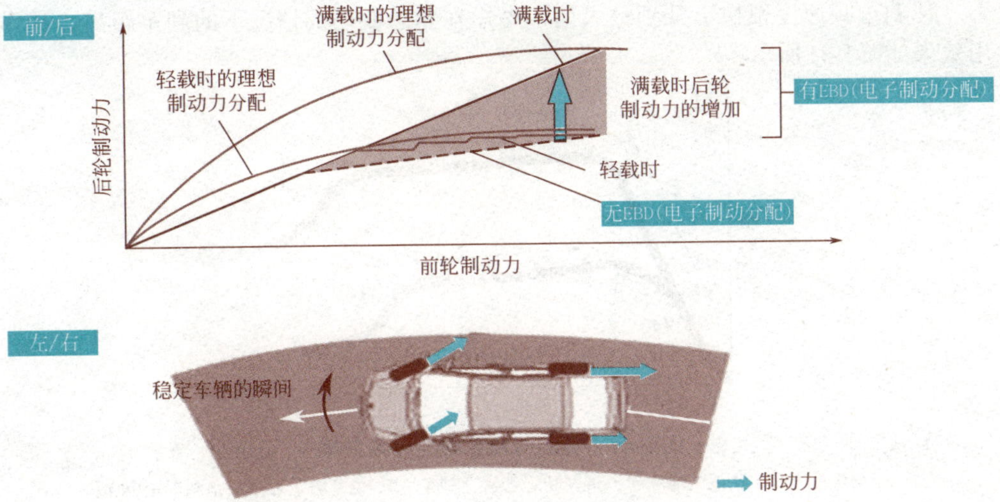

图1-39 EBD的工作原理示意图

EBD实际上是ABS的辅助功能，它可以改善和提高ABS的功效。所以在安全指标上，汽车的性能又多了“ABS+EBD”。

例如，如果左侧车轮接触的是湿滑路面，而右侧车轮接触的是干燥路面，很明显左右车轮与地面的摩擦力是不同的。如果在制动时对四个车轮施加相同的制动力，就容易产生打滑、倾斜和侧翻等现象。而配有EBD系统的车辆则不会发生这种情况，它会对左右车轮施加不同的制动力而保证车辆的稳定。

现在的EBD系统一般都是与ABS系统整合成一套系统存在的，所以我们经常看到厂家宣传说车辆配有ABS+EBD系统，如图1-40所示。

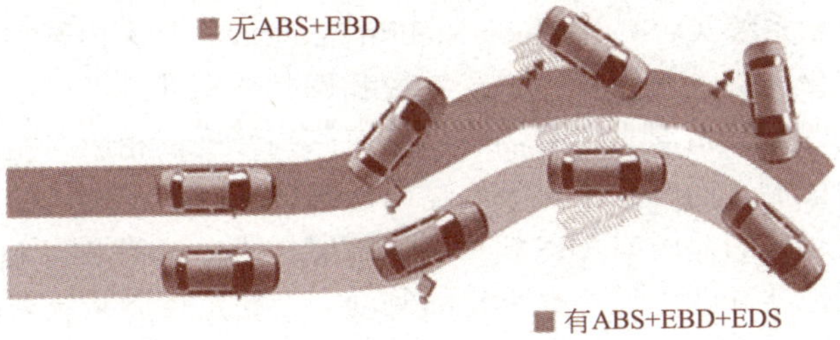

图1-40 ABS+EBD系统

32. 什么是制动辅助系统？它有什么作用？

在紧急情况下，90%的汽车驾驶员踩刹车时缺乏果断，制动系统的最佳性能不能得到发挥，制动的距离会明显延长，制动辅助系统正是针对这一情况而设计，它通过持续地比较踩下刹车踏板的速度，系统就会识别出紧急制动情况。如果驾驶者受到惊吓，踩下制动踏板时的速度比在控制单元中储存的正常值要快，但踩踏力又不足时，那么制动辅助系统就自动起作用，并在不到1s的时间内建立最大的制动压力，使刹车减速度很快上升到最大值，缩短在紧急制动的情况下的刹车距离，其作用效果如图1-41所示。

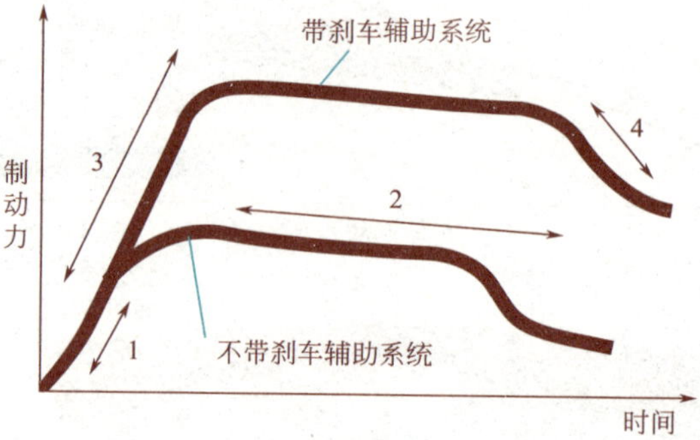

图1-41 制动辅助系统的作用效果

1—根据作用于刹车踏板的速度和力量判断是否紧急刹车；2—由驾驶员通过踩踏刹车踏板提供大的制动力；3—即使踩刹车踏板的力量很弱，也能发出很大的制动力；4—松开刹车踏板时，自动减少辅助刹车力量，降低刹车时的不舒适感

制动辅助系统（BAS）是对防抱死制动系统（ABS）的辅助。它能在快速制动时发挥最好的效果。要使系统产生最好的效果，必须在制动过程中连续施加制动压力（务必不要“回抽”制动器）。不要降低制动踏板压力，除非不再需要制动。一旦释放制动踏板，制动辅助系统（BAS）就停用。

33. 什么是车身稳定系统？它有什么作用？

目前，起车身稳定系统类似作用的有丰田的车身稳定控制系统VSC、宝马的DSC动态稳定控制、大众的ESP电子稳定程序。

车身稳定控制系统（VSC，vehicle stability control）是丰田开发的一种汽车主动安全系统，能够极大提高车辆操控安全系数和驾驶便利性。当出现紧急转弯、紧急加速和紧急制动等突发情况时，车辆可以迅速感知并采取相应的制动措施，如对每个轮胎进行单独控制，同时降低引擎的输出，维持车身的稳定。稳定控制系统是从其他技术上发展起来的，例如ABS和牵引力控制技术，这些系统工作时，都必须检测车轮是否将要抱死并能单独调整车轮的制动力。稳定控制系统利用了这项技术以及所用的传感器和计算控制单元。

ESP是英文electronic stability program的缩写，中文译成“电子稳定程序”。ESP系统实际是一种牵引力控制系统，与其他牵引力控制系统比较，ESP不但控制驱动轮，而且可控制从动轮。如后轮驱动汽车常出现的转向过多情况，此时后轮失控而甩尾，ESP便会刹慢外侧的前轮来稳定车辆；在转向过少时，为了校正循迹方向，ESP则会刹慢内后轮，从而校正行驶方向，来帮助车辆维持动态平衡。ESP对过度转向或不足转向特别敏感，例如汽车在路滑时左拐，过度转向（转弯太急）时会产生向右侧甩尾，传感器感觉到滑动就会迅速制动右前轮使其恢复附着力，产生一种相反的转矩而使汽车保持在原来的车道上。当然，任何事物都有一个度的范围，如果驾车者盲目开快车，任何安全装置都难以保全。

DSC是英文dynamic stability control的缩写，即动态稳定控制系统。这是加速防滑控制系统或循迹控制系统的进一步延伸，可确保车辆在转弯时仍能拥有最佳的循迹性，以确保行车的稳定性。DSC系统为了使车辆在转弯时仍有好的循迹性，配有更先进的侦测及控制配备，如除能侦测车轮转速外，还能侦测转向盘转动的幅度、车速以及车辆的侧向加速度，根据以上所侦测到的信息，来判断车轮在转弯过程中是否有打滑的危险，如果有打滑的危险或已经打滑，则计算机马上会命令制动油压控制系统对打滑的车轮进行适当的制动，或者是以减少喷油量、延迟点火的方式来降低引擎力量的输出，以达到轮胎在各种行驶条件下防止打滑的现象，进而使车辆无论在启动加速、再加速、转弯等过程都能获得好的循迹性。

34. 鼓式制动器与盘式制动器有什么区别?

（1）鼓式制动器

如图1-42所示，鼓式制动器是利用制动传动机构使制动蹄将制动摩擦片压紧在制动鼓内侧，从而产生制动力，根据需要使车轮减速或在最短的距离内停车，以确保行车安全，并保障汽车停放可靠，不能自动滑移。鼓式制动器的旋转元件是制动鼓，固定元件是制动蹄，其造价便宜，而且符合传统设计。

(a)鼓式制动器的外观

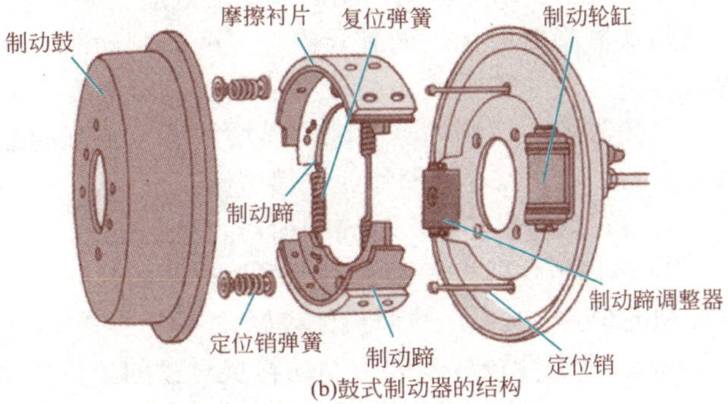

(b)鼓式制动器的结构

图1-42　鼓式制动器

由于成本比较低，鼓式制动器仍然在一些经济类轿车中使用，主要用于制动负荷比较小的后轮（前轮用盘式制动器）和驻车制动。鼓式制动器除了成本比较低之外，还有一个好处，就是便于与驻车（停车）制动组合在一起，凡是后轮为鼓式制动器的轿车，其驻车制动器也组合在后轮制动器上。这是一个机械系统，它是完全与车上制动液压系统分离的：利用手操纵杆或驻车踏板（美式车）拉紧钢拉索，操纵鼓式制动器的杠件扩展制动蹄，起到停车制动作用，使得汽车不会溜动；松开钢拉索，回位弹簧使制动蹄恢复原位，制动力消失。

（2）盘式制动器

如图1-43所示，盘式制动器的工作表面为平面且两面传热，圆盘旋转容易冷却，不易发生较大变形，制动效能较为稳定，长时间使用后制动盘因高温膨胀使制动作

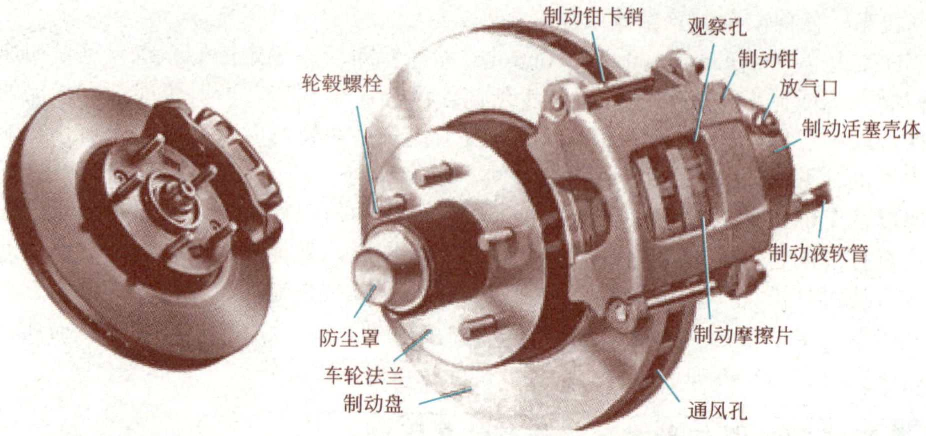

(a)盘式制动器的外观　　(b)盘式制动器的结构

图 1-43　盘式制动器

用增强；而鼓式制动器单面传热，内外两面温差较大，导致制动鼓容易变形，同时长时间制动后，制动鼓因高温而膨胀，制动效能减弱。另外，盘式制动器结构简单，维修方便，易实现制动间隙自动调整。

一般无摩擦助势作用，因而制动器效能受摩擦系数的影响较小，即效能较稳定；浸水后效能降低较少，而且只需经一两次制动即可恢复正常；在输出制动力矩相同的情况下，尺寸和重量一般较小；制动盘沿厚度方向的热膨胀量极小，不会像制动鼓的热膨胀那样使制动器间隙明显增加而导致制动踏板行程过大；较容易实现间隙自动调整，其他保养修理作业也较简便。

与鼓式制动器相比，盘式制动器的优点如下。

① 热稳定性较好。因为制动摩擦衬块的尺寸不长，其工作表面的面积仅为制动盘面积的6% ～ 12%，故散热性较好。

② 水稳定性较好。因为制动衬块对盘的单位压力高，易将水挤出，同时在离心力的作用下沾水后也易于甩掉，再加上衬块对盘的擦拭作用，因而，出水后只需经一两次制动即能恢复正常；而鼓式制动器则需经过十余次制动方能恢复正常制动效能。

③ 制动力矩与汽车前进和后退行驶无关。

④ 在输出同样大小的制动力矩的条件下，盘式制动器的重量和尺寸比鼓式制动器要小。

⑤ 盘式制动器的摩擦衬块比鼓式制动器的摩擦衬片在磨损后更易更换，结构也较简单，维修保养容易。

⑥ 制动盘与摩擦衬块间的间隙小（0.05 ～ 0.15mm），这就缩短了油缸活塞的操作时间，并使制动驱动机构的力传动比有增大的可能。

⑦ 制动盘的热膨胀不会像制动鼓热膨胀那样引起制动踏板行程损失，这也使间隙自动调整装置的设计可以简化。

目前，轿车制动器已基本实现前盘后鼓的配置，甚至部分档次稍高的轿车已实现前后均为盘式制动。随着我国汽车工业的发展，国家标准对汽车制动性能的要求日益严格，在一些商用车上也开始出现前盘后鼓，甚至前盘后盘的配置。GB 7258—2012（2012年9月1日起实施）明确提出：专用校车和危险货物运输车的前轮及车长大于9m的其他客车的前轮应装备盘式制动器。

35. 汽车通过性评价指标

如图1-44所示，所谓汽车的通过性是指汽车在不平的道路、坏路、松软道路上克服各种障碍行驶的能力。不同用途的汽车通过性的要求也不同，高级轿车和公共汽车主要在城市行驶，路面条件较好，因此对汽车通过性要求不突出。而对于军用、农用、林区用、工地用的汽车，行驶道路条件较差，其通过性就显得十分重要。

图1-44 汽车的通过性

评价通过性指标包括最小离地间隙、接近角、离去角、纵向通过角等。另外，汽车的最小转弯半径和内轮差、转弯通道圆及车轮半径也是汽车通过性的重要轮廓参数。

（1）最小离地间隙

如图1-45所示，最小离地间隙$h_{最小}$是汽车除车轮之外的最低点与路面之间的距离。它表征汽车无碰撞地越过石块、树桩等障碍物的能力。汽车的油底壳（轿车）、前桥、飞轮壳、变速器壳、消声器和主传动器外壳等通常有较小的离地间隙。汽车前桥的离地间隙一般比飞轮壳的还要小，以便利用前桥保护较弱的飞轮壳免受冲碰。后桥内装有直径较大的主传动齿轮，一般离地间隙最小。在设计越野汽车时，应保证有较大的最小离地间隙。表1-14列出了汽车通过性的几何参数。

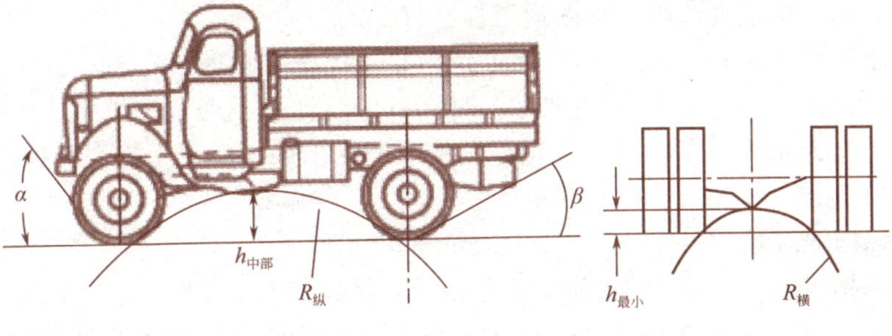

图1-45 汽车的通过性参数

$R_{纵}$—纵向通过半径；$R_{横}$—横向通过半径；$h_{最小}$—最小离地间隙；$h_{中部}$—汽车中部最低点；α—接近角；β—离去角

表 1-14 汽车通过性的几何参数

汽车类型	驱动型式	最小离地间隙 $h_{最小}$/mm	接近角/（°）	离去角/（°）
轿车	4×2	20～200	20～30	15～22
	4×4	210～370	45～50	35～40
货车	4×2	250～300	25～60	25～45
	4×4、6×6	260～350	45～60	35～45
越野车（乘用）	4×4	210～370	45～50	35～40
客车	6×4、4×2	220～370	10～40	6～20

（2）接近角与离去角

接近角是指在汽车满载、静止时，汽车前端突出点向前轮所引切线与地面的夹角，即水平面与切于前轮轮胎外缘的平面之间的最大夹角，如图1-46（a）所示，接近角为40°，前轴前面任何固定在车辆上的刚性部件不得在此平面的下方。我们不难得出如下结论：接近角越大，汽车在上下渡船或进行越野行驶时，就越不容易发生触头事故，汽车的通过性能就越好。

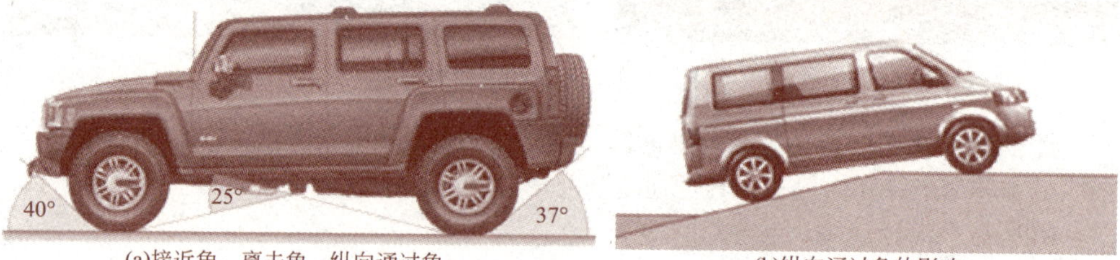

(a)接近角、离去角、纵向通过角　　(b)纵向通过角的影响

图 1-46 接近角、离去角、纵向通过角

离去角是指汽车满载、静止时，自车身后端突出点向后车轮引切线与路面之间的夹角，即是水平面与切于车辆最后车轮轮胎外缘的平面之间的最大夹角，位于最后车轮后面的任何固定在车辆上的刚性部件不得在此平面的下方，如图1-46（a）所示，离去角为37°，它表征了汽车离开障碍物（如小丘、沟洼地等）时，不发生碰撞的能力。离去角越大，则汽车的通过性越好。

相对于接近角适用于爬坡时，离去角则是适用于下坡时。车辆一路下坡，当前轮已经行驶到平地上，后轮还在坡道上时，后保险杠会不会卡在坡道上，关键就在于离去角。离去角大，车辆就可以由越陡的坡道上下来，而不用担心后保险杠卡住，动弹不得。

（3）纵向通过角

如图1-46（a）所示，纵向通过角为25°，是指在汽车空载、静止时，在汽车侧视图上通过前、后车轮外缘做切线交于车体下部较低部位所形成的最小锐角，它表征汽车可无碰撞地通过小丘、拱桥等障碍物的轮廓尺寸。纵向通过角越小，汽车的通过性越好，如图1-46（b）所示。

（4）最小转弯半径和内轮差

转弯半径就是汽车转向时，汽车外侧转向轮的中心平面在车辆支撑平面上的轨迹圆半径。如图1-47所示，当转向盘转到极限位置、汽车以最低稳定车速转向行驶时，外侧转向轮的中心平面在支承平面上滚过的轨迹圆半径*R*，称为车辆的最小转弯直径，它表征车辆在最小面积内的回转能力和通过狭窄弯曲地带或绕过障碍物的能力。最小转弯半径越小，汽车的机动性越好。轿车的最小转弯半径一般为轴距的2～2.5倍。

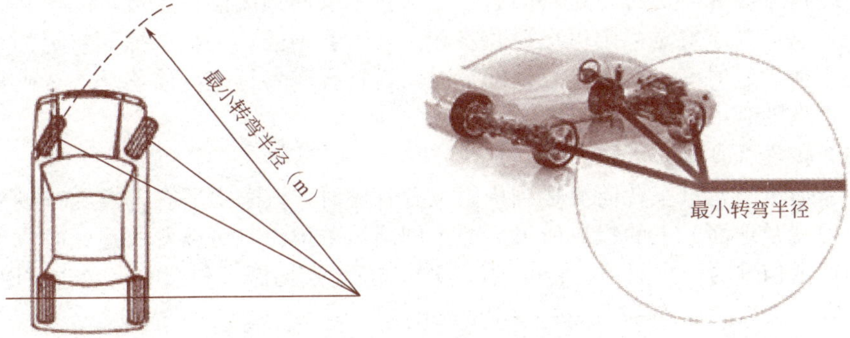

图1-47　汽车最小转弯半径示意图

转向轴和末轴的内轮轨迹中心在车辆支承平面上的轨迹圆之差，被称为内轮差。

《机动车运行安全技术条件》（GB 7258—2012）规定：机动车辆的最小转弯直径，以前轮轨迹中心为基线，测量其值不得大于24m。当转弯直径为24m时，前转向轴和末轴的内轮差（以两内轮轨迹中心计）不得大于3.5m。

各类汽车的最小转弯半径见表1-15。

表1-15　各类汽车的最小转弯半径　　单位：m

乘用车				客车	消防车				货车				
微型车	小型车	轻型车	中型车	铰接车	普通消防车	大型消防车	登高消防车	特种消防车辆	载重4～8t单辆货车	载重10～15t单辆货车	载重4～8t汽车带一辆载重2～3t挂车	载重15～25t平板挂车	载重40～60t平板挂车
4.50	5.00～6.00	6.50～8.00	8.00～12.00	10.50～12.50	9.00	12.00	12.00	16.00～20.00	9	12	12	15	18

了解了各种车辆的转弯半径后，再看一下城市道路交叉口转弯半径，做到心中有数，就不会发生转弯过程中卡住的现象了，城市道路交叉口转弯半径按下列标准控制（按道路红线计）：主干道为20～30m；次干道为15～20m；非主次道路为10～20m。

另外，机动车出入口距城市道路交叉口、桥隧坡道起止线应大于50m。居住区道路红线转弯半径不得小于6m，工业区不小于9m，有消防功能的道路，最小转弯半径为12m——消防车道转弯半径为12m。

提醒各位驾驶员朋友：转弯时，千万别和大货车并排行驶！

大货车在转弯时前轮与后轮之间存在较大的“轮迹差”，也就是说当大货车前轮拐过去之后，其后轮与前轮的行驶轮迹不在一条弧线上。如果此时你的车辆处于大货车车身前半部位置时，那么大货车在转弯时就极易将你的车撞到。

路上的行人、非机动车、机动车，遇到大货车的时候一定要留意这个“轮迹差”，避免造成生命上的危害！

在路口等灯时，切勿与左侧的右转弯大货车横向距离贴得过近，当察觉有大货车右转时，应高度警觉，宁可退后几步让一让，也不能让大货车撞到自己的车；再者，更不能为赶时间，在信号灯未变换时，盲目推着自行车向前移动，否则会将自己置于危险境地。

（5）转弯通道圆

转弯通道圆是汽车转向盘转到极限位置行驶时，汽车上所有各点在车辆支承平面（一般就是地面）上的投影所形成两个圆。简单地说，可以看成是此时汽车的影子在地面上扫过的一个圆环。它的内圆叫作转弯通道内圆，外圆叫作转弯通道外圆。它的实际含义是汽车转弯时必须占用的通道。

值得注意的是，由于汽车转弯时，汽车外侧的前端伸突在前外轮的外面，所以转弯通道外圆的直径要大于以前外轮轨迹确定的转弯直径。也就是说，汽车转弯时所需的通道，实际上比转弯直径还要大，如图1-48所示。

转弯通道外圆与内圆半径的差值，叫作通道宽度。车辆有左和右转弯通道圆。转弯通道圆的最大内圆直径越大，最小外圆直径越小，车辆所需的通道宽度越窄，通过性越好。

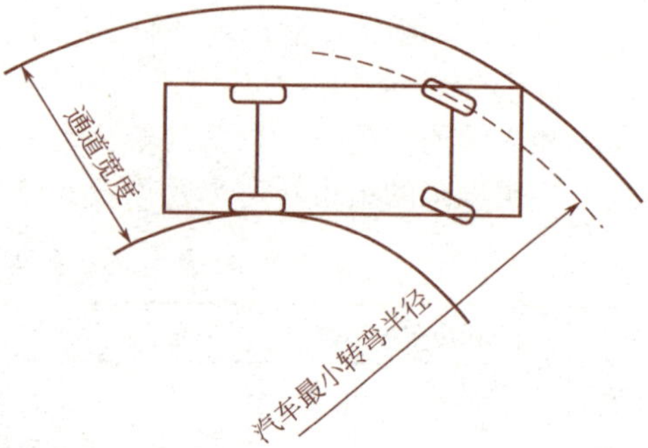

图1-48　转弯通道圆

36. 车内空气质量

新车有“毒”？车内空气污染越来越受到关注，权威机构近几年来对车辆进行了不少检测，发现不少车型车内空气成分中含有对人体有害的物质，包括甲醛、苯系物、总挥发性有机化合物（TVOC，total volatile organic compounds）等有害气体，危害人体健康。大多数市民都知道，新房装修时要认真挑选装修材料，以免日后持续释放出诸如甲醛等有害物质，危害家庭健康。然而，在车厢这一狭小的空间内，有着比室内更为密集的装饰和附属设备，车内散发出的有害物质对人体危害更大，车内空气净化急需进行。

（1）车内空气污染来源

① 新车本身　我国家庭汽车的市场需求使很多汽车下了生产线就直接进入市场，各种配件和材料的有害气体及气味没有释放期，安装在车内的塑料件、地毯、车顶毡、座椅等如果不按照严格的环保要求进行生产，会直接造成车内的空气污染。所

以，控制车内污染应该从生产厂家入手，对进入车内的每一种材料都进行严格的气味控制。

② 皮革制品中的甲醛　甲醛可应用于皮革制造的各个阶段，但皮革中大多数甲醛产生于鞣制和复鞣中。如果甲醛单独作为预鞣剂或固定剂，皮革中甲醛的含量将有明显的增加。植物鞣剂是甲醛含量很低的鞣剂。一般来讲，使用植物鞣剂不会对皮革中的甲醛含量有显著的影响。应用于涂饰后固定用的甲醛，是皮革中甲醛的直接来源。甲醛与其他醛或聚合物混合，常会造成皮革中有很高的甲醛含量。

③ 胶黏剂　汽车内饰装修过程中会使用多种胶黏剂，如壁纸胶黏剂、地毯胶黏剂、密封胶黏剂、塑料胶黏剂等，这些胶黏剂可分为聚乙烯醇缩甲醛胶黏剂、聚乙酸乙烯酯胶黏剂、橡胶胶黏剂、聚氨酯胶黏剂等。这几类胶黏剂在使用过程中会释放甲醛、苯、甲苯、二甲苯、其他挥发性有机物、甲苯二异氰酸酯、氨。缓慢释放的有害气体，长期作用于人体带来的慢性潜在危害不容忽视。

④ 车内装饰　车内使用的地毯、内饰毛毯和顶篷毡的VOC挥发量较高，这与其制造过程中使用的黏结材料酚醛树脂直接相关，酚醛树脂胶黏剂采用的合成原料为甲醛，若反应不完全，胶黏剂中会含有游离甲醛，因此在使用过程中会放出甲醛。

大多数消费者买车以后都要进行车内装饰，有的车开了一段时间后也要重新进行装饰，还有的经销商也以买车送装饰为优惠条件，一些含有有害物质的地胶、座套、坐垫等进入车内，这些装饰材料中含有的有毒气体，主要包括苯、甲醛、丙酮、二甲苯等，必然会造成车内的空气污染，使人不知不觉中毒，渐渐出现头痛、乏力等症状，严重时候会出现皮炎、哮喘、免疫力低下，甚至是白细胞减少。

⑤ 车用空调蒸发器　若车用空调蒸发器长时间不进行清洗护理，就会在其内部附着大量污垢，所产生的胺、烟碱、细菌等有害物质弥漫在车内狭小的空间里，导致车内空气质量差甚至缺氧。同时，由于汽车空间窄小，新车密封性比较好，空气流通不畅，车内空气量本来就不多，再加上车内乘客间的交叉污染严重，汽车内有害气体超标比房屋室内有害气体超标对人体的危害程度更大。当空气中二氧化碳浓度达到0.5%时，人就会出现头痛、头晕等不适感。

⑥ 车内吸烟　如果驾驶员或乘客吸烟，不仅会大大增加挥发性有机化合物、一氧化碳和尘埃之类的空气污染物水平，它所散发出的气味也可能会长期停留在车厢内。

（2）有害物质的危害

甲醛是原浆毒物，能与蛋白质结合。吸入高浓度甲醛后，会出现呼吸道的严重刺激和眼刺痛、头痛以及支气管哮喘等症状。合成树脂、表面活性剂、塑料、橡胶、皮革等材料以及消毒、熏蒸和防腐过程中均要用到甲醛。

苯易挥发，是工业上应用很广的原料。高浓度苯对中枢神经系统有麻醉作用，会引起急性中毒；长期接触苯对造血系统有损害。

甲苯与苯相似，短时间内吸入较高浓度的甲苯可出现眼及上呼吸道明显的刺激症状、眼结膜及咽部充血、头晕、恶心、步履蹒跚、意识模糊。

人在短时间内吸入高浓度的甲苯或二甲苯，会出现中枢神经麻醉的症状。二甲苯主要来自于合成纤维、塑料、燃料、橡胶等物质，以及油漆、涂料添加剂和胶黏剂、防水材料。

TVOC是空气中三种有机污染物中影响较为严重的一种，能引起机体免疫水平失调，影响中枢神经系统及消化系统功能，严重时可损伤肝脏和造血系统，出现病态反应。

（3）乘用车内空气质量评价指南

2011年，环境保护部和国家质检总局联合发布了《乘用车内空气质量评价指南》（GB/T 27630—2011），于2012年3月1日起正式实施。《乘用车内空气质量评价指南》根据车内空气中挥发性有机物的种类、来源和车辆主要内饰材料本身挥发特性，确定了8种主要控制物质，即车内空气中的苯、甲苯、二甲苯、乙苯、苯乙烯、甲醛、乙醛及丙烯醛，并规定了浓度要求。

不过，《乘用车内空气质量评价指南》只是一个行业技术标准，是以推荐性国家标准的“身份”发布的，并非强制性法规，并且相对于欧洲和美国标准来说过低，采用了室内空气标准的上限水平。如根据德国制定的车内环境标准，甲醛含量不能超过$0.08mg/m^3$，我国标准是不能超过$0.1mg/m^3$。

考虑到原标准实施时的工业水平，有一些车内污染物限值设定较宽泛，与国际上同类物质的限值相比偏高。鉴于上述情况，国家标准化委员会建议立项，将原推荐性标准修订为强制性标准，并增加相关强制性标准要求内容。

根据环保部最新发布的《乘用车内空气质量评价指南》强制标准征求意见稿，车内空气中的苯、甲苯、二甲苯和乙苯等有害物质都有了更为严苛的限量值，并给出了汽车厂家强制执行的时间表：2017年1月1日起，所有新定型销售车辆必须满足本标准要求；此前已经定型的车辆，自2018年7月1日起实施强制标准要求。

（4）为何标准仅适用于新生产车辆

车内空气质量问题成因比较简单，主要是汽车内饰材料释放的有害物质。虽然车内空气污染程度可能会随着车体材料中有害物质的不断释放而有所减轻，但是在一般情况下，车辆从制造完成到交付用户使用的间隔只有几天到几周时间，加上车辆在库存和运输过程中，乘员舱都处于密闭状态，往往用户开始使用新车的时候，也是车内空气污染最为严重的时期。

根据检测显示，车内空气污染状况与车辆制造工艺和零部件种类有直接关系，影响较大的有汽车仪表板总成、车门内饰板、地毯、顶棚、汽车线束、座椅总成等。

要解决车内空气污染问题，必须改进汽车、零部件、原材料等的生产工艺，不断提高原材料的质量，降低其有害物质含量，使用绿色环保的内饰材料。

37. 车内空气净化方法

（1）经常打开车窗，让车内自然通风

① 优点　无任何成本，且操作起来简单方便。

② 缺点　当汽车周围空气差、灰尘大时（如堵车四周废气排出、扬尘路面），反而会造成二次或三次污染，而且夏季、冬季和雨雪、大风天气驾驶员一般不会开启窗户，所以开窗通风的做法很局限，大部分时间是不可能实现的。

（2）打开汽车内外循环空调，制冷排风

① 优点　基本上无成本（消耗点儿油），且操作起来简单方便。

② 缺点　车内空调在内循环时，只是将车内原有的空气进行再循环制冷，并不解决车内空气污染与空气质量问题，而使用车内空调外循环时，同样会出现一些问题，把别人的汽车尾气和其他废气吸入形成二次或三次污染，反而严重危害身体健康。

（3）在车内使用香水、空气清新剂和水果植物

① 优点　价格高低可选，放在车内漂亮点缀，可产生车主喜欢的气息空间。

② 缺点　原生态的植物提炼香水价格十分昂贵，普通车主用的基本都是劣质的化学成分的香水，虽然可以掩盖异味，但本身就是乙醚和香精的混合物，会产生二次或多次污染，引起人体各种疾病，长期使用还会导致嗅觉的严重反应和过敏，同时并没有解决车内空气污染问题，污染病菌依旧还在车内。至于水果和植物吸附同样只能作为辅助手段使用，不能作为彻底解决的途径。

（4）给车定期进行蒸汽消毒

① 优点　价格并不是很贵，有一定消毒效果。

② 缺点　无法达到一次清除的目的。必须经常去做“桑拿”，且有效时间较短（一般效果不超过1个月），内饰深层的污染物无法清除，还会源源不断地散发出来，而且高温下对车内配套设施损伤太大，不能经常进行治理，单纯的蒸汽“桑拿”也容易造成二次污染。

（5）使用活性炭包净化车内空气

活性炭包是经过活化处理的黑色多孔的固体炭质。一般呈粉状、粒状或丸状，主要成分为碳，还含少量氧、氢、硫、氮、氯。活性炭具有微晶结构，微晶排列完全不规则，晶体中有微孔，使它具有很大的内表面，这决定了活性炭具有良好的吸附性，可以吸附废水和废气中的金属离子、有害气体、有机污染物、色素等。

① 优点　吸附异味能力强，对TVOC的吸附能力也强，操作简单。

② 缺点　量小的情况下相当容易饱和，且有效使用时间很短，很局限。对于甲醛的去除效率很低，并且是被动地吸附，必须使污染空气在活性炭包表面不停地循环流通，而且效果缓慢，对于空调状态下车内空气无活性问题并不能给予解决。

（6）使用光催化剂喷涂净化车内空气

光催化剂是一种在光的照射下，自身不起变化，却可以促进化学反应的物质，就像植物的光合作用中的叶绿素。二氧化钛作为一种光催化剂，在吸收太阳光或照明光源中的紫外线后，在紫外线能量的激发下，会产生具有超强氧化能力的电子，而电子又具有超强的还原能力，与空气中的水汽反应后会制造出氧离子和氢氧自由基，具有极强氧化作用的活性氧、氢氧自由基能将有害有机物、污染物臭气、细菌等氧化分解成无害物质的二氧化碳和水，而电子同时起到还原反应，还原空气中的氧。

① 优点　通过超强氧化去除病菌和污染物效果、强氧化光合还原作用，短时间内即可起效。

② 缺点　在不贴防紫外线隔热膜的情况下，也需要很长时间才能对污染物起作用。最大的缺点是需要紫外线照射，而现在大部分汽车都贴了防紫外线隔热膜，紫

外线穿透率很低，所以该技术还有待改进。另外，光催化剂具有很强的氧化性，容易使汽车内饰和皮具老化，所以喷涂的位置也必须十分注意，不能进行整车喷涂，故单纯依靠光催化剂的作用是没有办法达到效果的。

（7）汽车氧吧概念净化车内空气

汽车氧吧是一种适合在汽车中使用的氧吧，可产生臭氧和负离子。臭氧具有消毒杀菌作用，同时也可以消除空气中的臭味并强力杀菌、净化空气。负离子也具有清新空气、沉降灰尘的作用。

① 优点　本质是臭氧、负离子发生器，是最早的车内空气净化电子产品，价格不高，使用时间长，具有一定的清新、净化空气的功能。

② 缺点　负离子在空气中的存在时间短，无循环过滤净化空气的功能（太阳能可循环），功能单一、构造简单、效果并不明显。太阳能板供电受天气限制大，太阳能板面积小，供电不足，机器功率小，空气循环过滤不完全，虽然臭氧有一定的杀菌作用，但是臭氧过量会产生二次污染，危害车主。

（8）“车内快速除味+长效分解”相结合新车除味工艺

该除味工艺采用日本技术，首先将异味分解液雾化成纳米级别的微粒来分解吸附在车厢内表面上的异味源，然后通过纳米光催化净化剂渗透入内饰深层，直接从毛细纤维上剥离和分解甲醛、苯、TVOC等有毒有害物质。产品本身是从纯植物当中提取，不含任何对人体有毒有害的物质，而且对内饰真皮材料有防护、保养作用。通过对内饰除醛除味渗透处理后还会残留少量的污染物，但这个时候车内空气已经可以达标。为了防止车内异味反弹，以及有效控制汽车后续使用过程中带入的烟味和其他异味，再在车内加装一台纳米光催化车载空气净化器，能够长效持久地分解残留在内饰中的污染物和后续带入的烟味和其他异味，确保新车车内无毒无味，空气清新。

① 优点　可以彻底清除车内内饰污染引起的异味，快速有效，完成治理立即可以感受到。无副作用，一次性治理，长效持久。

② 缺点　价格高，适用于高档车。

（9）双离子车内除味处理工艺

该处理工艺是利用双离子发生器产生的双离子对车内进行除臭、消毒、灭菌。双离子群可分解车内污染物，去除异味、烟味、霉味和其他各种有机挥发性气体，起到对内饰消毒灭菌的作用。在处理过程中打开汽车内循环，可以使风道内的霉味、烟味彻底清除，分解成无毒、无害的二氧化碳和水等单分子化合物。

① 优点　可以快速清除车内异味、烟味，分解内饰产生的污染物，还可以对风道等难以接触到的死角进行全方位的杀菌和除味处理。

② 缺点　作用效果无法永久持续，故一般作为车内二次污染、旧车除味等方面的日常保养维护。

38. 了解汽车评价规程

（1）C-NCAP简介

中国汽车技术研究中心在深入研究和分析国外NCAP的基础上，结合我国的汽车标准法规、道路交通实际情况和车型特征，确定了C-NCAP的试验和评分规则。

C-NCAP是将在市场上购买的新车型进行碰撞安全性能测试，评价结果按星级划分并公开发布，旨在给予消费者系统、客观的车辆信息，促进企业按照更高的安全标准开发和生产汽车，从而有效地减少道路交通事故的伤害及损失。C-NCAP要求对每种车型进行车辆速度50km/h与刚性固定壁障100%重叠率的正面碰撞、车辆速度56km/h对可变形壁障40%重叠率的正面偏置碰撞、可变形移动壁障速度50km/h与车辆的侧面碰撞三种碰撞试验，根据试验数据计算各项试验得分和总分，由总分多少确定星级。评分规则非常细致严格，最高得分为51分，星级最低为1星级，最高为5+。

（2）C-NCAP评价方法

① 燃料消耗量评价。

a.燃料消耗量试验要求。按照C-NCAP试验程序要求，每种车型共进行三辆车的试验，每辆车进行1次试验。试验前，车辆不进行磨合。具备四轮驱动能力的车辆，在四轮驱动模式下进行试验。如果生产厂家规定四轮驱动模式仅用于低速行驶，四轮驱动模式达不到试验循环最高车速，可使用两轮驱动模式试验。试验结果分为市区循环、市郊循环两部分。

b.评价。发布三辆车市区循环燃料消耗量的平均值、市郊循环燃料消耗量的平均值，并给出按照市区和市郊里程分布来计算燃料消耗量参考值的方法及示例。

c.计算方法。按照公式计算市区循环和市郊循环的燃料消耗量（本书略去公式，有兴趣的读者可参考其他书籍）。

② 碰撞试验评价。

a.试验项目。

ⓐ正面100%重叠刚性壁障碰撞试验。试验按照C-NCAP试验程序进行，如图1-49所示，试验车辆100%重叠正面冲击固定刚性壁障，壁障上附以20mm厚的胶合板。碰撞速度为50～51km/h（试验速度不得低于50km/h）。

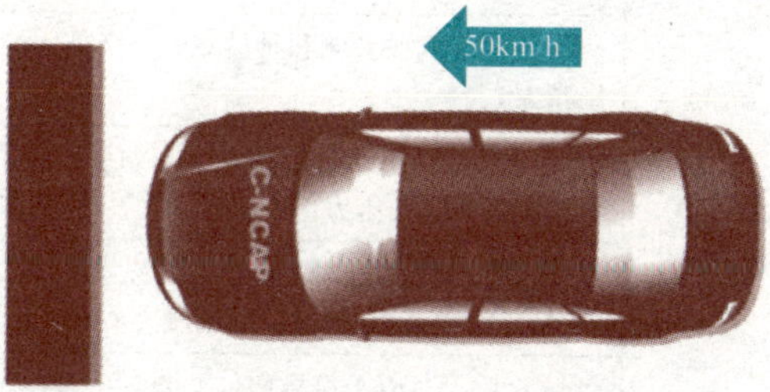

图1-49　正面100%重叠刚性壁障碰撞试验

ⓑ正面40%重叠可变形壁障碰撞试验。试验按照C-NCAP试验程序进行，如图1-50所示，试验车辆40%重叠正面冲击固定可变形壁障。碰撞速度为56～57km/h（试验速度不得低于56km/h），偏置碰撞车辆与可变形壁障碰撞重叠宽度应在40%车宽±20mm的范围内。

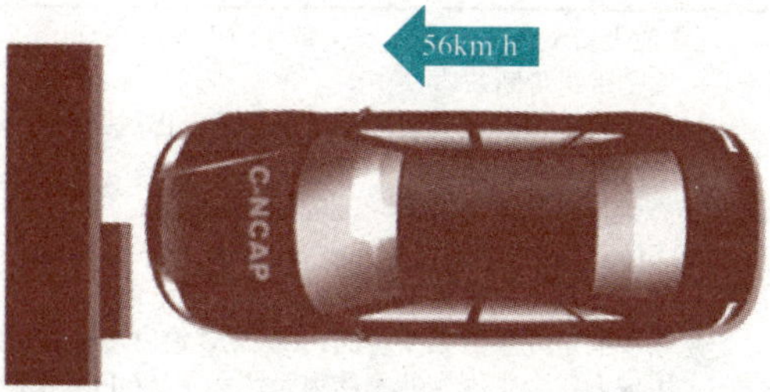

图1-50　正面40%重叠可变形壁障碰撞试验

ⓒ可变形移动壁障侧面碰撞试验。试验按照C-NCAP试验程序进行，如图1-51所示，在移动台车前端加装可变形蜂窝铝，移动壁障行驶方向与试验车

辆垂直，移动壁障中心线对准试验车辆R点（参考点），碰撞速度为50～51km/h（试验速度不得低于50km/h）。

b.试验评分原则。

ⓐ正面100%重叠刚性壁障碰撞试验总体评分。在这项试验中，可以得到的最高分数为16分，评分部位为假人的头部、颈部、胸部、大腿部和小腿部，每个部位最高得分分别为5分、2分、5分、2分和2分。具体分值参见表1-16正面100%重叠刚性壁障碰撞试验总体评分原则。

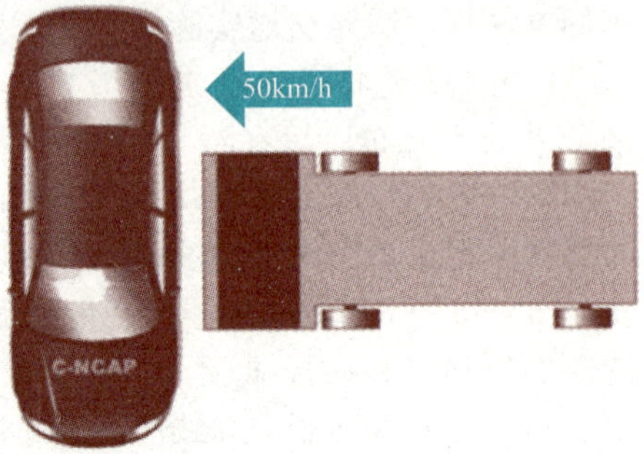

图1-51　可变形移动壁障侧面碰撞试验

表1-16　正面100%重叠刚性壁障碰撞试验总体评分原则

部位	部位罚分项	得分	总分/分
头部	对于驾驶员侧假人，若转向管柱产生向上位移量，则其头部得分应被修正，修正值为0～−1	0～5分	0～16
颈部	—	0～2分	
胸部	对于驾驶员侧假人，若转向管柱产生向后位移量，则其胸部得分应被修正，修正值为0～−1	0～5分	
大腿	—	0～2分	
小腿	—	0～2分	
总体罚分项	对于两侧的每一个车门，若在碰撞过程中开启，则分别减去1分	总体罚分最高限定4分	
	对于前排驾驶员侧和乘员侧的安全带，若在试验过程中失效①，则分别减去1分		
	将假人从约束系统中解脱时，如果发生了锁止且通过在松脱装置上施加超过60N的压力仍未解除锁止，则分别减去1分		
	若第二排假人及儿童约束系统固定方式（包括成人用安全带或ISOFIX固定装置）失效②，则减去1分		
	试验后，对应于每排座位，若有门且在不使用工具的前提下，两侧车门均不能打开，则该排对应减去1分		
	碰撞试验后，若燃油供给系统存在液体连续泄漏且在碰撞后前5min平均泄漏速率超过30g/min，则减去2分		

① 成人安全带失效是指安全带和约束系统出现下列情形之一。

a.安全带织带断裂。

b.安全带带扣、调节装置、连接件之一出现断裂和脱开。

c.卷收器未能正常工作。

d.有乘员下潜现象出现（submarine effect）。

② 儿童约束系统固定装置失效是指出现下列情形之一。

a.用于固定儿童约束系统的成人安全带出现上述①中a.～c.所述的失效。

b.用于固定儿童约束系统的ISOFIX装置出现断裂和脱开。

c.用成人安全带固定儿童约束系统和用ISOFIX装置固定儿童约束系统时，由于成人安全带或ISOFIX装置的原因而导致儿童假人头部与车辆内部有接触，并且儿童假人的头部3ms合成加速度值超过72g。

ⓑ正面40%重叠可变形壁障碰撞试验总体评分。在这项试验中，可以得到的最高分数为16分，按照试验假人身体区域被分成4组，每组最高得分均为4分。具体分组如下。

第1组　　头、颈
第2组　　胸
第3组　　膝盖、大腿、骨盆
第4组　　小腿、脚及脚踝

正面40%重叠可变形壁障碰撞试验总体评分原则见表1-17。

表1-17　正面40%重叠可变形壁障碰撞试验总体评分原则

组号	部位	部位罚分项	得分	总分/分
第一组	头、颈	对于驾驶员侧假人，若转向管柱向上位移量过大，则其头部得分应被修正，修正值为0～−1	0～4分	0～16
第二组	胸	对于驾驶员侧假人，若A柱向后位移量过大以及转向管柱向后位移量过大，则其胸部得分应被修正，修正值为0～−2和0～−1	0～4分	
第三组	膝盖、大腿及骨盆	—	0～4分	
第四组	小腿、脚及脚踝	对于驾驶员侧假人，若踏板向后和向上位移量过大，则其得分应被修正，修正值分别为0～−1	0～4分	
总体罚分项		对于两侧的每一个车门，若在碰撞过程中开启，则分别减去1分	总体罚分最高限定4分	
		对于前排驾驶员侧和乘员侧以及第二排假人所放置座位的安全带，若在试验过程中失效，则分别减去1分		
		将假人从约束系统中解脱时，如果发生了锁止且通过在松脱装置上施加超过60N的压力仍未解除锁止，则分别减去1分		
		试验后，对应于每排座位，若有门且在不使用工具的前提下，两侧车门均不能打开，则该排对应减去1分		
		碰撞试验后，若燃油供给系统存在液体连续泄漏且在碰撞后前5min平均泄漏速率超过30g/min，则减去2分		

ⓒ可变形移动壁障侧面碰撞试验总体评分。在这项试验中，最高可以得到的分数为16分，评分部位为头部、胸部、腹部和骨盆，每个部位最高得分均为4分，具体评分原则见表1-18。

表1-18　可变形移动壁障侧面碰撞试验的总体评分原则

部位	部位罚分项	得分	总分/分
头	—	0～4分	0～16
胸	（1）若背板力F_y值过大，则胸部得分应被修正，修正值为0～−2 （2）若T_{12}的F_y和M_x值过大，则胸部得分应被修正，修正值为0～−2	0～4分	

续表

部位	部位罚分项	得分	总分/分
腹	—	0～4/分	0～16
骨盆	—	0～4/分	
总体罚分项	对于两侧的每一个车门，若在碰撞过程中开启，则分别减去1分	总体罚分最高限定4分	
	对于前排驾驶员侧及第二排假人所放置位置的安全带，若在试验过程中失效，则分别减去1分		
	碰撞试验后，若燃油供给系统存在液体连续泄漏且在碰撞后前5min平均泄漏速率超过30g/min，则减去2分		

c.加分项。总体最高加分为3分。

ⓐ安全带提醒装置。对于配置有安全带提醒装置的车辆，可得到加分，该项目最高加分为1分。

ⓑ侧面安全气囊和气帘。对于配置有侧面安全气囊和气帘的车辆，若该气囊和气帘在可变形移动壁障侧面碰撞试验中能正常展开，则可得1分加分。

ⓒISOFIX 固定装置。对于配置有ISOFIX固定装置的车辆（车辆上必须有两组ISOFIX固定装置，且其中一组位于后排），若该装置在正面100%重叠刚性壁障试验中未失效，则可得1分加分。

③ 得分与星级评价。在C-NCAP中最高得分为51分，为达到相应星级，试验总分必须满足下面的总分评价原则。

首先根据总分，按照以下星级评分标准对试验车辆进行星级评价。

总分	星级
≥50分	5+（★★★★★☆）
≥45分且＜50分	5（★★★★★）
≥40分且＜45分	4（★★★★）
≥30分且＜40分	3（★★★）
≥15分且＜30分	2（★★）
＜15分	1（★）

其次，对于根据总分评价出的5星级车和4星级车，还必须分别满足下列条件。

对于5星级车，在三项试验中，假人的特定部位不能为0分，否则该车将被降为4星级车。在正面100%重叠刚性壁障碰撞试验和正面40%重叠可变形壁障碰撞试验中，特定部位为头部、颈部和胸部；在可变形移动壁障侧面碰撞试验中，特定部位为头部、胸部、腹部和骨盆。

对于4星级车，在三项试验中，每项试验的得分不能低于10分，否则该车将被降为3星级车。

例如，某车的总得分为47分，按照总分，该车可评定为5星级车，但在正面100%重叠刚性壁障碰撞试验中，假人胸部得分为0分，则该车的最终评定只能为4星级。

又如，某车的总得分为41分，按照总分，该车可评定为4星级车，但在正面

40%重叠可变形壁障碰撞试验中的得分仅为9分，则该车的最终评定只能为3星级。

39. 三厢车与两厢车的区别

（1）三厢车与两厢车的外形区分

平常我们说的几厢，是指车从侧面看的话，由几部分组成。

三厢车，顾名思义由三部分组成，是指车辆的车身结构由三个相互封闭而用途各异的“厢”所组成（前部的发动机舱、车身中部的乘员舱和后部的后备厢），并且后备厢部分的尺寸比较大，所以被大众称为三厢车，如图1-52（a）所示。

三厢车中间高两头低，从侧面看前后对称，造型美观大方，并且后备厢的后盖部分是有明显的延长的，且与车顶棚明显不在同一高度，是矮一截的，如图1-52（b）。三厢车的缺点是车身尺寸长，在交通拥挤的大城市里行驶及停泊不是很方便。常见的桑塔纳、捷达、朗逸都是三厢车。

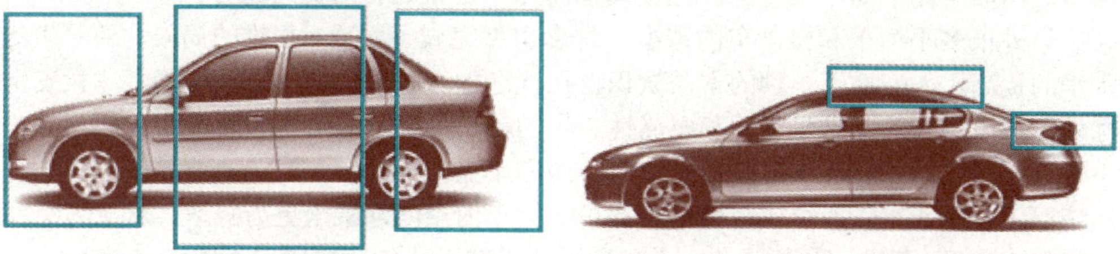

(a)三厢车的划分　　(b)后备厢与车辆顶棚的高度不一

图1-52　三厢车

相比而言，从侧面看，如果后备厢的尺寸比较小，甚至后备厢和座位的部分是合并的，也就是平常所说的“没有屁股”，那就是两厢车，如图1-53所示。

图1-53　两厢车

从长度上来看，同一品牌的三厢车一般比两厢车长一些。当然这种方法的准确度不是很高的。

（2）关于三厢车与两厢车的几个小问题

① 安全性。三厢车稳重，两厢车式样多，两种车都安全。“轿车”这个概念是我国人的发明创造，在国外没有这个称呼。我国传统意义上的轿子由于中间高，两头低，三厢车被称为轿车是习惯，就像美国人称呼轿车为sedan，英国人则称为saloon一样。国外的叫法中没有突出或者隐匿两厢和三厢的概念，在我国人们把这个观念强化了，其实无论三厢车或两厢车，都是达到了安全标准才允许生产和销售的。

② 三厢车比两厢车是否更豪华、更贵。不一定。豪华车采用三厢是出于沉稳、庄重考虑，同时，一些豪华车型，包括劳斯莱斯、迈巴赫、奔驰、宝马等普遍采用三厢式的设计风格，而且通过前脸的独特造型，让车迷们可以一眼认出。豪华车由

于价格昂贵，往往出于沉稳、庄重、对称的考虑，而选用三厢造型，但这并不意味着三厢车就是豪华、高水平生活的代名词。比较一下就能知道，欧洲人开着菲亚特panda、大众golf、富康等小车满街跑，日本满大街都是两厢车，而美国人喜欢上下班开着皮卡，能说他们的生活水平低吗？有些车型的开发是从两厢到三厢，也有一些是从三厢到两厢（多为溜背式的旅行款），两者之间的制造工艺一般相差不多，不存在太大的复杂性差异。在有了生产模具和机械化生产后，大批量生产往往能使单车成本降得很低，所以两种车的价格差别不会很大。但手工制造的豪华车除外，如polo的两厢车和三厢车价格相同，福克斯的两厢车和三厢车价格也相同，而别克赛欧（现在叫雪佛兰赛欧）的两厢车比三厢车还贵近1万元。

③ 家庭用车两厢车是趋势。由于国外没有严格的两厢车和三厢车的概念，所以车型的设计也就更加富于变化。两厢车由于占地面积小，停车、掉头更加方便灵活，同时充分融合了乘坐空间最大化的人性化设计理念，所以适合一般家庭使用。发达国家的两厢车比三厢车卖得多而且便宜，两厢车已经成为消费的趋势。

另外很多小型车和概念车的造型、理念也都突破了厢数对思维的局限。随着生活水平的提高，人们对于车辆的本质认识也在逐渐加深。很多人买两厢车除了注意安全性外，考虑更多的是乘坐空间和时尚性。相同轴距情况下，虽然两厢车和三厢车的最小转弯半径相同，但在实际路口过弯时，两厢车显得更容易一些。此外，在同样车长的情况下，两厢车一般会比三厢车拥有更大的车内空间，乘坐更为舒适。从派力奥和西耶那的购买人群也可以看出来，前者的购买人的平均年龄要比后者年轻10多岁。

况且，随着经济水平的提高和城市停车的困难，一个家庭拥有两辆车已不稀奇。车辆就是代步工具，既然是工具，就要考虑使用方便。车辆太大在闹市区停车、掉头都不方便。两厢车式样多、好看，闹市区行驶、停车又方便，越来越多的年轻人更加喜欢两厢车，高尔夫一直是两厢车，但很受欢迎。

④ 被追尾时，三厢车是否比两厢车更安全。三厢车比两厢车长出一部分，至少在碰撞的时候多起到一点儿缓冲保护的作用，很多人都是这样认为的，这样的说法似乎也没错，但评判安全的标准到底是什么？

追尾发生时，对前排座位人的颈部损伤最大，但是座椅本身就有头枕的安全设计，况且两厢车的后部也设计有吸能区。

根据美国联邦公路交通安全管理局（NHTSA）统计，相对正面或侧面碰撞来讲，车辆后部碰撞的死亡和重伤概率要低得多。因此，目前美国和欧洲新车评价规范对车辆的后部碰撞不做评价，我国也仅对M1类车进行48km/h正面碰撞试验。所以，认为两厢车比三厢车被追尾更危险是缺乏科学根据的。

⑤ 两厢车的最大优点。两厢车除了好停车、易掉头、油耗低之外，还有一个比较重要的优点就是后方视野好。由于其后挡风玻璃的下沿通常基本与车尾齐平，因此倒车时容易掌握后方距离。另外，两厢车一般都有后雨刷器，在雨天或后窗被污染时，开启雨刷器即可获得清晰的后方视野，而三厢车受到结构的制约一般无法装备后雨刷器，无法更准确地判断后方路况。

在目前车型繁杂的汽车市场中，消费者对车型的选择上的确会进退两难，两厢车和三厢车的区别虽然存在，但各有优劣，消费者可以根据自己的喜好进行购买。

40. 两门轿车与四门轿车

在欧洲、美国、日本等国家和地区，有一类车型非常受消费者欢迎，这就是两门轿车。许多轿车在推出的同时就有四门款和两门款供消费者选择。不光是丰田ECHO、大众GOLF等经济型轿车有两门款，就连奔驰、宝马等高级轿车也不例外。从生产成本来看，制造两门轿车比造四门轿车要减少工艺、节省零部件，成本下降；从结构看，车身的强度和刚度也是两门轿车高于四门轿车；从使用上看，两门轿车的门比一般四门轿车的门要宽大，上下车时相对方便许多。在私人购车成为市场主导力量后，十几万元以下的车型多为代步工具。每天上下班时，街头行驶的轿车里，只是坐一两个人的车辆能占到2/3，后座几乎成为一种摆设。

如图1-54和图1-55所示，普通轿车大部分是四门，中规中矩；双门轿车当然是两个门，整体上运动感比较强，流线型好，驾驶和副驾驶座位宽敞舒适；如果是两排座，则后排座的人进去稍微麻烦一点儿，需要先移动前排座；而普通轿车讲究舒适性，整体风格相对要保守一些，同款车双门轿车要比普通版四门轿车外形流畅，轴距会短一点儿，相对操控会更加顺手。归纳一下，两者的区别主要如下。

图1-54　四门雷克萨斯轿车

图1-55　两门雷克萨斯轿车

① 双门轿车安全性高，但后排人员不方便上下。

② 四门轿车方便上下，但安全性不如双门轿车。

③ 双门轿车一般是运动型汽车，主要特点是发动机功率强、车体轻巧稳定以及流线型车身。跑车一般只有两个车门，两个座位。有的跑车安装有四个座位，但后面两座不经常使用，通常十分简易。

④ 在同一块铁板上被打的孔越多它的强度就越低，为了提高安全性，一般按运动型轿车只有两个门。

41. 四驱车的分类

我们常见的四驱形式可以分为三大类：分时四驱、适时四驱、全时四驱。

（1）分时四驱

分时四驱（part-time 4WD）是一种驾驶者可以在两驱和四驱之间通过手动选择

的四轮驱动系统，由驾驶员根据路面情况，通过接通或断开分动器来选择两轮驱动或四轮驱动模式，这也是越野车或带有四驱的SUV最常见的四轮驱动模式。

分时四驱靠操作分动器实现两驱与四驱的切换。它的优点是结构简单，稳定性高，坚固耐用，但缺点是必须车主手动操作，有些甚至结构复杂，不止是一个选择动作，同时还需要停车操作，这样不仅操作起来比较麻烦，而且遇到恶劣路况不能迅速反应，往往错过了脱困的最佳时机；另外，因为分时四驱没有中央差速器，所以不能在硬地面（铺装路面）上使用四驱系统，特别是在弯道上不能顺利转弯。

一般情况下，车辆并不是长时间处于四驱状态，正常行使状况下，采用的是两轮驱动，当需要通过恶劣路面时，驾驶员可以通过分动杆把两轮驱动切换成四轮驱动，让四个车轮都提供驱动力，从而提高车辆的通过性能。

操作方式：车内会特别设计分动装置，有些是分动箱的挡杆，有些是电子的按钮或旋钮，如图1-56所示是Jeep牧马人的分动箱挡杆。

图1-56 Jeep牧马人的分动箱挡杆

代表车型：Jeep牧马人、长城哈弗等。

（2）适时四驱

适时四驱（real-time），单纯从字面来理解，就是指只有在适当的时候才会四轮驱动，而在其他情况下仍然是两轮驱动的驱动系统。这个名称是有别于需要手动切换两驱和四驱的分时四驱，以及所有工况下都是四轮驱动的全时四驱而来的。

相比全时四驱，适时四驱的结构要简单得多，这不仅可以有效地降低四驱汽车的成本，而且也有利于降低整车重量，带来良好的燃油经济性。由于适时四驱的特殊结构，它更适合于前置横置前驱发动机平台的车型配备，这使得许多基于这种平台打造的SUV或者四驱轿车有了装配四驱系统的可能。

前驱平台相对于后驱平台本身就有着诸多优势，如更有利于拓展车内空间、传动效率更高、传动系统的噪声更小等。这些优点对于小型SUV，特别是发动机排量较小的SUV来说显得尤其重要。

当然，适时四驱的缺点仍然是存在的，目前绝大多数适时四驱在前后轴传递动力时，会受制于结构本身的缺陷，无法将超过50%以上的动力传递给后轴，这使它在主动安全控制方面，没有全时四驱的调整范围那么大；同时相比分时四驱，它在应对恶劣路面时，四驱的物理结构极限偏低。

操作方式：大多数都在车内设计了单独的按钮，印有“LOCK”字样，如图1-57所示为奇骏的四驱锁止模式，也有些车型配置自动感应式的联通四驱状态，车内无按钮。

代表车型：奇骏、RAV4、CRV、科雷傲等。

（3）全时四驱

全时四驱（AWD，all wheel drive）就是汽车在行驶过程中的任何时间，所有车轮均独立运动。

全时四驱车型会比两驱车型（2WD）拥有更优异与安全的驾驶基础，尤其是遇到极限路况或是激烈驾驶时。理论上，AWD会比2WD拥有更好的牵引力，车辆的行驶是依据它持续平稳的牵引力，而牵引力的稳定性主要由车辆的驱动方法来决定，将发动机动力输出经传动系统分配到四个车轮与分配到两个车轮上做比较，其结果是AWD的可控性、通过性以及稳定性均会得到提升，即无论车辆行驶在何种天气以及何种路面（湿地、崎岖山路、弯路上）时，驾驶员都能够更好地控制每一个行迹动作，从而保证驾驶员和乘客的安全。也就是说，全时四驱车比两驱车有更优异的驾驶基础：更好的动力、牵引力，更好的驾驶体验，在剧烈驾驶情况下更安全、行驶更加稳定。所以一般高端SUV才会配备此系统。

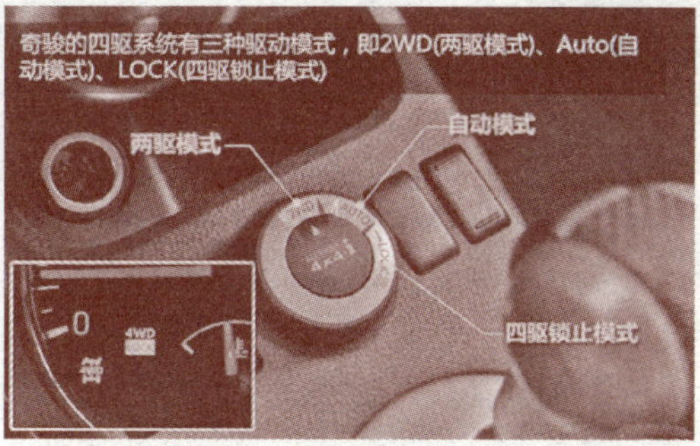

图1-57　奇骏的四驱锁止模式

而在驾驶时，全时四驱车型的转向风格也很有特点，最明显的就是它会比两驱车型转向更加中性，通常它可以更好地避免前驱车型的转向不足和后驱车型的转向过度，这也是驾驶安全性以及稳定性的特点之一。也正因为AWD的存在，为汽车提供了“主动安全、主动驾驶”的机会。

操作方式：直接驾驶。

代表车型：奥迪Q7、奥迪A8、宝马X5、奔驰GL、奔驰R系4MATIC、保时捷跑车、讴歌MDX等。

42. 四驱车好还是两驱车好?

经常听到计划买第二辆车的消费者说计划买辆四驱车或SUV之类的话，那么到底四驱车好还是两驱车好呢？

这主要根据你经常行驶的路面情况和特殊情况来决定。比如主要是在市区上下班代步，主要在平坦的路面上行使，只需使用两驱车即可，而不必使用四驱车。因为使用四驱车会增加油耗，还会使转弯时的方向沉重。但如果你是自驾游爱好者，经常到乡村或山区，走些泥泞或坑洼比较多的土路，选择四驱车会比较好。因为四驱车会很容易从不好的路况中行驶出去；如果去山区爬坡，四驱车比两驱车的安全系数一定会高很多。所以说要看在什么环境下来选择使用四驱车或两驱车。

理论上来说，四驱车比两驱车的抓地力更好，弯中极限更高，但这只是理论上。现实中，每个车企的每个车型的底盘设定都是不太一样的。可能某些四驱车的动态较为活跃，转弯时更倾向于给人刺激感而不是可控感；也有可能某些两驱车“性格温和”，不太会诱使你去超越极限。即使同为两驱车，不同车型的电子系统介入时间也不一样，失控状态下有些车型只是“推头”，而有些车型还会“甩尾”。

43. 什么是SUV？ SUV有何特点？

如图1-58所示，SUV的全称是sport utility vehicle，即运动型多用途汽车；另一种说法全称是suburban utility vehicle，即城郊多用途汽车。这是一种拥有旅行车般的空间，配以货车和卡车的越野能力的车型。

图1-58 汉兰达SUV

SUV一般前悬架是轿车型的独立悬架，后悬架是非独立悬架，离地间隙较大。按照SUV的功能性，通常分为城市型与越野型，两者主要是承载式车身与非承载式车身的区别。现在的SUV一般指那些以轿车平台为基础，在一定程度上既具有轿车的舒适性，又具有一定越野性的车型，而且带有MPV的座椅多组合功能，适用范围广。SUV的价位十分宽泛，路面上的常见度仅次于轿车。

SUV的特点是强动力，具有越野性、宽敞舒适及良好的载物和载客功能，也有人说，SUV是豪华轿车的舒适精细加上越野车的本性。SUV是轿车与越野车的“混血后裔”，与其“祖先”相比，SUV如虎添翼，既具备了越野车的功能，又能在城市中行驶，不失风范，通俗点就是能在城市中开的越野车。

44. 什么是MPV？与面包车有何区别？

（1）MPV的特点

MPV的全称是multi-purpose vehicle，即多用途汽车，如图1-59所示，是从旅行轿车逐渐演变而来的，它集轿车的舒适性、旅行车宽大的乘员空间和厢式货车的功能于一身，一般为两厢式结构，布局以轿车结构为基础，一般直接采用轿车的底盘和发动机，因而具有与轿车相近的外形和同样的驾驶感、乘坐舒适感。MPV由于车身最前方是发动机舱，可以有效地缓冲来自正前方的撞击，保护前排乘员的安全。MPV的车身设计还融入了低风阻流线型的赛车风格，因而具有赛车的享受，叫人兴奋不已的“子弹头”外观更让人感到无比的刺激。

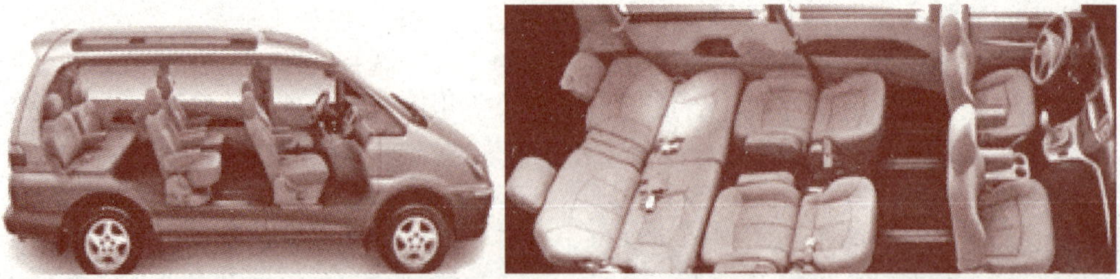

图1-59 东风风行菱智

MPV车厢内可以布置下7～8个人的座位，还有一定的行李空间。座椅布置灵活，可全部折叠或放倒，有些MPV的座椅还可以前后左右移动甚至旋转；放倒第三排座椅，就像是一辆具有超大行李空间的卧车；右边三个座椅同时放倒，就拥有一个超长的载货空间；第二排座椅向后转180°，可以和第三排的人面对面相坐交谈，也可以把靠背前折，椅背就是桌面，办公和娱乐随便怎样安排都行，MPV类多功能车已经成为一种全新的汽车家庭式消费。MPV是主要针对家庭用户的车型，那些从商用厢型车改制成的、针对团体顾客的乘用车不能算做真正的MPV。MPV的空间要比同排量的轿车相对大些，也存在着尺寸规格之分，但不像轿车那么窄。

（2）MPV与面包车的区别

MPV同小型面包车存在明显的区别。

MPV首先是要具备两厢式结构，布局以轿车结构为基础，一般直接采用轿车的底盘和发动机，因而具有和轿车相近的外形及同样的驾驶感、乘坐舒适感。由于车身最前方是发动机舱，可以有效地缓冲来自正前方的撞击，保护前排乘员的安全。许多MPV都是在轿车平台上生产出来的，福田蒙派克采用的就是源自奔驰唯雅诺第三代MPV底盘技术，此外像风行菱智的原型车则为三菱太空舱，它的车型设计更加成熟可靠。

面包车英文为minibus，本意为“小巴士、工具车”。20世纪70年代末80年代初，我国车型匮乏，从日本引进了minbus，大家觉得很像当时市面上的面包，再加上前后没有突出的舱体，就像缩小的“巴士”一样。“minbus”的读音也近似于“面包”，就被取了个“面包车”的外号，“工具车”的叫法也逐渐被取代了。

面包车是指前后没有突出的发动机舱和后备厢，就像面包一样的车辆的统称。面包车是单厢式结构，即乘客空间和发动机共同在一个框架结构内，发动机被安放在驾驶员座位的后下方。采用这种布局，车体结构简单，但是整车高度相对增加，同时车内空间增加，发动机噪声相对较大。并且由于前排座椅处在全车的最前面，在发生正面撞击事故时驾驶员及前排乘客前方的缓冲空间很小，所以安全系数较低。

面包车更适合于城乡结合部地区的家庭用，或者城市里小公司使用，既可拉人（不讲求舒适）也可拉货，比较实惠。

MPV除了外观方正的设计与面包车较为相近之外，与面包车还是有很多实质性的不同，例如车身结构、底盘、驾驶感、安全性都有所不同。MPV拥有一个完整、宽大的乘员空间，使它在内部结构上具有很大的灵活性，这也是MPV最具吸引力的地方。在这方面做得比较好的就是福田的蒙派克，空间比同类车型足足大出1.3m^3。随着市场的变化，时下如五菱、长安乘用车这些“微面”巨头已向驾驶感和安全性更高、受众更广的MPV市场发展。

MPV是适合各类用户使用的多功能车。公司可用于中短途商务旅行、职工交通用车。MPV更适合家庭使用，平时上下班、周末购物、假日里全家老小或亲朋好友一起到郊外旅行，一辆MPV就可以轻松应付。MPV的实用性、舒适性、安全性，使它日渐成为人们的新宠。

45. 手动挡车和自动挡车

手动变速器（MT），也称手动挡，如图1-60所示，即用手拨动变速杆才能改变变速器内的齿轮啮合装置，改变传动比，从而达到变速的目的。

自动变速器（AT），也称自动挡，如图1-61所示，顾名思义就是不用驾驶员去手动换挡，车辆会根据行驶的速度和交通情况自动选择合适的挡位行驶。提醒一下，自动变速箱还是有相应的挡位，只不过省去了驾驶员亲自操作，减轻了劳动强度罢了。不管手动变速器还是自动变速器，挡位越多就越省油。

图1-60　手动挡

图1-61　自动挡

手动挡和自动挡的区别主要有以下几个方面。

（1）安全性

手动挡车的空挡滑行虽然省油，但由于车辆失去了动力，特别是在转向时会造成转向不足、甩尾等风险，同时若遇发动机怠速时熄火，会使车辆失去转向助力和刹车，这就增大了行驶中的安全隐患；自动挡车，由于不能使用空挡行驶，在整个行程中始终保持动力的支持，这样的行驶方式就更加安全了。

（2）耗油量

要谈配置哪种变速器的车更省油这个问题，要先看看两种变速器车是如何省油的。在不使用空挡的情况下，由于手动挡的动力直接传递，效率略高于自动挡，相同车速的发动机转速略低，可以节省非常少的油，手动挡车主要节油的方法是使用空挡滑行时，发动机只在怠速运行；而自动挡车不可使用空挡行驶，只能带挡滑行，而带挡滑行时发动机转速高于怠速较多，从而形成油耗差异。相对来说，手动挡车要比自动挡车省油，但也要看在什么环境，比如手动挡车在一个堵车很严重的城市油耗也不会低，经常换挡、起步，也十分废油。

（3）操作难度

手动挡主要依靠人力踩踏离合器踏板来完成变换挡位的操作，手动挡车能够让驾驶员更好地体验爬坡、加速的快感和驾驭汽车的乐趣。由于操作比较麻烦，要求驾驶员需具有较高的驾驶技术。自动挡车主要依靠液压边矩器的液压传输自动变速原理来完成换挡动作。换挡时不用踩离合器踏板和频繁换挡，连对汽车知识不甚了解的初学者都可以很快掌握。但有的人觉得自动挡车有点像“傻瓜车”，剥夺了车与驾驶员的互动，制动性也不及手动挡车。但方便的自动挡车对广大不精通汽车的人来说是个福音，作为城市用车相当受欢迎。

（4）价格和维修费用

与手动挡车相比，自动挡车价格会贵些，目前国内汽车市场上的各车型手动挡车和自动挡车的价格相差普遍在1万～2万元之间。手动挡车的变速器结构相对简单，制造、维修方便且费用较低；自动挡车的变速器结构相对复杂，制造成本较高，维修难度和花费也较大。但在实际使用中，由于自动挡车的变速器人为操作少，发生故障的概率也小，一般情况下，自动挡车只需要定期更换变速箱油即可；而手动挡车，除定期更换变速箱油外，还需要根据磨损情况更换离合器片。因此，从较长时期看，手动挡车的维修次数和成本并不低。

46. 汽车电子组合仪表有什么作用?

仪表是驾驶员和汽车的交互界面，如图1-62所示，为驾驶员提供所需的汽车运行参数、故障、里程等信息，是每一辆汽车必不可少的部件。仪表显示的直观与美观使得驾驶不但是代步的必需，也成为舒适生活的一部分，而参数传递的准确与可靠性则直接关系到汽车行驶的安全。

图1-62　各种组合仪表

不同汽车仪表板的仪表组合不尽相同，但是一般汽车的常规仪表有车速里程表、转速表、机油压力表、水温表、燃油表、充电表等。现代汽车上，汽车仪表还需要装置稳压器，专门用来稳定仪表电源的电压，抑制波动幅度，以保证汽车仪表的精确性。

另外，大部分仪表显示的信息来自传感器，传感装置根据被监测对象的状态变化而改变其电阻值，通过仪表表述出来。

仪表板中最显眼的是车速里程表，它表示汽车的时速，单位是km/h。车速里程表实际上由两个表组成：一个是车速表；另一个是里程表。

47. 如何识读轿车仪表信息?

虽然各种品牌的汽车仪表种类、数量多少不一，但是各种信息的显示基本一致。下面将各种常见仪表符号的含义一一列出，如图1-63所示，便于初学者了解车辆的各种信息（不同品牌的车辆显示可能稍有差别，读者可查阅车辆所带说明书）。

发动机机油量警告灯
低压轮胎位置指示灯
手动变速器换挡指示灯
巡航控制指示灯
车辆维修警示灯
超声波倒车辅助指示灯
燃油滤清器警告灯
TCS(牵引力控制系…
TCS(牵引力控制系…
盲区监测指示灯
传动系统警告灯
前向碰撞预警提示灯
轮胎压力监测指示灯
柴油颗粒滤清器指示灯
转速限制功能指示灯
车道保持指示灯
升挡提示灯
燃油表/加油口盖位置
发动机机油油位指示灯
机油感应器指示灯
车窗雨刮器指示灯
电子节气门控制指示灯
变速箱过热警告灯
DBC(下坡制动控制…
保持模式指示灯
灯泡损坏指示灯
巡航控制指示灯
坡道起步辅助警告灯
霜冻警示灯
霜冻警示灯
前雾灯指示灯
前照明指示灯
远光灯指示灯
胎压低警告灯
信息指示灯
转向指示灯
后雾灯指示灯
换挡指示灯
后备厢盖未关闭指示灯
可调空气悬架指示灯
可调空气悬架指示灯
清洗液液位低指示灯
车门未关闭指示灯
后窗加热指示灯
EBD(电子制动力分…
清洗液液位低故障灯
光线/雨量传感器故障灯
钥匙不在车内提示灯
驻车辅助指示灯
智能进入和启动系统…
超速挡关闭指示灯
灯泡损坏指示灯
自动变速箱油温警告灯
钥匙在车外警告灯
发动机故障灯/尾气排…
EPC(发动机功率控…
发动机系统故障指示灯
刹车片磨损指示灯
转向助力系统故障灯
水温报警指示灯
安全气囊警告灯
安全气囊警告灯
ABS(防抱死系统)…
发动机预热指示灯
驻车制动与制动油位…
发动机防盗锁止系统…
CRUISE
TCS
TCS OFF
TPMS
SHIFT
MIN
SENSOR
HOLD
EBD
O/D OFF
KEY OUT
EPC
SVS
AIR BAG
ABS
BRAKE

PASSENGER
P/S
点火警告灯
点火警告灯
机油压力警告灯
乘客侧气囊指示灯
前排安全带提示灯
电子转向系统警告灯
OFF
VSA
车身稳定控制系统关…
车身稳定控制系统指…
机油油位过低警告灯
转向系统警告灯
乘客侧气囊提示灯
VSA(车辆稳定控制…
安全带指示灯
燃油液位低警告灯
制动系统警告灯
VSA（车辆稳定控制…
发动机电子防盗指示灯
燃油液位低警告灯
ABC
ABC(主动车身控制…
空气滤清器更换警告灯
挂车结合器故障灯
减振器调节指示灯
拖车牵引装置指示灯
拖车转向灯指示灯
车身太低警告灯
车辆正被升起指示灯
燃油滤清器警告灯
钥匙未在车内指示灯
钥匙未被识别指示灯
车道保持辅助系统指…
km/h
车钥匙指示灯
车门未关闭警告灯
无法检测到钥匙指示灯
驾驶员疲劳提示指示灯
限速警告指示灯
遥控钥匙电量低指示灯
冷却液液位过低警告灯
夜视功能指示灯
夜视功能指示灯
下坡行驶辅助指示灯
发动机关闭指示灯
发动机未被关闭指示灯
ABC
胎压指示灯
燃油不足警告灯
动力蓄电池故障指示灯
制动踏板未踩下指示灯
车辆保养提示灯
ABC(主动车身控制…
SPORT
AT
A/T P
运动模式指示灯
车距警告灯
遥控器电量低警告灯
自动变速器报警信号灯
未啮合“Park”…
自适应前照灯系统故…
AFS OFF
遥控器警告灯
发动机动力部分损失…
发动机排放系统警告灯
自适应前照灯系统关…
系统信息指示灯
防盗启动锁止系统指…

图 1-63

图1-63 汽车各种仪表提示信息含义

48. 什么是汽车防滑系统？它有何作用？

汽车驱动防滑系统（acceleration slip regulation或traction control system，ASR或TCS，日本车型称它为TRC或TRAC），是继ABS后采用的一套防滑控制系统，是ABS功能的进一步发展和重要补充。ASR系统和ABS系统密切相关，通常配合使用，构成汽车行驶的主动安全系统。

ASR的作用是当汽车加速时将滑动率控制在一定的范围内，从而防止驱动轮快速滑动。它的功能一是提高牵引力；二是保持汽车的行驶稳定。行驶在易滑的路面上，没有ASR的汽车加速时驱动轮容易打滑；如是后驱动的车辆容易甩尾，如是前驱动的车辆容易方向失控。有ASR时，汽车在加速时就不会存在或能够减轻这种现象。在转弯时，如果发生驱动轮打滑，将导致整个车辆向一侧偏移，当有ASR时就会使车辆沿着正确的路线转向，防止车辆尤其是大功率车在起步、再加速时驱动轮打滑现象，以维持车辆行驶方向的稳定性。

汽车的行驶受行驶牵引力和附着力的限制，即要满足以下条件。

$$\sum F_f \leqslant F_t \leqslant F_\psi$$

式中 $\sum F_f$——汽车行驶阻力；

F_t——汽车牵引力；

F_ψ——汽车附着力。

如果路面的附着系数很小，容易使汽车的牵引力超过轮胎与路面间的附着极限（即$F_t > F_\psi$），产生驱动轮过度滑转，后轮驱动的汽车将可能甩尾，前轮驱动的汽车则容易方向失控，导致汽车向一侧偏移。驱动防滑的基本原理与制动防滑相似，根据地面附着系数和车轮滑移率的关系曲线（有兴趣的读者可以查阅汽车类教科书），把车轮滑移率控制在一定范围内，提高地面附着力的利用率，改善驱动性能。

目前，ASR常用的控制方法有两种。一是调整发动机加在驱动轮上的转矩的发动机控制。汽油机常通过控制燃油喷射量、点火时间、节气门开度来降低其输出转矩，柴油机常通过控制燃油喷射量来降低其输出转矩。二是对发生打滑的驱动轮直接施加制动的制动控制。如果驱动轮在不同附着系数的路面上，可通过对打滑的驱动轮实施制动，降低滑移率，提高驱动力。对于附着系数相同的路面，可通过发动机控制来实现防止驱动轮打滑，也可对打滑的两驱动轮实施制动；为防止制动蹄过热，当车速高于一定值时，制动控制将不起作用，要依靠发动机控制。

ASR与ABS有十分密切的联系，是ABS的自然延伸。两者在技术上比较接近，部分软、硬件可以共用。ABS所用的传感器和压力调节器均可为ASR所利用，ABS的电子控制装置只需要在功能上进行相应的扩展即可用于ASR装置。在ABS的基础上，只需添加ASR电磁阀，即可对过分滑转的车轮实施制动。对电控发动机来说，通过总线就可控制发动机的输出力矩。对于非电控发动机，只需增加一些传感器和执行机构，就可控制发动机的输出力矩。基于此，通常把两者有机地结合起来，形成汽车ABS/ASR防滑控制系统。

49. 汽车装配防滑转系统后有哪些特点？

当车轮转动而车身不动或是汽车的移动速度低于转动车轮的线速度时，车轮胎面与地面之间就有相对的滑动，这种滑动称为“滑转”，以区别于汽车制动时车轮抱死而产生的车轮“拖滑”。驱动车轮的滑转，同样会使车轮与地面的附着力下降。

纵向附着力下降，使驱动车轮产生的牵引力减小，导致汽车的起步性能、加速性能和在滑溜路面的通过性能下降；而横向附着力的下降，又会降低汽车在起步、加速、滑溜路面行驶时的行驶稳定性。

汽车防滑转电子控制系统是在车轮出现滑转时，通过对滑转车施以制动力或控制发动机的动力输出来抑制车轮的滑转，以避免汽车牵引力和行驶稳定性的下降。

汽车配置ASR后，可以在汽车加速时将轮胎滑动率控制在一定的范围内，从而防止驱动轮因为滑动而损失动力或因为过大动力输出造成一些安全问题。它的功能一是提高牵引力；二是保持汽车的行驶稳定性。行驶在易滑的路面上，没有ASR的汽车加速时驱动轮容易打滑；如是后轮驱动的车辆容易甩尾，如是前轮驱动的车辆容易方向失控。有ASR时，汽车在加速时就不会有或能够减轻这种现象。

50. 什么是巡航控制系统？

巡航控制系统（cruising control system，CCS），指利用电子技术，在一定的车速范围内，驾驶员不用踩油门踏板，而能保证汽车以设定的速度稳定行驶的一种电子控制装置。装有这种装置的汽车在高速公路上行驶时，可以省去驾驶员频繁踩油门这种人为动作而自动维持预先设定的车速，从而可以大大减轻驾驶员的疲劳程度，提高行驶时的稳定性、安全性、舒适性，同时减少了不必要的车速变化，可以节省燃料，提高燃料经济性。

如图1-64所示为不同品牌汽车的巡航开关位置和外观。

(a) 君越的巡航开关　(b) MINI的巡航开关　(c) RAV4的巡航开关

图1-64　不同品牌汽车的巡航开关

（1）巡航功能介绍

具体来说，巡航控制系统有巡航定速、巡航加速、巡航减速等功能，从巡航开关上一目了然。

① 巡航定速　将控制手柄开关拨到ON位置后，按住（SET/ACC）键1s设定巡航车速，即可在40km/h以上的任何速度，进入巡航状态（无需踩油门，车辆即可按设定的速度巡航）。

② 巡航加速　在巡航状态下，每按住（SET/ACC）键半秒钟可以增加时速1km；也可一直按住（SET/ACC）键，车速会自动缓缓提升，直至适合的速度再松开按键。此外，在定速巡航状态下可以直接踩油门加速，当松开油门后，车速将缓缓回复到先前设定的巡航速度。

③ 巡航减速　在巡航状态下，每按住（RES/DEC）键半秒钟可以降低时速1km。也可一直按住（RES/DEC）键，车速会自动缓缓下降，直至适合的速度再松开按键。

④ 定速解除　在巡航状态下，轻轻踩下制动，便可解除定速。

⑤ 定速恢复　解除定速后，只要按住（RES/DEC）键1s，不用踩油门，车速即可自动恢复到定速解除之前的巡航速度。

（2）巡航开关

① 巡航开/关。用于开启或关闭巡航功能。原先记录的目标巡航车速将在巡航功能关闭后丢失。

② 巡航设置/减少开关。用于开启巡航车速设置功能或减少目标巡航车速。开关具有机械自恢复功能。

③ 巡航恢复/增加开关。用于开启巡航车速恢复功能或增加目标巡航车速。开关具有机械自恢复功能。

④ 每隔50ms，BCM（车身控制器）都会检测并记录巡航开关状态。

51. 使用巡航控制系统有哪些优点？

巡航系统的基本功能如下。

（1）定速巡航功能

主要是通过巡航控制组件读取车速传感器发来的脉冲信号与设定的速度进行比较，通过精准的电子计算发出指令，保证车辆在设定速度下的最精准供油量。

（2）电子节油功能

主要是通过智能优化控制节气门的开启角度与开启时间，有效屏蔽电子油门传感器由于颠簸路段及不良驾驶习惯形成的杂乱信号，经过精确计算喷油量，使燃油得到最充分燃烧来实现节油。

（3）油门加速功能

主要是通过提高节气门响应灵敏度实现的。当系统发现驾驶员有加速意愿时，会驱动节气门尽可能快地打开，这样就使油门响应的敏感度得到提高。在油门踏板被踩下时，控制器会根据踩下的幅度和时间计算油门信号的变化率，变化越快，说明加速要求越强烈，最终实现油门响应速度更快，整车的动力感会明显增加，能够让驾驶员感觉到整车动力大大提升。

（4）限速设定功能

通过控制器，根据限定的速度值，设定输出油门信号最大值，使油门输出信号不超过设定的最大值，来达到限制速度的目的。

（5）刹车故障报警功能

通过采取刹车电路的信号，当刹车电路或刹车保险出现故障时，会通过告警的方式对驾驶员进行提示。

使用巡航控制系统的优点如下。

根据巡航系统的基本功能特点，车辆配置巡航控制系统后，具有以下优点。

① 提高汽车行驶的舒适性。特别是在郊外或高速公路上行驶时，这种优越性更为显著。

② 节省燃料，具有一定的经济性和环保性。在同样的行驶条件下，对一个有经验的驾驶员来说，可节省燃料15%。

③ 保持车速的稳定。汽车无论是在上坡、下坡、平路上行驶，或是在风速变化的情况下行驶，只要在发动机功率允许的范围内，汽车的行驶速度保持不变。

这种系统在国外汽车上应用较多，在美国，安装率已达到60%以上。然而，在我国由于道路条件限制，使用率不高。即使该系统出现故障，很多驾驶员也不在意。另外，由于维修技术不能与汽车技术同步飞速发展，许多维修人员尚对该系统认识不足，以至于在维修过程中无意间对该系统造成干扰或损坏，无法科学分析故障现象，准确判断故障根源。

52. 新能源汽车的分类

2009年6月17日工信部出台《新能源汽车生产企业及产品准入管理规则》，再一次对新能源汽车做出了明确的定义，新能源汽车是指采用非常规的车用燃料作为动力来源，或使用常规的车用燃料、采用新型车载动力装置，综合车辆的动力控制和驱动方面的先进技术，形成的技术原理先进，具有新技术、新结构的汽车。非常规的车用燃料指除汽油、柴油、天然气（NG）、液化石油气（LPG）、乙醇汽油（EG）、甲醇、二甲醇之外的燃料。

因此，新能源汽车包括纯电动汽车、增程式电动汽车、混合动力汽车、燃料电池电动汽车、氢发动机汽车、其他新能源汽车等。

（1）纯电动汽车

纯电动汽车（blade electric vehicles，BEV）是一种采用单一蓄电池作为储能动力源的汽车，它利用蓄电池作为储能动力源，通过电池向电动机提供电能，驱动电动机运转，从而驱动汽车行驶，如图1-65所示。

图1-65 比亚迪e6纯电动汽车

（2）增程式电动汽车

增程式电动汽车是一种配有地面充电和车载供电功能的纯电驱动的电动汽车，其运行模式可以在纯电动模式、增程模式或混合动力模式之间进行切换，是介于纯电动汽车和混合动力汽车之间的一种过渡车型，具有纯电动汽车和混合动力汽车的特征，有人把它划为混合动力汽车范畴，认为它是一种插电式串联混合动力汽车，如图1-66所示。

图1-66　北汽E150增程式电动汽车

（3）混合动力汽车

混合动力汽车（hybrid electric vehicle，HEV）是指驱动系统有两个或多个能同时运转的单个驱动联合组成的车辆，车辆的行驶功率依据实际的车辆行驶状态有单独或多个驱动系共同提供，如图1-67所示。因各个组成部件、布置方式和控制策略的不同，混合动力汽车有多种形式。

（4）燃料电池电动汽车

燃料电池电动汽车（fuel cell electric vehicle，FCEV）是利用氢气和空气中的氧气在催化剂的作用下，在燃料电池中经电化学反应产生的电能作为主要动力源驱动的汽车。燃料电池电动汽车实质上是纯电动汽车的一种，主要区别在于动力电池的工作原理不同，如图1-68所示。一般来说，燃料电池是通过电化学反应将化学能转化为电能，电化学反应所需的还原剂一般采用氢气，氧化剂则采用氧气，因此最早开发的燃料电池电动汽车多是直接采用氢气、压缩氢气或金属氢化合物储氢等形式。

图1-67　比亚迪唐插电式混合动力汽车

图1-68　现代ix35燃料电池电动汽车

（5）氢发动机汽车

氢发动机汽车是以氢发动机为动力源的汽车，一般发动机使用的原料是柴油或汽油，氢发动机使用的燃料是气体氢。氢发动机汽车是一种真正实现零排放的交通工具，排放出的是纯净水，其具有无污染、零排放、储量丰富等优势。

（6）其他新能源汽车

其他新能源汽车包括使用超级电容器、飞轮等高效储能器的汽车。目前在我国，新能源汽车主要是指纯电动汽车、增程式电动汽车、插电式混合动力汽车和燃料电池电动汽车，常规混合动力汽车被划为节能汽车。

53. 混合动力汽车的特点

（1）优点

① 采用混合动力后可按平均需用的功率来确定内燃机的最大功率，发动机尺寸相对较小，此时处于油耗低、污染少的最优工况下工作。由于内燃机可持续工作，电池又可以不断得到充电，故其行程和普通汽车一样。

② 因为有了电池，可以十分方便地回收下坡时的制动能量。

③ 在繁华市区，可关停内燃机，由电池单独驱动，实现“零”排放、“零”噪声。

④ 有了内燃机，可以十分方便地解决耗能大的空调、取暖、除霜等纯电动汽车遇到的难题。

⑤ 可以利用现有的加油站加油，不必再投资。

⑥ 可让电池保持在良好的工作状态，不发生过充、过放，从而延长其使用寿命，降低成本。

⑦ 整车由于配备多个动力源，可同时工作，整车的动力性优良。

（2）缺点

① 整车系统结构相对复杂。

② 长距离高速行驶省油效果不明显。

54. 纯电动汽车的特点

（1）优点

技术相对简单和成熟，只要有电力供应的地方都能够充电。

（2）缺点

蓄电池单位重量储存的能量太少，导致续航里程太短；另外，还因电动车的电池较贵，没形成经济规模，故购买价格较高；至于使用成本，有些试用结果比传统汽车贵，有些结果仅为传统汽车的1/7 ～ 1/3，这主要取决于电池的寿命及当地的油价和电价。

55. 燃料电池汽车的特点

（1）优点

与传统汽车相比，燃料电池汽车具有以下优点。

① 零排放或近似零排放。

② 减少了机油泄漏带来的水污染。

③ 降低了温室气体的排放。

④ 燃油电池的转化效率高（60%左右），整车燃油经济性良好。

⑤ 运行平稳，无噪声。

（2）缺点

燃料电池成本高昂，同时使用成本（氢）也昂贵。

56. 氢动力汽车的特点

（1）优点

排放物是纯水，行驶时不产生任何污染物。

（2）缺点

氢燃料成本过高，而且氢燃料的存储和运输按照技术条件来说非常困难，因为氢分子非常小，极易透过储存装置的外壳逃逸。另外最致命的问题，氢气的提取需要通过电解水或者利用天然气，如此一来同样需要消耗大量能源，除非使用核电来提取，否则无法从根本上降低二氧化碳排放。

57. 超级电容汽车的特点

（1）优点

充电时间短、功率密度大、容量大、使用寿命长、免维护、经济环保等。

（2）缺点

能量密度低，很难满足整车需求，故一般作为辅助蓄能器；功率输出随着行驶里程加长而衰减等。

58. 纯电动汽车的续航里程

续航里程是电动汽车最关注的技术指标，它决定着一辆电动汽车的实用性和日常使用中的出行范围。就像马拉松比赛考验的是选手的耐力和如何合理分配体能去完成超长距离赛程的能力。目前国内新能源汽车市场上销售的纯电动汽车产品越来越丰富，除了特斯拉号称能够达到400km以上的续航里程外，大部分国产电动汽车理论续航里程都只有150～300km，且绝大多数纯电动汽车的续航里程都在200km以下，续航里程超过300km的纯电动汽车屈指可数。

以下对目前市场上主流的在售纯电动车进行梳理，按照其续航里程的表现来进行盘点。

（1）比亚迪e6

比亚迪e6如图1-69所示，续航里程为300km。

比亚迪e6是最早进入国家新能源车补贴目录的电动车之一。目前，新款e6已经进入最新一批新能源车免征购置税目录，换装新款电池的e6有望将续航里程延长至400km。

图1-69 比亚迪e6

（2）腾势

腾势如图1-70所示，续航里程为253km。

由比亚迪和戴姆勒共同研发的腾势电动汽车走的是高端路线，补贴后26万的起售价格是国家新能源车补贴目录中最贵的电动汽车。

（3）北汽EV200

北汽EV200如图1-71所示，续航里程为200km。

图1-70　腾势

图1-71　北汽EV200

EV200是目前北汽新能源的“当家”车型，自2014年上市销售以来，取得了良好的市场表现。北汽EV200的一系列细节设计着重突出了新能源汽车的特色，如蓝色描边的品牌LOGO（商标）、蓝色中网饰条等。前脸部分设计了新的下中网和雾灯造型，使其整体呈现出更多的运动化感觉。

（4）长安逸动EV

长安逸动EV如图1-72所示，续航里程为200km。

长安逸动EV是纯电动汽车市场上的新军，补贴后价格14.49万元起售。

长安逸动EV纯电动汽车在外观设计及内饰布局方面均与目前在售的逸动车型基本保持一致，采用蓝色装饰的前格栅、车侧及车尾的蓝色EV标识是其特殊身份的体现。长安逸动EV纯电动车的长宽高分别为4620mm/1820mm/1515mm，轴距2660mm，整备质量1610kg。

（5）江淮iEV5

江淮iEV5如图1-73所示，续航里程为200km。

江淮iEV5实际上是iEV4的换代车型，在各个方面提升明显。目前两款车型都在销售，iEV4在售价上调低，使江淮在新能源汽车市场上的布局更广。

江淮iEV5的长宽高分别为4320mm/1710mm/1515mm，轴距2490mm，车身尺寸较上一代iEV4车型有了不小的提升。大面的镀铬装饰件将江淮iEV5的前脸装点得十分时尚，全新设计的前灯组配以漂亮的雾灯套件使得这款新车看起来年轻而富有活力。

图1-72　长安逸动EV

图1-73　江淮iEV5

59. 电动汽车用动力电池的种类

目前国内外研究开发的电动汽车用动力电池主要包括铅酸电池、镍镉电池、镍氢电池、铁镍电池、钠氯化镍电池、钠硫电池、锂电池、空气电池、燃料电池、太阳能电池等。

从实际应用中看，电动汽车动力电池的性能好坏主要取决于以下几个指标。

（1）比能量（W·h/kg）

单位质量的电极材料放出电能的大小，它标志着纯电动模式下电动汽车的续航能力。

（2）比功率密度（W·h/L）

燃料电池所能输出的最大功率除以整个燃料电池的质量或体积，用来描述电池在瞬间能放出较大能量的能力。

（3）比功率（W/kg）

单位质量的电池所能提供的功率，用来判断电动汽车的加速性能和最高车速，直接影响电动汽车的动力性能。

（4）循环寿命

也就是电池充电-放电循环一周的次数，是衡量动力电池寿命的重要指标。循环次数越多，动力电池的使用时间越长。

（5）成本

电池的成本与新技术、原材料、制作工艺和生产规模等因素有关。通常新开发的高比功率动力电池成本相对较高，但是随着新技术的不断采用，电池成本将会逐渐降低。

表1-19列出了汽车用动力电池的各种性能的对比参数。

表1-19 汽车用动力电池的各种性能的对比参数

电池类型	比能量/（W·h/kg）	比功率密度/（W·h/L）	比功率/（W/kg）	循环寿命/次	成本/［美元/（kW·h）］
铅酸电池	30～45	60～90	200～300	400～600	150
镍镉电池	40～60	80～110	150～350	600～1200	300
空气电池	190～250	190～270	105		90～120
镍氢电池	60～80	120～160	550～1350	1000	
钠硫电池	150	150	200	800	250～450
锂电池	90～130	140～200	250～450	800～1200	200

注：笔者根据各种资料整理。

铅酸电池较重，充放电功能较差，循环寿命短。此外，铅酸电池含有的重金属铅，对环境的污染严重，且在强烈的碰撞下会产生爆炸，对消费者的生命安全构成威胁，因此，铅酸电池将会被淘汰。

镍镉电池的技术成熟，不怕冲击和振动，自放电小，性能稳定，可大电流放电，使用温度范围宽（40 ～ 65℃），几乎不用维修。但电流效率及能量效率欠佳，活性物质利用率低，有记忆效应等。其致命缺点是含有有毒金属元素镉。欧盟国家已经自2005年12月31日起禁止了镍镉电池的进口，以后将逐渐被性能更好的绿色电池所取代。

镍氢电池具有高比功率、电流充放电大、无污染、安全性能好等特点，缺点是具有轻度记忆效应，高温环境下性能差，但是由于其技术成熟，综合性能好，是当前混合动力汽车中应用最为成熟的绿色电池。大功率镍氢动力电池正迎来一个划时代的发展机遇，在已经研制或投入生产的混合动力汽车中80% 以上均采用镍氢电池作为动力电源。

钠硫电池比能量高，是铅酸电池的3 ～ 4倍，另一个特点是可大电流、高功率放电。其放电电流密度一般可达200 ～ 300mA/cm^2，并瞬时间可放出其3倍的固有能量。钠硫电池的充放电效率也较高。由于采用固体电解质，所以没有通常采用液体电解质二次电池的那种自放电及副反应，充放电电流效率几乎100%。当然，钠硫电池也有不足之处，其工作温度为300 ～ 350℃，所以，电池工作时需要一定的加热保温。

锂离子电池性能比较好，可以快速充电，高功率放电，能量密度高，而且循环寿命长，但价格高和高温下安全性能差。随着锂离子电池的正负极材料不断开发，技术不断成熟，锂离子电池将在电动汽车时代发挥主导作用。

燃料电池是将燃料的化学能转变为电能的装置。但燃料电池在产生电能时，内部参加反应的反应物质经过不断的消耗反应，由于其不可重复使用性，需不间断地继续添加反应物。燃料电池在其反应稳定后，需要不断地提供燃料而将化学能转变为电能，放电特性连续，但不可反复充电使用。燃料电池以氢燃料为主，氢燃料虽然没有任何污染，技术也相对成熟，发动机特性优于现有的内燃机，但成本很高。另外在增加续驶时间等方面还要进一步加强，而且需要有庞大的基础设施配合，这些技术性工作在相当长时间内很难达到预期的效果，商业化比较困难。

60. 电动汽车用动力电池的充电方法

当组合仪表上的相应指示图标（黄色）点亮或当仪表剩余电量小于等于25%时，该电动汽车必须进行充电（注意：充电温度要求为0 ～ 55℃，放电温度要求为−20 ～ 60℃），如图1-74所示。

（1）充电步骤

① 车辆应该停放在远离易燃易爆物品的室内，换挡手柄置于“P”挡，拉起手刹，点火开关打到“OFF”。

② 检查冷却液，确认液位是否正常；检查充电桩插座，确保安全可靠。

③ 充电时，先插上“交流充电线”的供电端；之后，向上提拉驾驶员座椅左侧的开锁开关，打开充电口盖，插入“交流充电

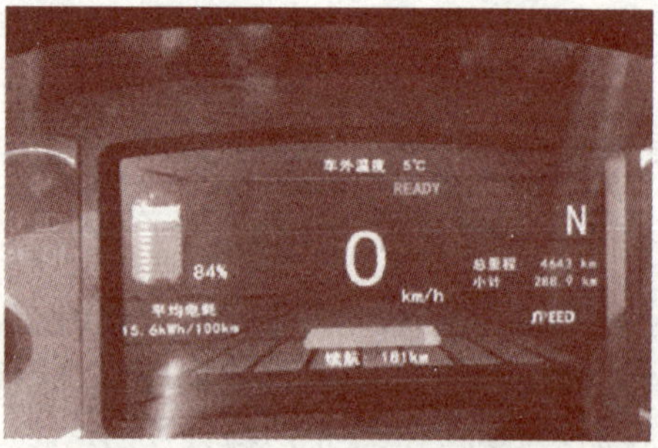

图1-74　电动汽车仪表电量提示

线”车辆端。

④ 当组合仪表上的相应图标（红色）点亮时，表示充接装置已经正常连接。当组合仪表上相应图标（黄色）点亮时，表示电动汽车已开始充电。

⑤ 组合仪表相应图标（黄色）熄灭后，表示动力电池已被充满，请先拔去“交流充电线”车辆端，再拔去“交流充电线”供电段，关好充电口，整理好交流充电线。

（2）充电注意事项

① 为缩短充电时间，在车辆充电过程中，不建议使用车载用电设备。

② 低温情况下的充电，空调会给电池加热。

③ 如果在电动汽车电池充电过程中遇到故障，请寻求专业人员进行处理，不要私自尝试维修。

61. 电动汽车用电动机的工作原理

（1）交流电动机

单相异步电动机通过电容移相作用，将单相交流电分离出另一相相位差90°的交流电。将这两相交流电分别送入两组或四组电动机线圈绕组，在电动机内形成旋转磁场，旋转磁场在电动机转子内产生感应电流，感应电流产生的磁场与旋转磁场方向相反，被旋转磁场推拉进入旋转状态，由于转子必须切割磁力线才能产生感应电流，因此转子转速必须低于旋转磁场转速，故称异步电动机。

三相异步电动机不必通过电容移相，本身就有相差120°的三相交流电，故产生的旋转磁场更均匀，效率更高。

永磁同步交流电动机的磁场由永久磁铁产生，转子线圈通过电刷供电，转速与交流电频率为整倍数（分数）关系（视转子线圈绕组数而定），故称同步电动机。

转子线圈通过电刷供电，定子通过线圈绕组产生旋转磁场的电动机，按转子线圈与定子线圈的串、并联关系分别称串励、并励电动机。

（2）直流电动机

直流电动机由定子和转子两大部分组成，定子上有磁极（绕组式或永磁式），转子上有绕组，通电后，转子上形成磁场（磁极），定子和转子的磁极之间有一个夹角，在定子和转子磁场（N极和S极之间）的相互吸引下，使电动机旋转。改变电刷的位置，就可以改变定子和转子磁极夹角（假设以定子的磁极为夹角起始边，转子的磁极为另一边，由转子的磁极指向定子的磁极的方向就是电动机的旋转方向）的方向，从而改变电动机的旋转方向。

62. 电动汽车用电动机的分类

① 按工作电源种类划分，可分为直流电动机和交流电动机。

a. 直流电动机　按结构及工作原理划分，可分为无刷直流电动机和有刷直流电动机，也可分为永磁直流电动机和电磁直流电动机。

永磁直流电动机按材料不同又分为稀土、铁氧体、铝镍钴永磁直流电动机。

电磁直流电机按励磁方式不同又分为串励、并励、他励和复励直流电动机。

b.交流电动机可分单相电动机和三相电动机。

② 按结构和工作原理划分，可分为直流电动机、异步电动机、同步电动机。

异步电动机的转子转速总是略低于旋转磁场的同步转速。

同步电动机的转子转速与负载大小无关，而始终保持为同步转速。

③ 按用途划分，可分为驱动电动机和控制用电动机。

④ 按运转速度划分，可分为高速电动机、低速电动机、恒速电动机和调速电动机。

低速电动机又分为齿轮减速电动机、电磁减速电动机、力矩电动机和爪极同步电动机等。

63. 电动汽车用电动机的结构与特点

（1）永磁式直流电动机

永磁式直流电动机如图1-75所示，由定子磁极、转子、电刷、外壳等组成。

定子磁极采用永磁体（永久磁钢），有铁氧体、铝镍钴、钕铁硼等材料。按其结构形式可分为圆筒型和瓦块型等几种。

转子一般采用硅钢片叠压而成，漆包线绕在转子铁芯的两槽之间（三槽即有三个绕组），其各接头分别焊在换向器的金属片上。

电刷是连接电源与转子绕组的导电部件，具备导电与耐磨两种性能。永磁电动机的电刷使用金属片电刷或金属石墨电刷、电化石墨电刷。

（2）无刷直流电动机

无刷直流电动机如图1-76所示，由永磁体转子、多极绕组定子、位置传感器等组成。

图1-75　永磁式直流电动机

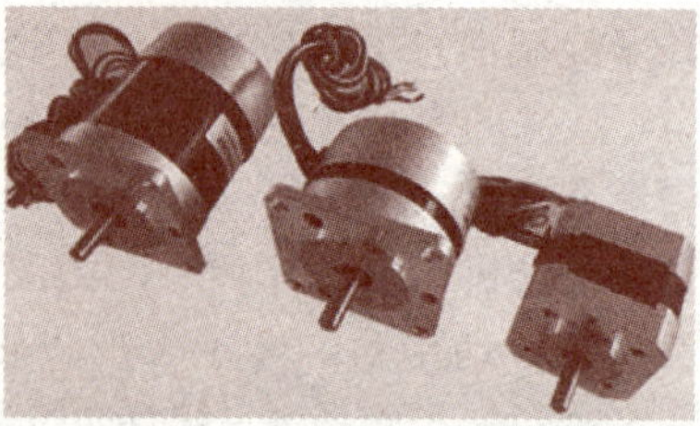

图1-76　无刷直流电动机

无刷直流电动机的特点是无刷，采用半导体开关器件（如霍尔元件）来实现电子换向，即用电子开关器件代替传统的接触式换向器和电刷。它具有可靠性高、无换向火花、机械噪声低等优点。

位置传感器按转子位置的变化，沿着一定次序对定子绕组的电流进行换流（即检测转子磁极相对定子绕组的位置，并在确定的位置处产生位置传感信号，经信号转换电路处理后去控制功率开关电路，按一定的逻辑关系进行绕组电流切换）。

位置传感器有磁敏式、光电式和电磁式三种类型。

采用磁敏式位置传感器的无刷直流电动机，其磁敏传感器件（例如霍尔元件、磁敏二极管、磁敏电阻器或专用集成电路等）装在定子组件上，用来检测永磁体、转子旋转时产生的磁场变化。电动汽车多用的是霍尔元件。

采用光电式位置传感器的无刷直流电动机，在定子组件上按一定位置配置了光电传感器件，转子上装有遮光板，光源为发光二极管或小灯泡。转子旋转时，由于遮光板的作用，定子上的光敏元器件将会按一定频率间歇产生脉冲信号。

采用电磁式位置传感器的无刷直流电动机，是在定子组件上安装有电磁传感器部件（例如耦合变压器、接近开关、LC谐振电路等），当永磁体转子位置发生变化时，电磁效应将使电磁传感器产生高频调制信号（其幅值随转子位置而变化）。

定子绕组的工作电压由位置传感器输出控制的电子开关电路提供。

（3）电动机特性

用于电动汽车的驱动电动机与常规的工业电动机不同。电动汽车的驱动电动机通常要求频繁地启动/停车、加速/减速，低速或爬坡时要求高转矩，高速行驶时要求低转矩，并要求变速范围大。而工业电动机通常优化在额定的工作点。因此，电动汽车驱动电动机比较独特，应单独归为一类。

64. 电动汽车储能装置的结构形式

动力电池系统是纯电动汽车能量的唯一来源，是混合动力汽车、燃料电池汽车的主要能量来源。因此，在电动汽车能源装置布置形式上可以分为两类。如图1-77（a）所示为电动汽车储能装置最常见的结构形式——动力电池系统作为唯一能量源为电动汽车提供动力。该结构的储能及控制相对简单。设计者可根据整车设计需要合理安排储能装置的位置和容量，但对动力电池的要求比较苛刻，一般按照电动汽车的功能和使用工况要求，选择比能量和比功率较高的动力电池来保障整车的续驶里程、加速性和爬坡能力。

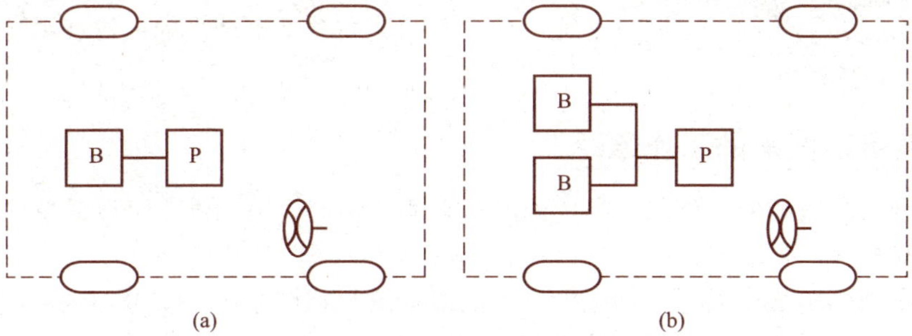

图1-77　电动汽车能源装置布置形式

B—动力电池；P—功率变换器

为了解决一种动力电池不能同时满足对比能量和比功率要求的问题，有些电动汽车同时采用了两种不同的动力电池，其中一种能提供高比能量（如能量型锂离子电池、锌空气电池），另外一种能提供高比功率（如功率型锂离子电池、超级电容器）。如图1-77（b）所示为采用两种电池作为混合能量源的结构。这种结构不仅满足了对比能量和比功率的要求，而且在电动汽车的制动能量回收方面起到了较为显著的效果。

除此以外，目前还可以利用燃料电池、超级电容器和飞轮等共同作为电动汽车的新型储能装置，共同提高电动汽车的续驶里程或者整车的动力性能。其结构形式与图1-77（b）所示的类似。

65. 纯电动汽车的分类

纯电动汽车发展至今，种类较多，通常按车辆用途、车载电源数目以及驱动系统的组成进行分类。按照用途不同分类，纯电动汽车可分为电动轿车、电动货车和电动客车三种。

① 电动轿车是目前最常见的纯电动汽车。除了一些概念车外，纯电动轿车已经有了小批量生产，并已进入汽车市场。

② 用作运输的电动货车比较少，而在矿山、工地及一些特殊场地，则早已出现了一些大吨位的纯电动载货汽车。

③ 纯电动小客车也较少见。纯电动大客车用作公共汽车，在一些城市的公交线路以及世博会、世界性的运动会上，已经有了良好的表现。

纯电动汽车，相对于燃油汽车而言，主要差别在于四大部件，即驱动电动机、调速控制器、动力电池、车载充电器。相对于加油站而言，它需要充电站（桩）。

纯电动汽车的品质差异取决于以上四大部件，其价值高低也取决于这四大部件的品质。纯电动汽车的用途也与四大部件的选用配置直接相关。

纯电动汽车时速快慢和启动速度取决于驱动电动机的功率及性能，其续行里程的长短取决于车载动力电池容量的大小，车载动力电池的重量取决于选用何种动力电池（如铅酸电池、锌炭电池、锂电池等），它们的体积、密度、比功率、比能量、循环寿命都各不相同。这取决于纯电动汽车制造商对整车档次的定位和用途以及市场界定、市场细分。

66. 纯电动汽车的工作原理

电动汽车是如何工作的，和燃油汽车有哪些不同？电动汽车可以简单地理解为电池+车吗？下面简单介绍一下纯电动汽车的工作原理。

纯电动汽车是由电力驱动系统、主能源系统和辅助系统三部分组成，如图1-78所示。电力驱动系统包括控制器、功率转换器、电动机、机械传动装置和车轮等。电动机就像是传统汽车中的发动机，其主要任务是在驾驶员的控制下，高效率地将动力电池存储的电能转化为车轮的动能驱动车辆，或者在制动时将车轮上的动能转化为电能反馈到动力电池中以实现车辆的制动能量回收。控制器就像人体的神经中枢，电动汽车必须通过一个整车控制系统来进行各子系统的协调控制，从而实现整车的最佳性能。主能源系统包括蓄电池组（能量源）、能量（电池）管理系统等。辅助系统包括辅助动力源、动力转向系统、空调器、照明装置等。

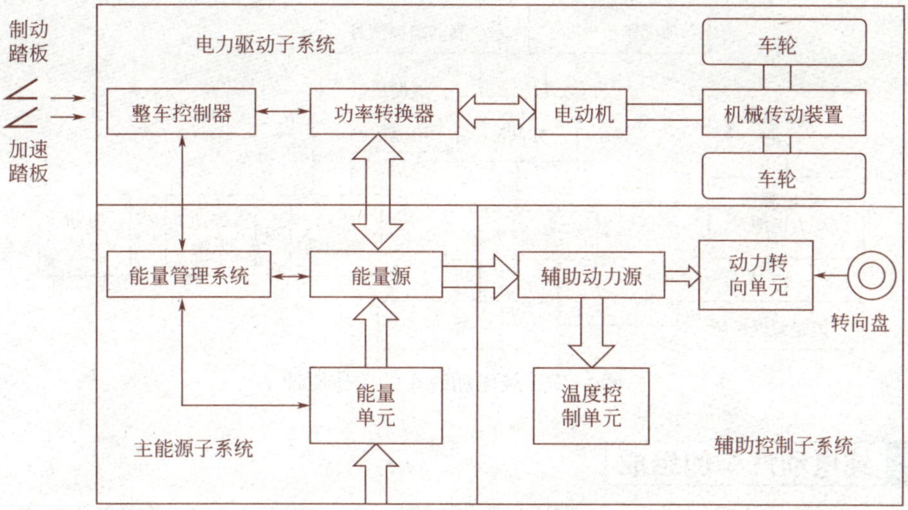

图1-78　纯电动汽车的工作原理

纯电动汽车的工作原理为蓄电池组（提供电能）→控制器、功率转换器（调速控制）→驱动电动机→传动系统（驱动车轮）→汽车行驶。

不同于燃油汽车在变速时复杂的挡位变化过程，电动汽车的变速有些类似于手机声音的大小，调节音量按钮，手机的声音就可以变大或变小。在电动汽车上，驾驶员也是通过操控制动踏板和加速踏板来改变车速的，实际上控制的是电能的大小。

驾驶员踩下加速踏板→传感器检测踏板的移动量→该值被传递到电控系统→电控系统向电动机控制器发出指令→电动机控制器计算电动机的各项指标→控制电动机工作。

轻轻踩下加速踏板时，电池的放电电流较小。用力踩下加速踏板时，电池的放电电流就会很大。减速时也是一样，所有的需求最终都以可控制的电能形式在汽车内部的部件间传递。

与内燃机汽车相比，纯电动汽车的特点是结构灵活，内燃机汽车多为机械传动，而电动汽车的驱动电动机与动力电池是通过柔性的电线连接的，这样电动汽车各部件在车上布置具有很大的灵活性。电动汽车的电动机种类较多，不同类型的电动机直接影响着电动汽车的行驶性能，电动汽车也采用不同类型的储能装置，如各种类型的动力蓄电池、超级电容器和飞轮电池等装置，储能装置的不同影响着电动汽车的整车重量和体积，影响着整车主要性能。

变速传动系统是电动汽车驱动子系统的一个重要部件，它指的是驱动电动机转轴和车轮之间的机械连接部分。对于传统内燃机汽车，变速器是必要的部件，纯电动汽车则不同，由于驱动电动机的转矩和转速完全可以用电子控制器进行调节控制，因此变速系统的设计就可以有多种不同的选择，可以采用传统的手动或自动变速器变速，也可以控制电动机直接变速。纯电动汽车的工作原理可用图1-79说明。

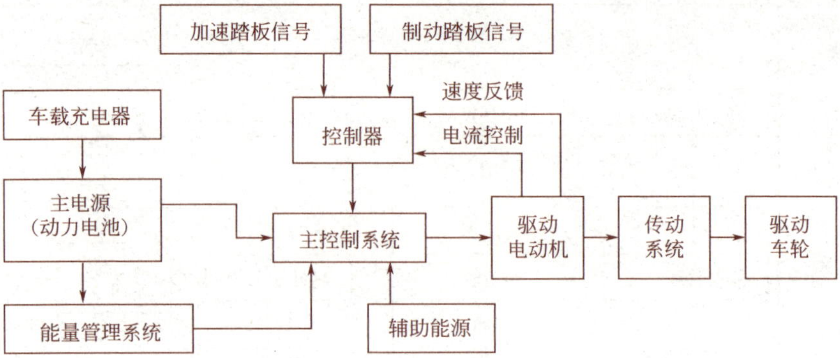

图 1-79　纯电动汽车的工作原理

67. 纯电动汽车的组成

纯电动汽车与燃油汽车在结构上的最大区别在于动力系统和能源供应系统。纯电动汽车相对燃油汽车，最主要的改动是将燃油汽车的内燃机与油箱用匹配的蓄电池、电动机、调速器及相关设备来代替。

纯电动汽车没有发动机，因此取消了燃油汽车上与发动机相关的零件。在纯电动汽车中，不需要发动机、变速器、油箱、燃油供给装置、燃油喷射装置、火花塞、进气管、排气管、三元催化转化器以及消声器等零件，甚至连车前面的进气格栅都不需要。

纯电动汽车上增加的电气部件主要有蓄电池、电动机、控制器等。纯电动汽车用电动机代替了发动机，用控制器控制车辆运行等。

对比发现，纯电动汽车与燃油汽车在外观上看不出区别（除排气管），但纯电动汽车内部结构相对简单，零件也比燃油汽车少得多，维护方便。

纯电动汽车主要包括电力驱动及控制系统、驱动力传动等机械系统、完成既定任务的工作装置等。电力驱动及控制系统是电动汽车的核心，也是区别于燃油汽车的最大不同点。电力驱动及控制系统由驱动电动机、电源和电动机的调速控制装置等组成。电动汽车的其他装置基本与内燃机汽车相同。

（1）电源

电源为电动汽车的驱动电动机提供电能，电动机将电源的电能转化为机械能，通过传动装置或直接驱动车轮和工作装置。目前，电动汽车上正在发展的电源主要有钠硫电池、镍镉电池、锂离子电池、燃料电池、飞轮电池等，这些新型电源的应用，为电动汽车的发展开辟了广阔的前景。

（2）驱动电动机

驱动电动机的作用是将电源的电能转化为机械能，通过传动装置或直接驱动车轮和工作装置。目前电动汽车上广泛采用直流串激电动机，这种电动机具有“软”的机械特性，与汽车的行驶特性非常相符。但直流电动机由于存在换向火花，比功率较小、效率较低、维护保养工作量大，随着电动机技术和电动机控制技术的发展，逐渐被直流无刷电动机、开关磁阻电动机和交流异步电动机所取代。

（3）电动机调速控制装置

电动机调速控制装置是为电动汽车的变速和方向变换等设置的，其作用是控制电动机的电压或电流，完成电动机的驱动转矩和旋转方向的控制。

早期的电动汽车上，直流电动机的调速采用串接电阻或改变电动机磁场线圈的匝数来实现。因其调速是有级的，且会产生附加的能量消耗或使用电动机的结构复杂，现在已很少采用。目前电动汽车上应用较广泛的是晶闸管斩波调速，通过均匀地改变电动机的端电压，控制电动机的电流，来实现电动机的无级调速。在电子技术的不断发展中，它也逐渐被其他电力晶体管斩波调速装置所取代。从技术的发展来看，伴随着新型驱动电动机的应用，电动汽车的调速控制转变为直流逆变技术的应用，将成为必然的趋势。

在驱动电动机的旋向变换控制中，直流电动机依靠接触器改变电枢或磁场的电流方向，实现电动机的旋向变换，这使得电路复杂、可靠性降低。当采用交流异步电动机驱动时，电动机转向的改变只需变换磁场三相电流的相序即可，可使控制电路简化。此外，采用交流电动机及其变频调速控制技术，使电动汽车的制动能量回收控制更加方便，控制电路更加简单。

（4）传动装置

电动汽车传动装置的作用是将电动机的驱动转矩传给汽车的驱动轴，当采用电动轮驱动时，传动装置的多数部件常常可以忽略。因为电动机可以带负载启动，所以电动汽车上无需传统内燃机汽车的离合器。因为驱动电动机的旋向可以通过电路控制实现变换，所以电动汽车无需内燃机汽车变速器中的倒挡。当采用电动机无级调速控制时，电动汽车可以忽略传统汽车的变速器。在采用电动轮驱动时，电动汽车也可以省略传统内燃机汽车传动系统的差速器。

（5）行驶装置

行驶装置的作用是将电动机的驱动力矩通过车轮变成对地面的作用力，驱动车轮行走。其与传统燃油汽车的构成是相同的，由车轮、轮胎和悬架等组成。

（6）转向装置

转向装置是为实现汽车的转弯而设置的，由转向机、转向盘、转向机构和转向轮等组成。作用在转向盘上的控制力，通过转向机和转向机构使转向轮偏转一定的角度，实现汽车的转向。多数电动汽车为前轮转向，工业中用的电动叉车常常采用后轮转向。电动汽车的转向装置有机械转向、液压转向和液压助力转向等类型。

（7）制动装置

电动汽车的制动装置同其他汽车一样，是为汽车减速或停车而设置的，通常由制动器及其操纵装置组成。在电动汽车上，一般还有电磁制动装置，它可以利用驱动电动机的控制电路实现电动机的发电运行，使减速制动时的能量转换成对蓄电池充电的电流，从而得到再生利用。

68. 轮毂电动机驱动的特点

轮毂电动机技术又称车轮内装电动机技术，它的最大特点就是将动力、传动和制动装置都整合到轮毂内，因此将电动车辆的机械部分大大简化，如图1-80所示。轮毂电动机驱动的主要特点如下。

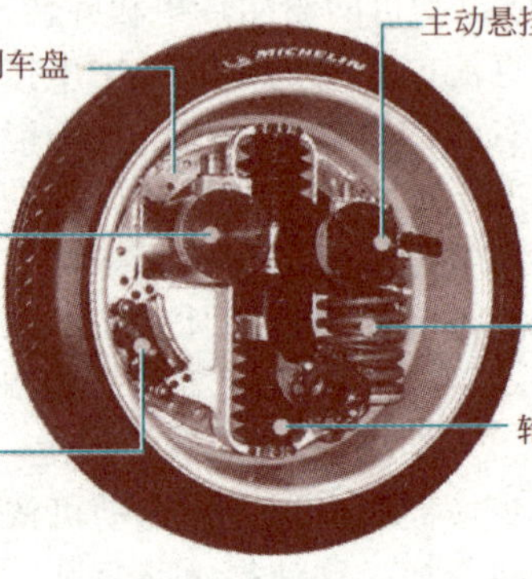

图1-80　轮毂电动机

（1）省略大量传动部件，让车辆结构更简单

对于传统车辆来说，离合器、变速器、传动轴、差速器乃至分动器都是必不可少的，这些部件不但重量大，而且使车辆的结构更为复杂，同时也存在需要定期维护和故障率的问题。轮毂电动机很好地解决了这个问题。除了结构更为简单之外，采用轮毂电动机驱动的车辆可以获得更好的空间利用率，同时传动效率也要高出不少。

（2）可实现多种复杂的驱动方式

由于轮毂电动机具备单个车轮独立驱动的特性，因此无论是前驱、后驱还是四驱形式，它都可以比较轻松地实现，全时四驱在轮毂电动机驱动的车辆上实现起来非常容易。同时轮毂电动机可以通过左右车轮的不同转速甚至反转实现类似履带式车辆的差动转向，大大减小车辆的转弯半径，在特殊情况下几乎可以实现原地转向（不过此时对车辆转向机构和轮胎的磨损较大），对于特种车辆很有价值。

（3）便于采用多种新能源车技术

新能源车型不少都采用电驱动，因此轮毂电动机驱动也就派上了大用场。无论是纯电动还是燃料电池电动汽车，或者是增程式电动汽车，都可以用轮毂电动机作为主要驱动力；即便是对于混合动力车型，也可以采用轮毂电动机作为起步或者急加速时的助力，可谓是一机多用。同时，新能源汽车的很多技术，比如制动能量回收（即再生制动），也可以很轻松地在轮毂电动机驱动车型上得以实现。

第二篇

购车准备

1. 买一辆车要花多少钱？

家庭买车是件大事，买辆车首先家庭开会讨论，德系车皮实、法系车实惠、日系车经济性好、国产车便宜……夫妻二人再加上孩子意见不一致，多次研究，终于达成一致，然后奔走于各家汽车网站和4S店。不过在这之前，首先要明确一点，自己准备花多少钱买车？该考虑哪些方面的因素？

（1）量力而行还是一步到位？

这里要用到金融市场的一个常用词：预期。如果是年纪尚轻，有足够的自信保证未来几年时间内的收入增幅，没有家庭负担，那么就可以花掉自己所有的钱买车。因为如果你这时“委屈”自己，过不了两年你就会天天想着换车，要么承受换车带来的经济损失（二手车会贬值），要么忍住不去抱怨自己的车配置低，看到理想的车从身边奔驰而过时咽下嘴里的口水，视而不见。

如果你已经成为家中的顶梁柱，上有年迈的双亲，下有年幼的孩童，那么买车（或者是换车）就要精打细算，为了“四个轮子加一个沙发”（李书福语）而牺牲全家人的生活质量，怎么看都不划算。

（2）花多少钱买车？

花多少钱买车，国际上有一个公认的公式，就是什么时候轿车进入普通家庭的计算公式。

当车价/人均GDP比值达到2～3时，轿车的普及率开始提高，轿车开始大规模进入家庭，轿车市场开始进入成长期。

我们可以借用一下该公式，把家庭2～2.5年的可支配收入作为购车预算是比较合适的，既能保证买一辆自己能接受的座驾，也不至于影响生活质量。

提醒一点，这里说的可支配收入是从整个家庭的总收入中扣除房贷、生活费等必要支出后的结余部分，比如夫妻两人一个月总收入为12000元，每月还房贷和生活费加起来是7000元，那么可支配收入就是5000元，两年加起来就是12万元，那么买一辆裸车价在12万元上下的车就比较合适，用起来也不会吃力。

（3）买车只是花钱的开始

有人说过：买房是投资（升值），买车永远是消费（很难升值）。这话有一定的道理，买车之后，花钱的地方就多了。

油费、保险费、车辆维修保养费用、停车费、洗车费、高速费等，这些都是养车成本。

每个消费者在买车前都应该斟酌一下，自己的经济实力是否能够持续地供养一辆车，不要盲目跟风，更不要因贪图炫耀导致自己“哑巴吃黄连，有苦说不出”。2003年我国汽车市场“井喷”后的一两年，二手车市场出现一大批“准新车”，就是那些“买得起而用不起”的人开了一两年后又不得不卖掉车，这些车就成为准新车。

另外，买车还要做好汽车降价的心理准备，买车后最好不要再去关注新车价格，每个买车的人都要做好这样的心理准备，因为现在汽车市场上降价不是新鲜事。记住：从发票开出之后，你的车就变成了二手车。

笔者认为养车费用以不超过可支配收入的1/3为宜。还是用上面那个例子，如果家庭可支配收入是5000元，那么养车费用最好不要超过1700元，毕竟人活着不是为了有辆车，汽车只是一个代步工具，就像摩托、自行车一样，只不过稍微贵了一点儿罢了。

2. 贵的车就是好车吗？

有人说：一分钱一分货，贵的就是好的。

一般情况下贵的车会较好一点儿，但是也有例外，有时并不是贵就是好，例如很多车因为产能或者广告以及限量发行，会出现价格大于价值的现象。

另外，不同的人有不同的用车环境，需要选择不同的汽车。如果选错了，再好的车也发挥不出优异的性能，结果花了冤枉钱。所以说，适合的才是最好的。

3. 购买新车需要缴纳哪些费用？

要知道从交款提车到开车上路需要哪些费用，首先应知道新车上牌的流程，步骤如下。

① 客户选定好车型，缴纳购车款以后，汽车经销商会为客户提供厂家的汽车质量合格证和有效期为5天的车辆移动证（或临时牌照），并开具购车发票，购车发票分为报税联、注册登记联、发票联三联。在开具购车发票时，机动车所有人需要提供本人的身份证。

需要强调的是，机动车所有人在提供本人身份证时，一定要认真核对，保证准确无误，如果信息出现差错，更改起来比较麻烦。

② 机动车所有人持购车发票的报税联和汽车质量合格证复印件、身份证原件和复印件（单位车辆需带企业组织机构代码证原件及公章）到车辆购置税办公大厅办理车辆购置附加税。

③ 在办理完车辆购置附加税后，机动车所有人就可以携带办理车辆购置附加税的相应手续和购车发票的注册登记联、汽车质量合格证原件、身份证原件和复印件（必须使用A4纸复印）到车管所投递资料，申请上牌。

④ 到达车管所后，先领取一份新车入户登记表（公车需加盖公章），准确无误地填写车主与车辆的相关信息（一般有专人现场指导），然后排队递交。

⑤ 对车辆进行外部检测，核对发动机号码、车架号码、车辆型号等。

⑥ 车辆进行外检后，到大厅办理车辆相关保险（交强险和其他商业保险）。

⑦ 办理完车辆保险后，在注册大厅办理车辆注册登记手续。

⑧ 在大厅交付车船使用税、车辆行驶证、车辆牌照等相关费用。

⑨ 交付相关费用后，机动车所有人就可以开始在计算机上随机选取自己的车牌号码了。客户有8～10次（各地不一）机会选取车牌号码，最后从这一组号码中选取自己最满意的一个号码作为车牌号码。

需要强调的是，2008年10月1日以后，机动车所有人可以通过计算机自动选取或者按机动车号牌标准规定自行编排的方式获取机动车牌号码。

⑩ 选择完车牌号码后可以进行牌照安装。

⑪ 安装好新的车牌后，必须对新车进行拍照存档。

⑫ 喷印玻璃防盗号，领取尾气排放合格证。

⑬ 在车管所办理的最后一道程序为领取车辆行驶证和机动车登记证书。

如果机动车所有人是外地户口，还必须到管辖派出所办理暂住证。因为在办理新车挂牌的程序当中，外地户口的客户除了需要提供身份证以外，还必须提供暂住证。在完成了以上工序以后，你的爱车这时才真正具有了属于自己的“户口本”，你也就成为“正式”车主了。

上牌流程中涉及的费用包括车辆购置税、车船使用税、交强险、商业险（自选）、上牌费。

（1）车辆购置税

从2015年10月31日到2016年12月31日，对购买1.6L及以下排量乘用车实施减半征收车辆购置税的优惠政策。

财政部网站发布小排量汽车购置税新政，2017年1月1日起至12月31日止，将延续购置税减免的政策，但优惠幅度由原来5%调整为7.5%。不过，2018年1月1日起将恢复按10%的法定税率征收车辆购置税，届时小排量汽车购置税优惠政策将正式取消。

汽车购置税是对在我国境内购置规定车辆的单位和个人所征收的税种，凡购买、进口、自产、受赠、获奖或以其他方式取得并自用车辆的单位、个人都应按照10%的税率缴纳税费，但车辆在发生过户时无需重复征收，直至车辆报废。具体收费金额按以下公式计算：新车购置税额金额=购车价格（含税价）/1.17（增值税税率17%）×10%（2017年新规为7.5%）。

以购买指导价10万元的小排量新车为例，需缴纳购置税约6410元，相比2016年购置税减半时期多缴纳2137元；如果购买指导价20万元的小排量新车，需缴纳购置税约1.28万元，相比2016年购置税减半时期多缴纳4273元。

（2）车船使用税

车船使用税是指对在我国境内应依法到公安、交通、农业、渔业、军事等管理部门办理登记的车辆、船舶，根据其种类，按照规定的计税依据和年税额标准计算征收的一种财产税。从2007年7月1日开始，“有车族”需要在投保交强险时缴纳车船使用税，征收的范围为车辆和船舶。

车船使用税由地方税务机关负责征收。纳税地点由省、自治区、直辖市人民政府根据当地实际情况确定。跨省、自治区、直辖市使用的车船，纳税地点为车船的登记地。所以，同一辆车在不同省份挂牌缴纳的车船税可能不一样。

北京和山东的乘用车的车船使用税缴纳标准见表2-1。

（3）交强险

交强险的全称是“机动车交通事故责任强制保险”，是由保险公司对被保险机动车发生道路交通事故造成受害人（不包括本车人员和被保险人）的人身伤亡、财产损失，在责任限额内予以赔偿的强制性责任保险。交强险是我国首个由国家法律规

表2-1 北京和山东的乘用车的车船使用税缴纳标准　　单位：元

税目		计税单位	每年税额		备注
			山东	北京	
乘用车［按发动机气缸容量（排气量）分档］	1.0L（含）以下	每辆	240	300	核定载客人数9人（含）以下
	1.0～1.6L（含）		360	420	
	1.6～2.0L（含）		420	480	
	2.0～2.5L（含）		900	900	
	2.5～3.0L（含）		1800	1920	
	3.0～4.0L（含）		3000	3480	
	4.0L以上		4500	5280	

定实行的强制保险制度。其保费是实行全国统一收费标准的，由国家统一规定的，但是不同汽车型号的交强险价格也不同，主要影响因素是“汽车座位数”。交强险的承办机构为经保监会批准授权的中资保险公司及其代办机构，每辆机动车只需投保一份交强险，投保人可以根据自身需要决定或选择购买不同责任限额的商业险。

对于普通的6座以下私家车，首年固定保费是950元。从第2年开始，交强险是与有责任道路交通事故挂钩的。

一、交强险与交通违法相联系的费率浮动标准

（一）上一个年度无交通违法行为记录，续保时费率下浮10%;上两个年度无交通违法记录，续保时费率下浮20%；连续3年或3年以上无交通违法记录，续保时费率下浮40%。

（二）上一个年度有交通违法记录，费率按下列表中所列标准上浮。

（三）上一个年度有交通违法记录，续保时费率不下浮。

（4）商业险（自选）

如果是老驾驶员，那自己就是“保险专家”了；如果是新手或新车，建议购买车辆损失险、第三者责任保险、不计免赔险即可。如果不放心，可以再购买划痕险、玻璃险、盗抢险。电话车险或网络车险的折扣力度比较大，可以放心买，省去了营销人员的佣金，当然，如果你能确保保险公司的朋友会把个人佣金返给你，也可以找朋友代办保险。10万元的新车商业险为3000～4000元。

（5）上牌费

此处上牌费用仅指国家规定的手续费，这部分费用必须交，大概200元。

4. 什么是汽车保险？汽车保险的种类有哪些？

汽车保险，简称车险，是指对机动车辆由于自然灾害或意外事故所造成的人身伤亡或财产损失负赔偿责任的一种商业保险。其投保客户主要是拥有各种机动交通工具的法人团体和个人；其保险标的主要是各种类型的汽车，也包括电车、电瓶车等专用车辆及摩托车等。机动车辆是指汽车、电车、电瓶车、摩托车、拖拉机、各

种专用机械车、特种车。

当前，除了国家强制机动车所有人所必须购买的交强险外，其他险种皆为商业险，商业险可以自愿购买。商业险又分为两大类：一类是基本险，包括车辆损失险和第三者责任险；另一类是附加险（只有购买基本险后，才可以购买附加险），主要包括全车盗抢险、车辆责任险、玻璃单独破碎险、自燃损失险、不计免赔特约险等险种。

（1）车辆损失险

① 保险责任　车辆损失险的保险责任，包括碰撞责任、倾覆责任与非碰撞责任，其中碰撞是指被保险车辆与外界物体的意外接触，如车辆与车辆、车辆与建筑物、车辆与电线杆或树木、车辆与行人、车辆与动物等碰撞，均属于碰撞责任范围之列；倾覆责任指保险车辆由于自然灾害或意外事故，造成本车翻倒，车体触地，使其失去正常状态和行驶能力，不经施救不能恢复行驶。

简单一句话，车辆损失险保的是当你驾车出现事故，该你承担责任时，保险公司负责给你修车（“赔己不赔他”）。注意：修的是你自己的车。

② 赔偿项目　包括事故中车辆自身的损失和对车辆采取的合理的施救及保护措施所支出的合理费用。

③ 免赔率　根据事故责任的大小，免赔率为赔付金额的5%～20%。负全部责任的保险公司免赔20%，负主要责任的保险公司免赔15%，负同等责任的保险公司免赔10%，负次要责任的保险公司免赔5%。

（2）第三者责任险

见本章问题6。

（3）全车盗抢险（附加险）

全车盗抢险负责赔偿保险车辆因被盗窃、被抢劫、被抢夺造成车辆的全部损失，以及期间由于车辆损坏或车上零部件、附属设备丢失所造成的损失，但不能故意损坏。如果总是将车停在停车场或确保安全的地方，可以不买盗抢险。

（4）车上人员责任险（附加险）

① 保险责任（赔己不赔他）　保险车辆发生意外事故，导致车上货物的损失和车上人员的伤亡以及施救产生的费用，由保险公司承担赔偿责任。

② 赔偿项目　包括车上人员伤亡的赔偿范围、项目和标准，以《道路交通事故处理办法》的规定为准，但不能超过投保座位数和每座约定的保险金额。具体费用包括人员的抢救费、医药费、误工费等。

③ 免赔金额　根据事故责任的大小，负全部责任的保险公司免赔20%，负主要责任的保险公司免赔15%，负同等责任的保险公司免赔10%，负次要责任的保险公司免赔5%。

（5）玻璃单独破碎险（附加险）

① 保险责任（赔己不赔他）　车辆的挡风玻璃和车窗玻璃发生单独破碎，保险公司负责赔偿。注意：只有玻璃单独破碎，才走该险种，如果还有其他损坏，则走车损险。也就是说，如果车辆其他地方没损坏，只有玻璃碎了，而你恰好没买玻璃单独破碎险，保险公司是不赔的。

② 赔偿项目　根据投保约定，分别按国产或进口重新购置玻璃的实际费用。

（6）自燃损失险（附加险）

① 保险责任（赔己不赔他）　因车辆电路、线路、供油系统发生故障及货物自身原因起火燃烧造成的车辆损失，由保险公司负责赔偿。

② 赔偿项目　当车辆发生部分损失，按照实际修复费用赔偿修理费。如果因车辆自燃导致整体烧毁或已经失去修理价值，则按照出险时车辆的实际价值赔偿，但不能超过保险金额。

③ 免赔金额　赔偿保险金额的80%，有20%免赔。

（7）不计免赔特约险（附加险）

① 保险责任　投保本保险后，对保险车辆在车辆损失险和第三者责任险中由被保险人自己承担的免赔金额，不论一次或多次发生保险事故，均给予赔偿。

② 赔偿项目　车辆损失险和第三者责任险中在符合赔偿金额内由被保险人自己承担的免赔金额，特别是新手或是喜欢展现速度的快车手，尤其在遇到大的事故损失时，不计免赔险可以大大减少自己的损失。

5. 什么是交强险？

交强险的全称是“机动车交通事故责任强制保险”，是由保险公司对被保险机动车发生道路交通事故造成受害人（“赔他不赔己”，即受害人不包括本车人员和被保险人以及本车上的财物）的人身伤亡、财产损失，在责任限额内予以赔偿的强制性责任保险。

交强险是我国首个由国家法律规定实行的强制保险制度。其保费实行全国统一收费标准，由国家统一规定，但是不同的汽车型号其交强险价格也不同，主要影响因素是“汽车座位数”。

下列六种情况下交强险可以办理退保：被保险机动车被依法注销登记的；被保险机动车办理停驶的；被保险机动车经公安机关证实丢失的；投保人重复投保交强险的；被保险机动车被转卖、转让、赠送至车籍所在地以外的地方；新车因质量问题被销售商收回或因相关技术参数不符合国家规定交管部门不予上牌的。

赔偿项目：交通事故中的死亡伤残赔偿、医疗费用赔偿、财产损失赔偿等。

6. 什么是第三者责任险？

① 保险责任（赔他不赔己）　被保险人或其允许的合格驾驶员在使用保险车辆过程中，发生意外事故，致使第三者遭受人身伤亡或财产的直接损毁，依法应当由被保险人支付的赔偿金额，保险公司依照《道路交通事故处理办法》和保险合同的约定给予赔偿。同时，若经保险公司书面同意，被保险人因此发生仲裁或诉讼费用的，由保险公司承担。

② 赔偿项目　第三者责任保险的赔偿是依照《道路交通事故处理办法》规定的赔偿范围、项目、标准作为保险赔款的基础。但因事故产生的善后工作，需要由被保险人负责处理。保险公司会在责任限额以外赔偿，但最高不超过责任限额的30%。

具体赔偿中，免赔金额根据事故责任的大小，负全部责任的保险公司免赔20%，负主要责任的保险公司免赔15%，负同等责任的保险公司免赔10%，负次要责任的保险公司免赔5%。

投保人和保险人在签订保险合同时按5万元、10万元、20万元、50万元、100万元和100万元以上不超过1000万元的档次协商确定。

7. 如何确认第三者责任险赔偿限额？

我国第三者责任险赔偿限额采取责任限额方式。第三者责任险赔偿限额分为5万元、10万元、15万元、20万元、30万元、50万元、100万元等档次。责任限额由投保人和保险人在签订合同时协商确定。其赔偿处理包括赔偿金额计算、残值处理、责任比例确定、免赔率应用、修复方式、代位追偿、重复保险的赔偿、合同终止条件等内容。

赔偿金额计算按照道路交通事故处理和人身损害赔偿的相关规定，扣除交强险的分项赔偿限额后，在保险单载明的责任限额内核定赔偿金额，具体如下。

当被保险人应担负的赔偿金额超过责任限额时：赔款=责任限额×（1−免赔率）。

当被保险人应担负的赔偿金额低于责任限额时：赔款=应负赔偿金额×（1−免赔率）。

8. 如何办理汽车保险？

根据自己车辆的行驶区域、自己停车的安全状况以及自己的驾驶技术，综合考虑购买保险。

第一步，考虑好投保险种。对于新车或新手，可以考虑买交强险、车损险、50万元三者、划痕险、不计免赔；对于旧车或老驾驶员，可以买交强险、车损险、50万元三者，有部分老驾驶员没出过险，感觉保险买亏了，干脆只买交强险，强烈反对这种做法，买保险就是买平安，谁也不希望天天出事故。

第二步，选择好险种后，接下来要考虑买哪家公司的保险。买保险不要只看价格便宜，关键要看保险责任是否全面，若出了事故，保险公司告诉你这也不赔那也不赔，就晚了。

第三步，选择好保险公司后就要选择投保渠道，包括电话、4S店、网络或APP自助投保。建议年轻一些的朋友可以通过电话、网络或APP自助方式，中老年驾驶员恐怕对网络、APP、电话这些手段还不能完全适应，可以直接找保险人员或4S店等进行投保。

第四部：交费。

9. 汽车投保的基本方式有哪些？

目前投保车险的方式多种多样，有多种渠道可供选择。

（1）保险代理商

通过汽车经销商、汽车维修商代理投保。目前，很多单位通过与保险公司签订协议，成为保险公司的代理商。可以通过代理来购买保险，当然折扣相对低一些，但是，如果在4S店购买保险且将来在该4S店维修保养，4S店会通过其他方式给予一定折扣，譬如免工时费等。

注意：代理商为了促成投保人下定决心投保，可能会给一定比例的折扣。各公司打折比例不一，由于各公司的车险价格本身就不同，打折多的不一定是最便宜的；每个代理商只代理几家公司的保险，建议先选合适的保险公司，再决定在哪家代理商处办理；代理商高度推荐的保单，可能是对代理商佣金最高的保单，不一定是最合适的保单。对于车险而言，价格重要，服务更重要。拿到保单后，最好与保险公司确认一下保单的有效性和有效期。

（2）亲自到保险公司投保

所有保险公司都有对外营业的窗口，相对而言，中国人保、平安保险、太平洋保险三家国内最大财产保险商，自己的营业网点可能更多一些，投保人可以选择适合的保险公司，花上一些时间亲自去办理保险。

（3）电话投保

所有保险公司都开通了专门的服务电话，保险公司有专门的客服人员接听你的电话，解答在车险业务中的所有问题并协助办理投保手续。

（4）网络投保.

保险公司设立专门的网站，提供网上投保，该种投保方式自主选择性强，对于一些老驾驶员，该买什么险种已经很熟悉了，可以采取网络投保的方式，省去了人工费用，价格比较优惠。

10. 如何选择合适的保险公司?

（1）选择保险公司

像中国人保、平安保险、太平洋保险等这些比较大的、全国范围内都有业务的公司，其特点是理赔的标准比较高，理赔过程也相对快一些，而且很多情况下能按照4S店的维修费用赔给客户。因此，如果你的车是新车、车价相对较高，并且你对于维修质量有比较高的要求，那么，建议你选择大公司，而且最好就在你买车的4S店投保，这样能比较好地满足维修与理赔方面的要求。因此，再次提醒投保车主，要尽量选择网络完善、服务体系完整的公司。

对于经常驾车外出或需要跑高速的车主来说，最好选择规模较大的保险公司。因为这样的保险公司在全国各地都有分公司，网点比较健全，车主万一在外地出交通事故，可即时在当地办理定损、理赔等业务。

小公司的特点与大公司正相反，一般来讲它们的赔付额度不如大公司，定点维修厂的水平也不如大公司，而且有时候服务质量不够可靠，但通常费率会比较低（账面上费用不一定低，但折扣较大）。

（2）要考虑险种价格

如果你明白了保费的理算原理，就容易选择了。简单介绍一下，保费=纯保费+附加保费，纯保费就是一辆车无论在哪个公司投保，出险概率是一样的。也就是说无论哪个保险公司，纯保费都是一样的，附加保费受各保险公司的经营水平影响。由此可以理解，为什么同一个险种在不同的保险公司价格不一。这是因为，低的价格既可能来自于财力雄厚的保险公司，也可能来自于对被保险人的合法索赔经常拖延甚至拒绝赔付的保险公司，还可能来自于保险责任范围较窄的保险公司，甚至可能来自于其代理人没有受过充分培训的保险公司。

（3）要考虑保险公司的经营状况

投保人需要考察保险公司的偿付能力和财务状况。投保人一般可以依据保险监管部门或权威评级机构对保险公司的评定结果来了解保险公司的偿付能力。如果评定等级越高，则表明该保险公司的偿付能力越强。目前，我国的消费者可以通过保监会网站、《中国保险报》等保监会指定的信息披露报纸、各保险公司的网站来获得此类信息。

（4）考虑服务质量

投保人选择保险公司时，要从两个方面了解其服务质量：一是从其代理人获得的服务，考察其服务质量的同时也可以检查其是否专业；二是从保险公司本部获得的服务。从前者的服务质量，可以推断保险公司对代理人的培训力度与管理水平；从后者可以考察保险公司的管理水平。

11. 如何给爱车选择合适的险种?

汽车的保险按照重要性分为基本险和附加险。基本险包括车辆损失险和第三者责任险。附加险主要包括全车盗抢险、车辆责任险、玻璃单独破碎险、自燃损失险、不计免赔特约险等。以下几点注意事项和窍门供参考。

（1）新手买新车可以适当“求全”

据了解，由于新手买的新车与在用车相比有一定的特殊性，因此，除了国家强制规定购买的交强险外，一些商业险种也是必要的。新手开新车，难免磕磕碰碰，发生事故的频率也相对较高，为了减少损失，建议新手买新车时可以适当“求全”。日后随着驾驶技术的熟练，可以慢慢删减险种。

（2）不计免赔险

单保车损险的话，为了提高驾驶人员的责任心，保险公司有一定比例的免赔范围，也就是说车主必须为事故责任承担部分损失，自己为事故最终损失的一部分买单。买了不计免赔险的话，就可以让保险公司全额赔付了。

因此，建议消费者在为新车购买车险时，应给车损险与第三者责任险分别投保不计免赔险，使理赔权益最大化。

（3）新车要买划痕险

一般来说，新手对于新车的车身最为关注，车辆即使出现很细微的划痕，车主也会很心疼，而2年之后，即使有点小的剐蹭，车主可能也不在意了，因此建议车主为新车投保划痕险。

另外，如果车辆经常跑高速公路，或是经过的路段比较复杂，容易剐蹭或出现人为划痕，都需要投保划痕险。仔细算算，车身侧面由于出现划痕需要重新喷漆至少需要1500元，投保了划痕险，这笔钱就会由保险公司买单。

（4）新车不必买自燃险

汽车自燃一般是因线路老化或短路所引起的，所以，新车在2～3年内不必投保自燃险。厂家对新车因电路等原因导致的自燃也有质量担保，前提是车主不做电路改动。

最后说明一点，车险按需购买，交强险必买，商业险不必都买。

12. 家用轿车的年均养车费用需多少？

这个问题主要是提醒那些“买得起用不起”的准车主们，在买车之前先预算一下自己的存款是否能够养得起一辆车。假设欲购买一辆10万元的家用轿车，8年后换车，费用如下。

第一次投入：按家用车10万元预算，加上购置税、其他小饰件等1万元，约11万元。

每年的支出：

保险：每年保险按4000元计。

油钱：开车就得耗油，假设每月行驶1500km（不同的省市，不同的用车方式，每月行驶里程有差异），油钱每月约800元，1年约1万元。

保养费用：每月行驶1500km，1年需保养2次，车辆品牌、保养项目有所不同，按每年1000元计。

过路桥费：每年总要跑几次高速（回老家、外出旅游等），按每年1000元计。

停车费：现在各大城市停车越来越难，收费越来越贵，按每月150元计，1年约1800元。

每年的支出共计：4000+100000+1000+1000+1800=17800（元）。

平均每月养车费用：17800/12=1483.3（元）。

车辆维修费用：前3年车辆状况较好，维修费较少。随着车龄的增加，车况越来越差，维修费开始增加。1～3年内按每年500元计，4～6年内按每年1000元计，7～8年内按每年2000元计。8年的维修费用=500×3+1000×3+2000×2=8500（元）（不同的人用车会导致这部分费用相差较大）。

假设你的车8年后卖掉，二手车价值1.8万。测算一下，8年中买车和用车花费=11+1.78×8+0.85−1.8=24.29（万元）。

8年内买车和用车修车总花费24.29万元，平均每年花销约3.03万元，平均每月支出3.03/12=0.253（万元）。

也就是说，你得每月掏出2530元用在你的“车”上。

13. 如何选择汽车的品牌？

目前，国内几乎可以见到全世界各大品牌的车辆，各有特点。此问题不带有任何贬低任一品牌的主观观念，如有冒犯之处，请谅解。

（1）日系车

日本是个岛国，国土面积小，所以日系车不管什么级别，尺寸一般会比其他系列的车小一号，而且受制于能源进口依赖，日系车在新能源技术上从20世纪90年代年前开始就处于遥遥领先的地位，节油技术和轻型材料运用能力强；装配工艺和选材比较细腻。虽然产品更新速度快，但在内外观设计方面的表现比其他国家差很多，动力系统技术老套，不喜欢采用激进的多媒体技术，车型产品几乎都很保守。

日系车品牌代表：丰田、本田、日产、马自达、铃木，商标如图2-1所示。

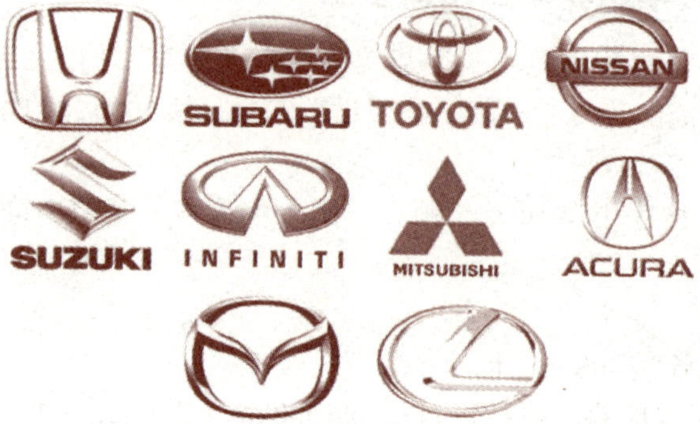

图2-1　日系车品牌代表

家用代表车型：轩逸、马自达、汉兰达、飞度、骐达、尼桑阳光、威驰等。

优点：日系车性能整体不错，故障率低，油耗低，节能经济，性价比高，车体自重不大，乘坐比较舒适，内饰精致美观，隔音效果好。

缺点：减振偏弱，从外观上看日系车比较轻薄，包括车皮和结构等，有人感觉安全性能低，可能因为造车理念不同，如考虑国土面积狭小、车速限制等因素。但是日系车并没有人们所言论的那么极端，全球主要国家和地区（欧洲、美国、日本、中国）的碰撞安全测试，日系车都拿到了非常好的成绩。中国C-NCAP的碰撞测试，有7款车拿到了超五星的成绩，其中有4款车是日系车，从这个比例来说，日系车的整体安全性也并不差。

（2）德系车

德国人做事很刻板，所以他们的车在工艺质量和选材控制上是一流水准（指欧洲市场）。因为欧洲特别是德国有非常严格的碰撞测试标准，德系车比较注重新的行车技术和主被动安全设施的使用，人机工程学设计与日系车旗鼓相当，在多媒体技术开发上处于领先地位。但在海外市场上德系车标配舒适性配置少，而选配价格非常高。由于“老三样”（捷达、富康、桑塔纳）中捷达和桑塔纳的市场表现优异，德系车给国人留下了很好的印象：皮实耐用。

德系车品牌代表：大众、奔驰、宝马、奥迪、保时捷，如图2-2所示。

家用代表车型：捷达、朗逸、速腾、高尔夫、桑塔纳、宝来等。

优点：由于进入我国市场较早，并且树立了良好的形象和口碑，近几年，德系车在我国可谓是地位稳固，依靠“南北两个大众”的抢眼表现，赚得盆满钵满，利

图2-2　德系车品牌代表

润屡创新高。做工延续德国传统——严谨，质量保证体系使用的是世界上最严格的康采恩标准，对产品的质量追求完美无缺，大多数车型设计标准为30万千米无大修，技术先进，底盘扎实，安全系数高。

缺点：售价偏高（比相同配置的其他车系高将近两成），养护费用高，与同级别车系相比配置相对简陋，德系车烧机油是老问题（德系车最近几年在国内质量有所下降，市场美誉度有所降低）。

（3）美系车

美国地广人稀，发达的公路网造就美系车随意的风格。与日系车相反，美系车不管什么级别尺寸一般会比其他系列的车大一号。装配工艺和选材无论哪个级别都逊于日系车和德系车，但大都能提供更丰富的舒适性配置。纯正美系车大都注重直线行驶性能，高档车型减振设置两极分化，要么太软，要么太硬，其悬挂系统和底盘调校设置都不适合快速连续转弯驾驶。动力系统在小排量直喷涡轮增压发动机上处于落后地位，而在大排量自然吸气发动机上坚持使用老旧技术来维系传统。发动机开发都注重高功率和高扭矩输出表现，所以哪怕凯迪拉克已经用上直喷V6发动机，油耗仍然很高。

美系车品牌代表：别克、福特、克莱斯勒、林肯、雪佛兰、凯迪拉克，如图2-3所示。

图2-3　美系车品牌代表

家用代表车型：别克英朗、凯越，福特蒙迪欧、嘉年华、福克斯，雪佛兰赛欧、克鲁兹等。

优点：美系车豪华、大气，外形粗犷，富有“肌肉感”，车内空间大，乘坐舒适，车身自重大，受众人群较广。因为源于美国地广人稀，乡村公路很多都是六车道，而且进口油价又被美国政府控制得很好，所以可以充分体验大扭矩所带来的推背感和强悍的通过能力，而将油耗放到其次，发动机一般都是排量很大的自然吸气发动机，而自然吸气发动机有着加速非常线性、发动机高转速时会发出澎湃的声浪等独特的魅力。在经历过2008年金融危机后，此状况有了很大的改观。

缺点：油耗属于同级别车中最大的，虽然现在有了改观，但是美系车的油耗总是比其他车系大一点儿。另外，虽然美系车整体感觉豪华、霸气，但是在一些细节上的做工往往不是那么细致。

（4）法系车

法国是艺术气息浓厚的国家，所以法系车的造型设计都不按常理出牌，产品设计感偏科幻化。法系车大都小巧灵活，底盘和悬挂调校得很激进，所以走街串巷的能力胜过其他系车。但法系车在工艺、装配和选材应用上略差，人机工程学设计也不完美，提供舒适性配置方面比德系车逊色，而售价却与德系车差不多，选配能提供的装备不如德系车多。

法系车品牌代表：标致、雪铁龙、雷诺，如图2-4所示。

图2-4　法系车品牌代表

家用车代表车型：标志307、408，雪铁龙世嘉、爱丽舍、C4等。

优点：延续了法国的传统浪漫格调，功能设计非常人性化，总体来说，车整体成绩平庸，适合家用。

缺点：法系车所选用的发动机等，虽然质量比较好，但是发动机及变速箱技术等比较老旧（近2年有所改观），价格也不算低，因此性价比不那么高，并且很多人性化的设计不为我国消费者所认同。

（5）韩系车

韩系车最大的优势是性价比高，这是大家公认的。一般人认为性价比高是指韩系车配置多而价格不太高，其实韩系车的性价比高应该还包括几个方面：一是安全性，似乎很少人会认为韩系车安全，但事实是碰撞试验往往也能达到高标准，比较可信；二是韩系车省油，当然不是第一名，但经常是第二名，这和车身轻是分不开的。美国每年一度的油耗指标也证明韩系车比美系车省油，但优势并不比其他车大多少。

韩系车动力不差。现在现代、起亚的发动机、变速箱都研制出来了。虽然两车用同种发动机、同种变速箱，但这个价位还不容易找到动力性能超过它的车。但是，韩系车的动力也许在设计上有毛病，无论是劳恩斯（进口车），还是索纳塔，尽管标称动力很大，但与日系车、德系车相比，速度总是先落后再慢慢追上来，很奇怪。在低转速宁静性较为突出的情况下，高转速的声音比较差。

韩系车的外观造型在近10年有了突飞猛进，从形体上、空气动力学上都有了长足的进步。

韩系车品牌代表：现代、起亚等，如图2-5所示。

但是，韩国车的驾驶感仍然比不上欧洲、美国、日本高级车，这与车身轻和底盘设计有很大关系；韩系车的车漆不够鲜亮，漆质软，美观程度稍差；品牌知名度不高。

图2-5 韩系车品牌代表

家用代表车型：现代朗动、伊兰特、索纳塔，起亚K5、K2等。

优点：价格便宜，配置丰富，既有漂亮的外形和内饰，又有大空间，低油耗，这些也是韩系车一贯的竞争手段。

缺点：毕竟韩系车的发展时间比较短，所以底盘技术和调校比起德系车、日系车、法系车和美系车还是有比较大的差距。家用日常代步你可能会觉得质量不错，但是如果你稍微把它推向极限，比如说经常走烂路，或者追求驾驶乐趣，它的耐用性就会出现问题。

（6）国产车

目前国产车的整体设计、制造水平比欧系车、日系车落后约10年，突出表现在三大系统设计能力的不足（车身、底盘、发动机），缺乏自主知识产权的优秀产品，所以国产车在市场上竞争，往往只能拼性价比，依靠低价高配来吸引消费者。

总体来说，国产车的整体设计能力、车的质量都低于欧系车、日系车。但国产车阵营里后起之秀也不少，例如吉利、长城、奇瑞、长安，整体实力和造车质量都在进步。

国产品牌代表：吉利、长城、奇瑞、长安，如图2-6所示。

图2-6 国产汽车品牌代表

家用代表车型：吉利博越、帝豪，长城哈弗H2、H6，长安CS75等。

近几年国产车发展迅猛，在外观设计和做工用料以及配置上已经发展到了可以与合资车相媲美的阶段，但总体上还是处在大毛病没有，小毛病不断的阶段。不过凡事都有个过程，等到国产车质量和性能可靠之时就是国产车真正崛起之时，作为中国人也应该为自主品牌加油。

关于选车买车，任何人都想买一辆经济实用、外观漂亮大气、质量可靠价格又低的车，但是没有完美的车，只有适不适合自己的车。决定买一辆车之前，弄清楚自己最需要什么，是动力？还是空间？还是外观？还是只需要一辆耐用可靠的家用代步车？这才是最重要的。

可以听听身边“有车一族”的朋友的建议，再根据自己的综合情况（经济收入、车辆用途、驾车喜好等）和看中的车辆的侧重点（安全性、舒适性、经济性、外观性），选择某一系的车，最后选择某一品牌。

14. 买新款车型还是成熟车型？

新车上市，在传承各自车系里优秀“基因”的同时，不断完善自身，扬长避短，突破自我，以进一步抢占市场份额，也就是在延续经典的同时，带来了外观配置的全新换代升级。新车上市，必然给老旧车型一定的打压。

根据个人的性格及爱好，一般年轻人或者追求时尚的人，负有冒险精神，敢为人先，追求新技术，引领新潮流，会选择刚上市的新款车型。

中年人往往有怀旧情结或者说有固化思维，如果一款产品的整体口碑比较好，那么很多消费者在新款产品上市之后，依然会选择购买老款产品。

例如，经典老车——捷达和桑塔纳，当然我们说的是全新设计之前棱角分明（楔形）的造型，那两款车型给很多人的感觉就是皮实耐用，基本属于开不坏的车型，而随着新款上市，产品设计开始沿用大众的“套娃战术”，一时间没了特点。即使在新款上市之后，还能看到很多消费者到处求购新的经典老款车型，理由很简单，这两款车虽然看起来没有新车型那么时尚，但却是最能给人安全感的大众车。这也说明，对于一些消费者来说，老款车给人们灌入的某些思维确实一时间很难被改变，对于老款车的喜爱也是如此。

当然对于很多进入我国市场的合资品牌来说，动辄改款减配也是一个大问题，这一点在大众身上表现的比较明显。虽然每次改款产品售价都在降低，但是各种配置却能省就省，让一些消费者对这个老牌德系品牌又爱又恨，一些人就选择了退而求其次，选择老款车型。

还有一点，相比于新款车型，厂商和经销商为了尽早腾出资金和渠道空间，都会在新款上市之后，对老款产品采取降价促销的策略，以尽早实现新产品的铺货和售出，所以一些预算有限或讲求实用的消费者对于这样的机会可不愿放过，能以一个比较称心的价格买到一款和改款之后相差不是非常大的车型，其实也是可以接受的。当然，如果是一款畅销车型，新老款的差距不会很大，比如新老轩逸、新老朗逸、新老捷达等，所以在有优惠的情况下购买老款车也是一个不错的选择。

15. 如何根据自己的购车用途选择车型？

为什么要买车？看到别人有车了，自己没车对不起自己的面子？上班有点儿远，为了代步？还是节假日外出自驾游？买车首先要明确自己的购车用途，才能根据用途选择一款适合自己的车。

（1）家庭第一辆车，多用途

国人家庭第一辆车多是三厢车，有人说国人喜欢面子，喜欢大车，有一定道理，但不完全正确。家庭（是家庭，不是个人）第一辆车就应该买三厢车，理由是，由于整个家庭就一辆车，家庭的一切外事活动都要靠它。这辆车不仅要代步，还要接送孩子、负责购物、外出郊游、回老家看看父母等，需要较多的座位、较大的空间、适当的动力、经济的价位，因此，建议家庭第一辆车还是买三厢车。

（2）上下班代步工具

现在城市很多家庭已经购买或计划购买第二辆车了，夫妻二人各自一辆代步车。由于是上下班代步，绝大多数的时间里都是自己一人在车上，这时候车辆就没必要太大，更不需要SUV、MPV之类，就像自行车、摩托车一样，只是买个交通工具满足个人上下班代步需求，普通的轿车足够，甚至两厢车更好，法国、日本满大街的代步车都是两厢的小车。

（3）喜欢郊游

当你有了一定的经济基础，甚至家里已经有了一辆轿车，自己又喜欢节假日外出郊游，甚至喜欢远距离的自驾游，建议购买SUV或越野车，要做好跋山涉水的准备，也就是要求通过性要好，动力要充沛，底盘要高一些，空间还得大一些，自驾游时需要带各种工具，需要有个大的后备厢，这个时候即使高级轿车也不如便宜的越野。

（4）自己开公司，公私兼顾

如果是自己创业小有成就，小公司经营得有声有色，需要买个气派一些、体面一些、上档次的轿车或越野车。到机场接送客户，需要体面一些；外出洽谈业务，不能太寒酸，所以，虽然买的是私家车，由于要兼顾公司业务，所以就得下点本钱了。

（5）接送老人或孩子

如果孩子上学，每天需要接送；或者接送老人之类的事情多一些，建议买辆排量不是很大的MPV，空间大，宽敞，老人或孩子不用受罪。

（6）“发烧友”

如果你是个汽车“发烧友”，只要经济条件允许而且不违法，自己可以量力而行。

16. 如何评价汽车的安全性？

汽车安全性一般分为主动安全性和被动安全性。主动安全性，主要是指汽车防止或减少道路交通事故发生的能力。被动安全性，是指交通事故发生后，汽车具备的减轻人员伤害程度或货物损失的能力。

汽车的主动安全系统主要是在车辆有撞击危险之前可以起到防患于未然的系统，其目的是提高汽车行驶的稳定性，减少操控的偏差。如常见的防抱死制动系统（ABS），具有防滑、防锁死功能，能有效提高制动性能，防止甩尾、侧滑；电子制动力分配系统（EBD），能自动调节前、后轴的制动力分配比例，提高制动效能，在一定程度上可以缩短制动距离，并配合ABS提高制动稳定性；驱动防滑装置（ASR），可以避免车辆加速时驱动轮打滑，维持车辆行驶方向的稳定性；此外还有在车辆行驶中的稳定车辆的安全系统，如牵引力控制系统（TRC），能使汽车在各种行驶状况下获得最佳的牵引力，减少光滑路面上打滑现象的发生；电子稳定装置

（ESP），不但控制驱动轮，而且可以控制从动轮，在转向不足时，还可以校正方向，ESP系统包含ABS及ASR，是这两种系统功能上的延伸，因此，ESP称得上是当前汽车防滑装置的最高级形式；车辆稳定控制系统（VSC），它可以对因猛打转向盘或者路面湿滑而引起的侧滑现象进行控制；电子辅助制动系统（EBA），能有效降低油门踏板和制动踏板之间切换频率，这些主动安全装置已成为家庭轿车普遍装配的系统。

汽车的被动安全系统，是指在无法避免碰撞事故的情况下，只有依靠车辆本身保护车上人员，将撞击伤害降到最低的装置。车辆的钢板、车身结构、安全带、安全气囊、头枕、可溃缩的转向盘及制动踏板等都是被动安全的重要组成部分。

可能有的人觉得车皮薄就不安全，车的质量就不好，其实这是一种片面的看法，车辆的安全性不仅局限于车身钢板的厚与薄。一般来说，一辆汽车的车顶、车门和车的后尾部的钢板要相对厚一些，而车辆的前部钢板要相对薄一些，这样的设计能够最大限度地吸收撞击能量，减少对车内人员的伤害。而且随着泡沫金属的出现，承受很大的外力导致变形，当外力散去时凭着它自身的弹性可以恢复到原来的形状，既可最大限度地保护车上人员，同时又可最大限度地保护他人。

安全气囊对行车安全的作用不言而喻，当汽车发生碰撞时，车内感应模块会快速对信号做出处理，当发生碰撞的冲击力超出安全带的保护能力时，便以1/100s的速度释放气囊，使乘员的头部、胸部与较为柔软的气囊接触，从而减轻撞击对车内乘员的伤害，而且汽车安全气囊不仅仅局限于驾驶位置，驾驶和副驾驶座的安全气囊已成标配，甚至档次高一点儿的车已经配备了针对侧撞时对乘车人的头部进行保护的气帘，使汽车安全性大大提高。

行车安全不仅受驾驶操作及安全视线的影响，还与车身颜色能见度有关。心理学家认为，颜色是有进退性的，白色、黄色等浅色系比蓝色、黑色等深色系看起来要明显一些，车主就会早一点儿察觉到危险。从车身颜色安全角度考虑，建议大家购买浅色系汽车，但也要注意车辆所使用的环境，车身颜色与周围环境对比越强烈越好。

另外，车辆内饰的颜色对于行车安全同样是重要的。深色内饰在行车安全方面要远高于浅色内饰。因为深色内饰可以吸收光线，而且不易造成视觉疲劳。而浅色内饰不但不能够吸收光线，并且会将光线折射到前挡风玻璃上，使驾驶员视觉混乱，很容易造成视觉疲劳，增加安全隐患。

17. 怎样评价汽车的使用经济性？

购车只是用车的开始，购车款也只是汽车消费的“首付”。只要买了车，以后的“月供”还是一笔不小的支出，保险费、燃油费、保养费、检测费、维修费等，一点儿都不能少。汽车经济性的高低也就是指“月供”的高低。

（1）汽车的质保期限与养车费用

按照市场惯例，商品售出后都有一定的质保期，出现质量问题后要由制造厂家负责赔偿。但汽车不同于其他商品，它在质保期内必须进行一定的保养维护。在质保期内，只要车主在规定的使用条件下使用，由于制造、装配及材料质量问题所造成的各类故障或零部件的损坏均由厂家提供无偿维修或更换相应零件，因此，质保期的长短对养车费用非常重要。

汽车厂家一般会给出行驶时间和行驶里程两个质保期的限定条件，多数厂家规定为2年/6万千米，以先到者为准，现在不少车企为了促销，当然也是出于对自己产品质量的自信，已将质保期延长到3年/10万千米，甚至个别车企推出5年/10万千米的质保期，可让车主省下一笔不小的保养维护费用。

（2）维修保养的费用

据市场调查，汽车的终生使用费用和车价基本相当，也就是说10万元买的车，在使用它时你还要花费差不多10万元。在这10万元使用费中，主要是油费、各种税费和保养维修费，这其中还不包括由于责任事故而造成的车辆损坏的修理费。在有良好驾驶习惯的前提下，如果油费花得越多，说明你对汽车的使用率越高，而各种税费是车主无法控制的，因此，只能在保养维修费上想办法进行节省。

其实，当你将汽车买回家后，它的保养维修费也基本上确定了。因为厂家早在使用说明书中就规定了行驶多少千米后必须进行保养和维护，而每次在4S店保养的价格也确定了，基本上无从选择或控制保养费用的高低，除非不在4S店进行保养和维修。因此，要想减少保养维修费用，必须从选车购车时下手。

保养维修费用与两大因素有关：一是保养周期；二是单次保养费用，最终看平均到每千米上的费用是高还是低。保养周期都在使用说明书中有详细说明，各品牌车型不太一样。一般来讲，法系车的保养周期比较长，像雪铁龙和标致规定为1.5万千米保养1次；而德系车的保养周期大多为7500km；最短的可能是日系车和韩系车，一般为5000km保养1次。然而，好像越是保养周期长的车型，其单次保养费用却往往较高，这样往往给人错觉，认为日系车的保养费用较低。其实，最好的办法是平均到每千米上的费用更实际。即使每千米平均费用一样，但保养周期长的车型在保养上也较有优势，因为至少可少跑几次4S店，可节省不少时间。

（3）汽车的油耗

汽车的理论油耗是指汽车按照一定的测量条件和方法在实验室中测量出来的，一般用“L/100km”表示，也就是行驶100km所消耗的燃油量。

2010年以前，我们说的理论油耗都是指90km/h等速行驶状态下的油耗。

工信部规定，从2010年1月1日起，所有最大设计总质量在3500kg以下的乘用车和轻型商用车在销售时都必须粘贴汽车燃料消耗量标识，并标注市区、市郊、综合三种工况的油耗，进口车也包括在内。

理论油耗也是衡量汽车燃油经济性的最重要的指标。

汽车的实际油耗是指在实际使用中汽车的油耗多少，实际油耗是在不断变化的。即使同一个人驾驶同一辆车，行驶同样的路段，其每次油耗也不一样，因此实际油耗只能是个大约数。

汽车的实际油耗与个人驾驶习惯和行车条件的关系重大，如果你在实际使用当中发现与理论数据不相符，不要大惊小怪，油耗不仅仅与汽车本身性能有关，也与你的驾驶方法以及当时的交通环境有关。

（4）二手车的保值率

目前有不少车主在买车后3～5年内，就想换车。于是，市场上出现这样的现象：当年同时买的相同价位的车，可当二手车卖出时价格高低则出现差距，因此有人提出将二手车的保值率作为选购新车的标准也有一定的道理。

所谓保值率，指的是某种车型在使用一段时间后的易手价格与原始购买价格的比率，它取决于汽车的品牌、车型、性能、价格、可靠性、配件价格、市场保有量以及维修的便捷程度等多项因素，是汽车综合水平的体现。

一般来讲，保值率高的车型共有三种。第一是具有较高品牌价值的车型；第二是市场上保有量大的车型；第三是经典车型，用户忠诚度高，从不缺少购买者。

有不少喜欢德系车的老司机，尤其是大众品牌的经济型车，除了喜欢德系车的自身特点外，还有一个重要因素就是它的保值率较高，如捷达、桑塔纳等，它们在国内的保有量极高，配件便宜、维修方便、费用也低。

（5）新车的故障率

新车的故障率是调查得来的，而且因“新车”的定义不同而有多种调查法，一般以一年的车型为“新车”，在此期间产生的故障一般与汽车制造有关，而使用时间较长后，受车主的保养维护、驾驶习惯等因素影响较大。新车的故障原因主要有以下几个方面。

① 车型设计因素。汽车在设计时可能就存在不太合理的地方，也就是存在设计瑕疵，尤其是一些模仿、拼凑的车型，由于车企本身设计能力低，车的主要总成如发动机、变速器、车桥、车身等，都是在市场上选配的，这些主要总成之间的匹配很可能不合适，当高速行驶时难免会出现质量问题。

② 部件和用料问题。一些经济型汽车为了降低制造成本，往往选择价格低廉的材料，选择材质差的配套部件，车辆使用时间稍久一些就会出现各种问题。

③ 装配问题。车企流水线工人装配水平的高低直接反应企业的生产管理水平，从做工精致度评价上即可看出其装配质量，但更危险的可能还是你看不到的问题，他们对新车故障的影响可能比那些你能看到的问题危害更大。

18. 怎样评价汽车的动力性?

动力性是汽车首要的使用性能指标。汽车必须有足够的牵引力才能克服各种行驶阻力，保证车辆能够以尽可能高的平均速度正常行驶。

汽车的动力性可用下面三个指标进行评价。

（1）最高车速

指在无风条件下，在水平、良好的沥青或水泥路面上，汽车所能达到的最大行驶速度。按我国的规定，以1.6km长的试验路段的最后500m作为最高车速的测试区，共往返4次，取平均值。

通常所谓的最高车速与理论最高车速（指发动机在最佳状态所发挥的最佳成绩，仅限于理论）并非一回事。

（2）汽车的加速性能

汽车的加速性能包括汽车的原地起步加速时间和超车加速时间。

① 原地起步加速时间 原地起步加速时间，又叫原地换挡加速时间。它是指汽车从静止状态下，由第一挡起步，并以最大的加速强度（包括节气门全开和选择最恰当的换挡时机）逐步换至高挡后，达到某一预定的车速或距离所需要的时间。目前，常用从车辆静止加速到100km/h所需的时间（秒数）来评价，数值越小，加速性能越好，也就是俗称的提速快。

② 超车加速时间 行驶中的汽车由某一车速开始，用最高挡或次高挡全力加速至某一高速所需要的时间，用来表示汽车超车时的加速能力。目前常用50～110km/h所需的时间（秒数）来评价。汽车加速时间，对提高汽车的平均行驶速度有一定影响。特别是在行车途中常常要以最大的加速性来处理相关的紧急情况，比如在交叉路口起步的瞬间，在高速公路超越车辆的时候都能体现出加速性的重要性。

（3）汽车的爬坡能力

汽车的爬坡能力指汽车满载时在良好路面上用变速器最低挡所克服的最大坡度，其评价参数为坡度百分数或坡度角。

19. 怎样评价汽车的舒适性？

很多人认为好的家庭轿车的标准就是舒适性要高，毕竟买车是为了享受，而不是为了受罪。驾车是为了给工作和生活带来方便及愉悦。

汽车舒适性包括汽车平顺性、汽车噪声、汽车空气调节性能、汽车乘坐环境及驾驶操作性能等，它是现代高速、高效率汽车的一个主要性能。

（1）汽车平顺性

汽车平顺性是指汽车在一般行驶速度范围内行驶时，避免因汽车在行驶过程中所产生的振动和冲击，使人感到不舒服、疲劳，甚至损害健康，或者使货物损坏的性能。由于平顺性主要是根据乘员的舒适程度来评价，所以又称为乘坐舒适性，它是现代高速汽车的主要性能之一。

汽车平顺性的评价指标如下。

① 客车和轿车采用“舒适——降低界限”，当汽车速度超过此界限时，就会降低乘坐舒适性，使人感到疲劳和不舒服。该界限值越高，说明汽车的平顺性越好。

② 货车采用“疲劳——工效降低界限”，在此界限内，驾驶员能够正常进行驾驶，保持较高的工作效率；如果超过此界限，驾驶员就会感到疲劳，工作效率降低。

（2）汽车噪声

汽车噪声问题包括两个方面：车内噪声和车外噪声。前者影响车内乘客，后者影响车外环境。汽车行驶在道路上时，内燃机、喇叭、轮胎等都会发出大量的人类不喜欢的声音，这些噪声严重影响人的身体健康。高速行驶中的汽车车外噪声主要是轮胎触地噪声和风噪声，车内噪声主要是车体结构的振动和附面层噪声。我国国家环境保护总局和国家质量监督检验检疫总局于2002年1月4日联合发布了GB 1495—2002《汽车加速行驶车外噪声限值及测量方法》强制性标准，为治理汽车噪声污染提供了有效的控制手段，对完善我国的汽车噪声标准体系将起到积极的推动作用。

（3）汽车空气调节性能

① 温度指标　人感到最舒服的温度是20～28℃，超过28℃，人就会觉得燥热；超过40℃，即为有害温度，会对人体健康造成损害；而低于14℃人就会觉得冷，当温度下降到0℃时，会造成冻伤。因此，用空调控制车内温度夏天在25℃，冬天在18℃，以保证驾驶员正常操作，防止发生事故，保证乘员在舒适的状况下乘车。

② 湿度指标　人觉得最舒适的相对湿度为50%～70%，所以汽车空调的湿度参数要控制在此范围内。

③ 空气的清新度　由于空间小，乘员密度大，在密闭的空间内极易产生缺氧和二氧化碳浓度过高。汽车发动机废气中的一氧化碳和道路上的粉尘，野外有毒的花粉都容易进入车厢内，造成车内空气浑浊，影响驾乘人员身体健康。这样汽车空调必须具有对车内空气过滤的功能，以保证车内空气清新度。

④ 除霜功能　由于有时汽车内外温度相差很大，会在玻璃上出现雾式霜，影响司机的视线，所以汽车空调必须有除霜功能。

⑤ 操作简单、容易、稳定　汽车空调的操作必须做到不增加驾驶员的劳动强度，不影响驾驶员的正常驾驶视线。

（4）汽车乘坐环境

乘坐舒适性主要指车内空间的大小和各乘坐部分之间的方便性。

汽车空间大致分为前排空间、后排空间和后备厢空间三个部分。其中前排空间又分为头部空间、腿部空间、乘员间距离、高度、宽度、座椅尺寸等10余项。汽车舒适性对比如图2-7所示。

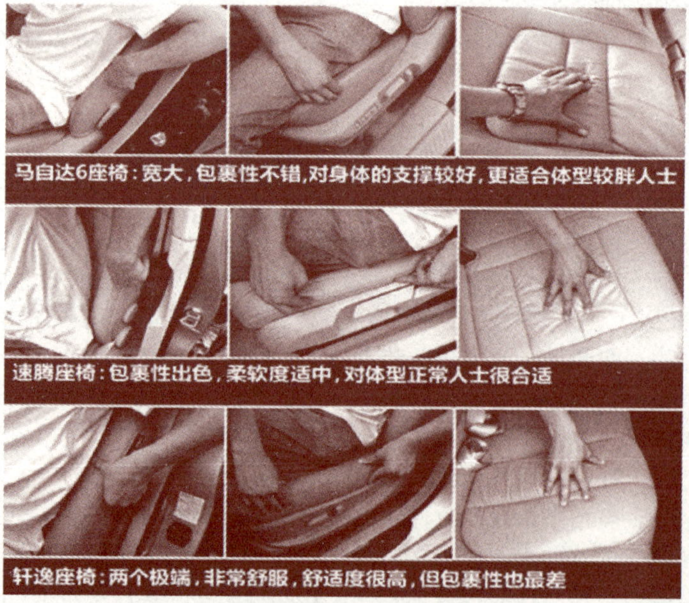

(a)座椅舒适度与包裹性对比

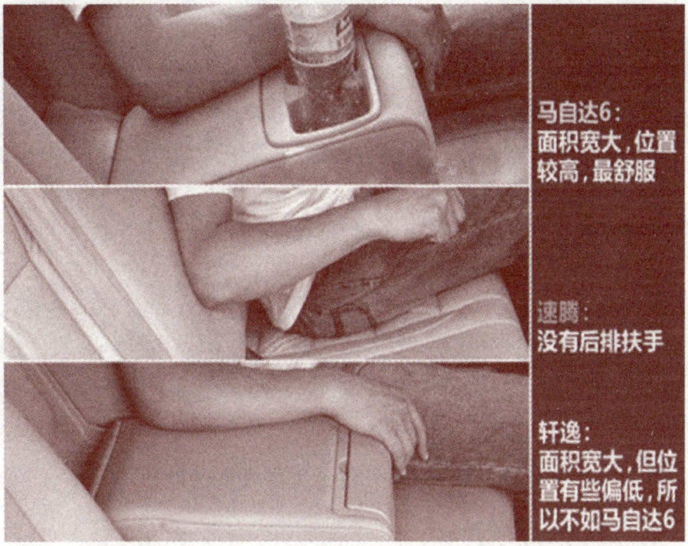

(b)后排中央扶手对比

图2-7 汽车舒适性对比

① 座椅。长、宽、高、调整；椅垫包容性。

② 视野。前后挡风玻璃、后视镜、仪表台显示。

③ 前排头部、腿部空间，坐垫、靠背。

④ 后排腿部、头部空间，坐垫、靠背。

⑤ 地板高度。

⑥ 后备厢的易用性。

（5）驾驶操作性能

汽车的驾驶性能可以考虑以下因素。

① 是否具有对应的该级别的车及发动机应具备的充足动力。

② 车辆各部件对驾驶员动作的响应是否良好（灵敏）。

③ 是否能维持各种工况下可能低的油耗。

④ 污染物排放能够满足排放法规的要求。

20. 如何选择汽车的外观造型？

（1）汽车外观发展过程

如图2-8所示为汽车外观造型的发展过程。

① 马车型车身（19世纪末至20世纪初） 19世纪末，人们把当时最快的交通工具——马车，作为汽车造型的最佳参照，所以汽车外形基本上沿用了马车的造型。

② 箱型车身（20世纪初至30年代） 马车型车身的汽车很难抵挡风雨的侵袭，并且安全性和舒适性并不高，人们开始考虑为车身添上顶篷，装上门和窗，这样的车身很像一个箱子，因此被称为箱型车身。

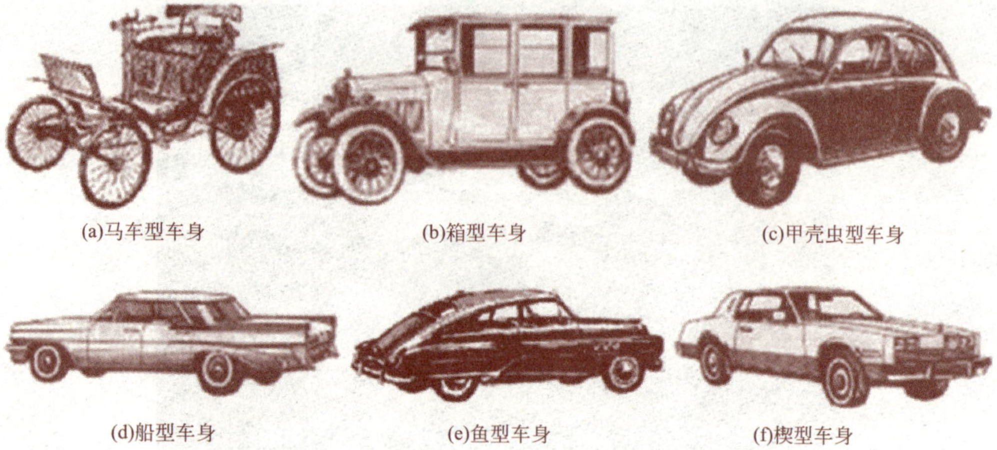

(a)马车型车身　(b)箱型车身　(c)甲壳虫型车身

(d)船型车身　(e)鱼型车身　(f)楔型车身

图2-8　汽车外观造型的发展过程

③ 甲壳虫型车身（20世纪30～50年代）　随着汽车的发展，车速也变得越来越快，但箱型车身阻力较大，从而大大妨碍了汽车前进的速度，人们发现，圆滑线条外形的车身能大大降低汽车行驶因空气产生的阻力，1933 年德国的类似甲壳虫外形的汽车便成为这类车型的代表作。

④ 船型车身（20世纪50～60年代）　甲壳虫型车身造型实现了降低风阻的问题，但却未能解决汽车对横风不稳定的难题，因而船型车身设计由此应运而生，使前翼子板和发动机罩，后翼子板和后备厢罩融于一体，大灯和散热器罩也形成一个平滑的面，车室位于车的中部，整个造型很像一条小船。船型车发动机前置，汽车重心相对前移，而且加大了后备厢，使风压中心位于汽车重心之后，所以遇到横风就不会摇头摆尾。

⑤ 鱼型车身（20世纪60～70年代）　船型车快速行驶时会产生较强空气涡流，为克服这一缺陷，人们把车后窗玻璃逐渐倾斜，倾斜的极限即成为斜背式，由于斜背式汽车的背部像鱼的脊背，所以称这类车为鱼型车身。这类车的背部和地面的角度比较小，尾部较长，围绕车身的气流也比较平顺，涡流阻力也较小。可是，鱼型车身由于后窗玻璃倾斜太甚，面积增加2倍，强度下降，产生结构上的缺陷；此外对横风的不稳定性也是其中一个潜在的缺点。

⑥ 楔型车身（20世纪70年代至今）　为了从根本上解决鱼型车身的升力问题，将车身整体向前下方倾斜，车身后部像刀切一样平直，从而有效地克服升力，另外这种造型从后面和侧面看都像2 个相扣的梯形，因此称这种车为楔型车身。楔型车身对于目前所考虑到的高速汽车，已接近理想造型。现在世界各大汽车生产国都已生产出带有楔型效果的轿车，这些汽车的外形利落、简洁、大方，极富现代气息。

（2）选择汽车的外观造型

流线型车身可以减小风阻系数，节省油耗，节省开支，同时流线型车身设计使汽车的外观更加精美，符合现代汽车设计美学的审美。

21. 汽车的颜色有何讲究?

（1）颜色与安全

心理学家认为，视认性好的颜色能见度佳，因此把它们用于轿车外部可以提高行车的安全性。视认性主要与下列因素有关。

① 色的进退性。即所谓的前进色和后退色。比如使红色、黄色、蓝色、绿色的轿车与观察者保持等距离，在观察者看来，似乎红色、黄色轿车要离得近一些，而蓝色、绿色轿车似乎要远一些。因此，红色、黄色称前进色，蓝色、绿色称后退色。前进色的视认性较好，安全性较高一些。

② 颜色的胀缩性。相同车身上不同的颜色，会产生体积大小不同的感觉。如黄色感觉大些，有膨胀性，称膨胀色；蓝色、绿色感觉小些，有收缩性，称收缩色。膨胀色与收缩色视认效果不一样，据日本和美国车辆事故调查，发生事故的轿车中，蓝色和绿色的轿车最多，黄色的轿车最少，可见膨胀色的视认性较好，安全性较高一些。

③ 颜色的明暗性。颜色在人们视觉中的亮度是不同的，可分为明色和暗色。红色、黄色为明色，明色的车型看起来觉得小一些、远一些和模糊一些。明色的视认性较好。

从安全角度考虑，轿车以视认性好的颜色为佳。有些视认性不太好的颜色，如果进行合理搭配，也可以提高视认性，如蓝色和白色搭配，效果就大为改善。荧光和夜光漆能增强能见度及娱乐气氛，因而被广泛用于各种赛车、摩托车等。

（2）颜色与汽车类型

① 大众化家用轿车　代表品牌或车型有大众、丰田、标致、Mini、QQ等。这类汽车颜色种类丰富多样，除了黑色、白色、灰色以外，红色、黄色、蓝色等鲜艳的、纯度较高的颜色比重较大。总体来说，颜色丰富，选择面广，集中度低。对于汽车企业而言，这部分的顾客是研究的重点，一方面因为这类汽车市场占有率高；另一方面这类汽车的消费者受到心理因素、流行因素和文化因素影响较大。

② 高档豪华轿车　代表品牌有奔驰、宝马、奥迪、雷克萨斯等，还有像丰田皇冠、本田雅阁、大众帕萨特等中高档车型。这类车公务、商务所占的比重相对较大，价格相对较高。这类车在过去几乎全是黑色的。现在，这类车型的色彩正在快速发生变化：银色、灰色、褐色和白色的比重迅速增加，不再是沉闷单一的黑色一统天下。这类车的消费者喜欢以高贵、庄重、典雅的形象示人，所以颜色主要还是集中在黑色到银色之间，很少有高纯度的颜色。

③ 运动型汽车和跑车　代表品牌有法拉利、兰博基尼、保时捷等。这类汽车面向的消费者是年轻的汽车运动爱好者，喜欢赛车和速度刺激。由于车型设计都是为了诠释速度和激情，所以颜色大多是红色、黄色、橙色等鲜艳亮丽的高纯度、高明度的颜色。

（3）汽车颜色与消费者生理和心理因素

① 年龄　一般来说年轻人喜欢运动，偏向鲜艳的颜色，为了彰显自己的个性，

红色、黄色、橙色、蓝色的选择比较多；年长些的消费者一般选择比较低调的颜色，黑色、灰色比较集中。

② 性别　女性消费者偏向鲜艳亮丽的颜色，特别是暖色比较多，多倾向红色、橙色、黄色，也有绿色；男性消费者主要选择银色、黑色、蓝色的比较多。

③ 个性　每种颜色都给人不同的感受，所以消费者各种不同的心理需求，需要不同的颜色来满足。橙色代表光明、华丽、兴奋、甜蜜、快乐；黄色代表明朗、愉快、高贵、希望；绿色代表新鲜、平静、和平、柔和、安逸、青春；蓝色代表深远、永恒、沉静、理智、诚实、寒冷；紫色代表优雅、高贵、魅力、自傲；白色代表纯洁、纯真、朴素、神圣、明快；灰色代表忧郁、消极、谦虚、平凡、沉默、中庸、寂寞；黑色代表崇高、坚实、严肃、刚健、粗莽。

④ 心理需求。

a.体现威望的个性特点　银色、黑色的车显得严肃、正式，容易满足消费者这类心理需求。

b.标志社会地位的个性特征　和衣着打扮一样，人们希望通过自己的汽车来显示和确认自己的社会地位。

c.满足自尊和自我实现的个性特征　在一定的社交环境中，如果别人选择某种颜色，或者是更高阶层的人选择的颜色，根据从众心理，也会有人追随这种颜色的汽车。

d.满足情感要求的个性特征　追求浪漫或者刺激的人，选择红色的多；性格活泼、开朗、外向的人，可能会选择黄色、橙色的汽车；安逸、平和的人选择蓝色或者绿色的汽车比较多；沉稳从容的人偏好黑色汽车。

在国内，20万元以上的中高级轿车由于公务和商务用车占比较大的消费比重，加上国内汽车消费者观念比较保守，心理上比较接受日本和德国的相对保守中庸的设计，所以黑色仍占据着最大的市场份额，显得较为高档，但又不张扬。我国选择银色和黑色的消费者占到了六成多，这意味着民众对汽车颜色的选择很单调。但有一点可以肯定，那就是都有沉稳和低调的含义，可见国人对于“稳”的追求程度。

22. 如何选择适合自己的汽车?

现在国产汽车和进口汽车大量投放市场，面对众多不同品牌、用途各异的汽车，购买者往往无从下手，特别是初次购车者，这个问题显得更为突出。其实，买车前先问自己两个简单的问题，买车是做什么用的？计划投入多少钱？只要根据自己的用途需要，从以下几个方面考虑，即可挑选到自己满意的汽车。

（1）购车用途

首先要明确购车的用途，是用来代步还是从事营业性客运或货物运输，或是两者兼顾等；城市家庭用车一般以代步为主，以方便舒适为主要考虑要素，所以轿车是首选目标。如果是从事营业性运输，如出租、客运、货运，就考虑价格低廉的汽车为首选目标。

（2）经济实力

购车前自己一定要先做一个预算，也就是打算买多少钱的车，最多不能超过多少钱，能买得起哪个等级的车。一般来说，汽车等级与汽车售价成正比，等级越高售价也会相应增高。不顾自身经济实力，盲目追求高等级汽车，或者只考虑汽车价格便宜，忽视汽车的可靠性、使用性能、维护费用等，都是不可取的。

（3）动力性

汽车的动力性通常是用汽车最高行驶速度、加速时间和汽车的爬坡能力来衡量的，它是汽车最重要的性能之一。对长期行驶在山区、矿山道路的汽车，要考虑爬坡能力高一些的汽车，如果这一指标性能低，会给安全行驶带来隐患；如果是城市代步，自己又不是特别追求动力性，可以根据经济实力（排量越大，动力性越强，当然价格也往往越高）选择1.4～1.8L之间的排量，这也就是为什么1.6L被称为家庭轿车的黄金排量，1.6L排量相对中庸，经济性、动力性等各种指标都能兼顾，相对均衡。

（4）经济性

汽车的经济性是指汽车燃油消耗和维护成本，燃油消耗和维护成本的高低，不但反映了汽车的整体设计水平，同时也影响到用户将来的使用费用，汽车的燃油消耗费用占汽车总使用费用的1/4左右。

（5）安全环保

雾霾的出现，着实让大家对环境的污染担心起来，汽车的安全性和环保性直接影响着人们生命财产的安全和对环境的污染程度，购车一定要注意对汽车排放污染物控制的最新规定。

（6）可靠性和维修性

汽车的可靠性是指汽车在规定使用条件下和规定的行驶里程或时间内，不发生故障的性能。维修性则指一旦发生故障后，是否能迅速排除故障和便于维修的性能。两者都是汽车质量水平的综合反映，主要和设计、制造、装配、材料等因素有关，它们直接关系到车辆使用的经济效益。汽车用户都希望自己购买的汽车在运行中不出故障或少出故障，一旦发生故障，能在短时间内加以排除。经常维修、配件销量大的汽车，说明可靠性差，所以应多花点时间多了解情况，对购车是有很大帮助的。

（7）售后服务

汽车的质量保证期如何？实行“三包”的质量如何？是否能够上门服务（譬如当车辆无法移动时）？维修配件是否供应充足？这些都是计划购车用户需要考虑的问题。一旦汽车出了故障而得不到及时维修，或因缺少汽车配件使汽车停驶，都会给用户带来诸多不便。

23. 如何选择汽车经销商？

俗话说：“诚信是金。”说的是做人讲诚信，就像金子一样宝贵。因此，买车时最好选择诚信的汽车经销商，不要贪图便宜而轻信一些不法经销商的宣传。

一般每辆车都会有厂家与经销商的双重服务作保障，但是如果选择经销商不当就只能得到厂家的一种服务。服务的缺失，势必会使你缺失一重保障，同时加重你今后的用车负担。如果你还没有确定购买哪一款车型的汽车，还是先到汽车交易市场里逛一逛，在这里你会获取许多有关购车的信息，比如车的款式、价格、售后服务等情况。

如果你已经确定了自己购买的品牌或车型，可以先到品牌专卖店去看看。品牌专卖店的系列车型较齐全，库存量大，购车者有较大的挑选余地。

如果你想得到更为便捷优质的服务，可以到汽车经销商的4S店去看看，4S店是集整车销售、零配件供应、售后服务和信息反馈四项功能为一体的汽车服务店，这种综合服务方式确实为了汽车消费者提供了便捷优质的服务，不过也有些4S店存在着服务质量差或附加条件多的问题。

24. 什么是汽车4S店？

汽车4S店是一种以“四位一体”为核心的汽车特许经营模式，包含整车销售（sale）、零配件（sparepart）、售后服务（service）、信息反馈等（survey）。它拥有统一的外观形象、统一的标识、统一的管理标准，只经营单一品牌汽车的特点。它是一种个性突出的有形市场，具有渠道一致性和统一的文化理念。简单一点儿来说，4S店就是品牌汽车专卖店，是由厂家统一设计，根据厂家的模式经营管理的。4S店的投资比较大，设立及管理都比较严格，服务比较完善。

现在国内合资汽车厂家在全国各地都设有4S店，汽车厂家直接向4S店供应整车和零配件，4S店负责销售及代表厂家进行售后服务，但4S店不允许销售其他车企品牌的汽车。

4S店是1998年以后才逐步由欧洲传入我国的舶来品，由于它与整车厂家之间建立了紧密的产销关系，具有购物环境优美、品牌意识强等优势，一度被国内诸多厂家效仿。

对于消费者来说，在二级经销商里买车，成交价可能会比4S店便宜，保修期内也是可以免费保修，因为全国各地的4S店都要代表厂家为用户提供这个服务。

25. 什么是拼装汽车？

拼装汽车是指违反国家关于生产汽车方面的有关规定，私自拼凑零部件装配的汽车。拼装汽车和改装汽车是两个完全不同的概念。拼装汽车一般都存在质量差、成本高、大多不符合安全检验及运行技术标准的问题，有的还因装配技术问题造成事故。因此，拼装汽车是国家禁止的一种非法生产汽车的行为。

关于拼装汽车的认定国家标准做了明确的表述。

① 列入国家年度汽车生产企业目录及产品目录内的汽车生产厂，另外生产未经有关主管部门鉴定批准生产的基本车型，或在已鉴定的汽车产品基础上，未经国务院有关部门或省、自治区、直辖市汽车工业主管部门鉴定批准，并报国家有关部门备案所生产的变型车和专用车。

② 国家年度汽车生产企业目录及产品目录以外生产的，未经主管部门质量监督检验中心（所）检验合格并开具证明的各种汽车。

26. 我国的新能源车型有哪些？

目前，我国已经成为全世界最大的汽车销售市场，新能源汽车产业也获得了政府的大力支持，从2009年国内“十城千辆”试点示范工程实施，到2010年6月的私人购车补贴政策实施，国家积极推进新能源汽车产业发展。2012年6月国务院召开会议，审议通过了《节能与新能源汽车产业发展规划（2012～2020年）》。根据规划，到2020年，纯电动汽车和插电式混合动力汽车累计产销量将超过500万辆；乘用车平均燃料消耗量到2020年降至5.0L/100km；新能源汽车、动力电池及关键零部件技术整体上达到国际先进水平，掌握混合动力、先进内燃机、高效变速器、汽车电子和轻量化材料等汽车节能关键核心技术，形成一批具有较强竞争力的节能与新能源汽车企业。

未来10年我国的汽车保有量会持续增加，然而能源和环境的作用又限制了我国传统燃油汽车的保有量。为了缓和消费者对汽车的需求和响应国家节能环保政策的要求，就必须增加新能源汽车的保有量，才能达到消费者与生产商对汽车需求和生产的平衡。因此，就新能源汽车保有量而言，未来我国新能源汽车发展的前景巨大。

国家工信部宣布，我国从2010年到2020年将投入超过1000亿元的资金，用于扶持新能源汽车生产，使我国成为全世界最大的新能源汽车生产国，表2-2是2011～2016年我国新能源汽车的产销统计。

表2-2　2011～2016年我国新能源汽车的产销统计

年份	产量/辆	销量/辆
2011	0.84	0.82
2012	1.26	1.28
2013	1.75	1.76
2014	7.85	7.47
2015	34.05	33.11
2016	51.7	50.7

在50.7万辆新能源汽车中，新能源乘用车为33.6万辆，其中，纯电动汽车为25.7万辆，插电式混合动力为7.9万辆。2016年新能源汽车销售前10名的数据如图2-9所示。

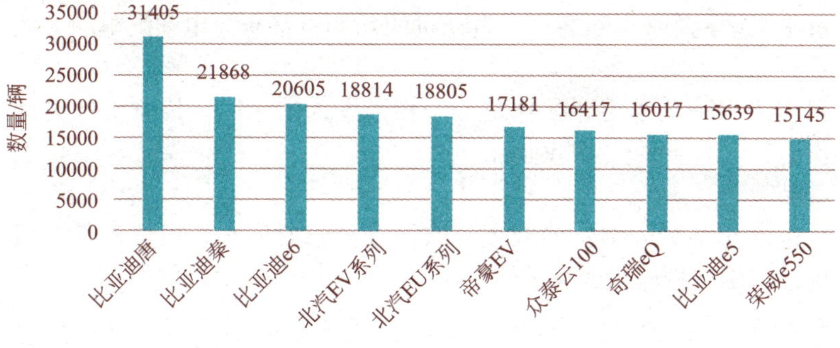

图2-9　2016年新能源汽车销售前10名的数据

目前，在我国市场上推广的新能源乘用车主要车型品牌较少，见表2-3，产品销售集中度较高。因此，未来我国新能源乘用车市场在新车型推广应用上还存在很大的发展空间。

表2-3　中国新能源汽车主要车型

整车生产企业	重点车型
比亚迪股份有限公司	秦、e6、腾势
浙江吉利控股集团有限公司	帝豪EV、全球鹰
奇瑞汽车股份有限公司	eQ电动车、瑞麟M1、艾瑞泽
众泰新能源汽车有限公司	众泰E20、云100、众泰2008
康迪电动车集团有限公司	康迪熊猫
北京新能源汽车股份有限公司	北汽E150、绅宝、北汽EV200、北汽ES210
上海汽车集团股份有限公司	荣威eRX5、荣威E50、荣威550 Plug-in
安徽江淮汽车股份有限公司	江淮同悦、和悦iEV4

27. 买一辆新能源汽车的费用

目前，国内市场能看到的新能源车涵盖了各个价位，便宜的四五万元就够了，知豆、QQ、iEV4之类，配置高档一些的20万～50万元的e6、唐，最贵的就是特斯拉了，价格在70万～130万元。

28. 选择新能源汽车时主要看哪些方面？

新能源汽车的选择与传统燃油汽车有些区别。

方法一：懂点技术的看过来

（1）看续航里程（电池）

对续航里程要求高的车主，可选择锂电池电动汽车，或带有增程功能的电动汽车，但是锂电池电动汽车售价相对较贵。对续航里程要求不高的车主，可选择铅酸电池、镍氢电池之类的电动汽车。

（2）看电动机

电动机是电动汽车3大件之一，电动机的功率直接决定电动汽车动力性能。

（3）看控制器

控制器作为电动汽车主要配件之一，相当于人的大脑，控制协调电动汽车各配件直接协作运行，其重要性可想而知。

（4）看品牌

目前，电动车品牌较多。消费者应该挑选经营时间长、返修率低、质量好、服务好、有信誉、生产规模大的品牌。

（5）看服务

由于目前各电动汽车部件尚未通用，维修还不能达到社会化，选购的电动汽车一定要注意是否在本地区有专门的维修服务部门，若图便宜而忽视售后服务，会很容易后悔的。因此，消费者在购买电动汽车时，应落实商家可提供的售后服务内容。

（6）看做工等细节

检查车辆外观、烤漆、电镀件表面以及有无说明书及“三包卡”等细节，往往细节决定产品质量的好坏。

（7）看综合性价比

了解意向车型的价格、零件配置，综合比对，锁定成交车型。

方法二：不懂汽车技术的看过来

购车之前，先做点儿功课。

（1）向现有车主请教

向身边已经买过新能源汽车的朋友请教，了解他们的购车地点、购车价格、用车体验等信息；必要的话，把这些信息用笔记下来，作为自己日后购车的参考。

（2）互联网查询车辆信息

借助互联网，查询当地出售新能源汽车的品牌或4S店有哪些，地址在哪、联系电话等信息。必要的话，可以用笔记录下来。

（3）4S店实地考察

根据前2步的准备工作，逐个考察意向范围内的品牌或4S店，并从中缩小意向的车型范围，亲自试乘试驾，并做记录。

（4）查询

根据第（3）步的记录，借助互联网查询自己记录的意向车型，进一步了解其产品信息。如有条件，可拿自己的意向车型，询问已买过该车型的朋友，听取他们的意见。

（5）锁定意向车型

相信经过以上几步准备工作，您已经锁定1～3款意向车型。

（6）最终成交

经过反复考察，比对价格、售后服务、4S店实力信誉等因素，最终确定自己要买的车型，选择一辆颜色、外观、驾乘体验等各方面相对令自己满意的新能源车型。

29. 新能源汽车的保险有哪些？

据了解，目前消费者需按照新能源汽车的开票价格投保，在保险的种类上与传统燃油汽车完全一样。在传统领域，各项保险都有一定的费率厘定标准，但新能源汽车的费率厘定并无样本可供参照，所以保险公司也只能参照传统燃油汽车投保。

购买新能源汽车的消费者投保车险时，保险公司还按照国家补贴前的价格为基准核算保险费率。2016年这一情况有所改善，保险公司在新能源汽车的保险费用上大多以补贴之后的购车价格为基准，计算保险费用。

目前，新能源汽车至少上交强险、车损险、商业第三者责任险。车险中的交强险是必须购买的，这是国家规定必须投保的，而商业车险险种的选择可由车主自身的实际情况而定，不是必须购买的。其中车损险是为车辆本身因意外事故遭受损失时提供保障的，它是基本险，同时又是附加险的基础，只有投保了车损险才可以根据自己的需要组合选购其他的附加险，所以应该投保。

30. 我国充电桩的分布情况

充电桩的功能类似于加油站里面的加油机，如图2-10所示，可以固定在地面或墙壁，安装于公共建筑（公共楼宇、商场、公共停车场等）和居民小区停车场或充电站内，能根据不同的电压等级为各种型号的电动汽车充电。充电桩的输入端与交流电网直接连接，输出端都装有充电插头用于为电动汽车充电。

图2-10　充电桩

充电桩一般提供常规充电和快速充电两种充电方式，人们可以使用特定的充电卡在充电桩提供的人机交互操作界面上刷卡使用，进行相应的充电方式、充电时间、费用数据打印等操作，充电桩显示屏能显示充电量、费用、充电时间等数据。

据统计，2016年全国新增公共充电桩10万个，已累计建成约15万个。居民专用充电桩同步增长，“随车配桩”的安装比例达80%。城际间快充站已服务1.4万千米的高速公路，站间平均距离48.6km。从重点城市来看，北京、上海的电动汽车充电平均服务半径已缩短至5km；深圳、广州等城市的公共充电网络也在迅速布局，向着“5km”的目标加快推进。巨大的数量差异一方面表明新能源汽车发展与充电桩配置还不到位；另一方面也表明市场的巨大机遇所在。

充电桩的欠缺已成为我国电动汽车产业快速发展的一大现实问题。基础设施的不足加上快速增加的新需求，也使得充电桩可能成为电动汽车产业链中确定性最高的一块“蛋糕”。国家能源局首次规划2017年新增充电桩目标80万个，其中专用桩70万个、公共桩10万个。北京、上海、广州、深圳等城市公共充电网络已具雏形。

根据国家发改委规划文件，到2020年，我国将新增集中式充换电站超过1.2万座，分散式充电桩超过480万个，以满足全国500万辆电动汽车的充电需求。

31. 充电桩建立面临的困难

（1）充电桩的分类

① 按安装方式分　可分为落地式充电桩、挂壁式充电桩。落地式充电桩适合安

装在不靠近墙体的停车位。挂壁式充电桩适合安装在靠近墙体的停车位。

② 按安装地点分　按照安装地点，可分为公共充电桩和专用充电桩。公共充电桩是建设在公共停车场（库）结合停车泊位，为社会车辆提供公共充电服务的充电桩。专用充电桩是建设单位（企业）自有停车场（库），为单位（企业）内部人员使用的充电桩。

自用充电桩是建设在个人自有车位（库），为私人用户提供充电的充电桩。

充电桩一般结合停车场（库）的停车位建设。安装在户外的充电桩防护等级不应低于IP54。安装在室内的充电桩防护等级不应低于IP32。

③ 按充电接口数分　可分为一桩一充和一桩多充。顾名思义，一桩一充就是一个充电桩只能为一辆车充电；而一桩多充是指一个充电桩可同时为多辆车充电。

④ 按充电方式分　充电桩（栓）可分为直流充电桩（栓）、交流充电桩（栓）和交直流一体充电桩（栓）。

（2）充电桩建设现状与困难

我国电动汽车充电桩市场发展还不充分，许多投资商在电动汽车充电桩建设中都遇到了或大或小的难题。电动汽车充电桩被誉为风口上的行业，面临着前所未有的机遇，然而电动汽车充电桩投入大、成本高，后期盈利一旦没有跟上，维持运营将十分困难。

电动汽车充电桩造价成本高，短期内无法实现免费充电。现在的情况是，投资商通过充电服务盈利难以回本，电动汽车车主又很反感充电服务费用，投资商只能积极需求其他盈利模式。

因为市场上各个品牌的电动汽车充电桩功率大小不一，高功率的电动汽车充电桩无法为低功率的电动汽车充电，否则将对电动汽车的电池造成损伤。同时电动汽车充电桩接口的不同也会限制前来充电的电动汽车，加剧了充电困难的压力。

电动汽车充电桩相关认知和安全使用的操作方法还没有得到有效的普及和推广，民众对电动汽车充电桩建设缺乏热情。小区物业部门更多考虑利益诉求，不愿意投入建设和改装成本高，缺少积极性；除此之外，电动汽车充电桩建设中需导入电力，过程中的审批流程周期长，延缓了建桩效率。

为了解决这些电动汽车充电桩建设中难免遇到的困境，电动汽车充电桩投建方积极联系小区物业，合作承办一些电动汽车的试乘试驾活动，普及电动汽车优势，加强民众对电动汽车的信心。另外，电动汽车的优惠政策能够快速推广布局。

“用地”和“用电”成为两道门槛，充电设施运营商建设充电站点绕不开“用地”和“用电”。建设充电站点的土地，一般是通过政府划拨或者多方合作的模式取得。电动汽车主要被城市居民购买使用，城区土地称得上寸土寸金，并且大多数土地已经规划完毕，政府部门很难划拨充电站点建设用地。因此，运营商与土地产权方合作便成为最常见的建站方式。

在目前充电站点普及度还不高的情况下，运营商主动与土地产权方合作，对于这样的合作，土地产权方往往要求利益共享。充电站点投资成本高、回收周期长，在尚未形成明晰的盈利模式前，充电服务费是生存与成本回收的主要形式。如果这部分利益被共享，将进一步压缩运营商的生存空间。

充电站建设不仅需要与物业方、电网公司合作，还离不开政府部门的支持。然而，充电站建设涉及的政府部门比较多，往往是政府规划难“落地”，且有些工作人员的业务比较生疏，这就给充电站建设带来诸多麻烦。

32. 电动汽车充电大概需要多久?

目前，国内正在大力度发展纯电动汽车，随着政府政策的大力推动，相信在不久的将来，纯电动汽车会离我们越来越近。

纯电动汽车充电方式一般有快速充电方式和慢速充电方式。快充和慢充是相对概念，快速充电方式的电流较大，可以在短时间内将电池组进行快速补电，慢速充电方式的电流比较小，充电时间较长，也是最为常规的充电方式。

电动汽车充电快慢与充电机功率、电池充电特性和温度等紧密相关。在当前电池技术水平下，即使快充也需要30min才能充电到电池容量的80%，超过80%后，为保护电池安全，充电电流必须变小，充到100%电池容量的时间将较长。

（1）慢充

交流电动汽车充电桩，俗称就是“慢充”，有落地式和壁挂式两种，都可以固定安装在电动汽车外，与交流电网220V连接，输出电压220V，额定电流16A或者32A，为电动汽车车载充电机（即固定安装在电动汽车上的充电机）提供交流电源的供电装置，适合家用、公用，充电时间需要6～8h。可安装在小区停车位、户外公共停车场等需要充电的场合。

（2）快充

直流电动汽车充电桩，俗称就是“快充”，它是固定安装在电动汽车外，与交流380V电网连接，可以为非车载电动汽车动力电池提供直流电源的供电装置。直流充电桩的输入电压采用三相四线AC380V±57V，频率50Hz，输出为持续可调直流电，直接为电动汽车的动力电池充电，按照国标规定最大电压750V，最大电流250A。由于直流充电桩采用三相四线制供电，可以提供足够的功率，输出的电压和电流调整范围大，可以实现快充的需求，30min能给小汽车充电到70%～80%的电量，一般家用小汽车或者轻客可选择20～30kW一体式直流充电桩；大巴车或者公交车可选择80～120kW分体式直流充电桩。

33. 充电桩的充电收费标准

国家发展改革委员会关于电动汽车用电价格政策有关问题的通知

发改价格【2014】1668号

各省、自治区、直辖市发展改革委员会、物价局，国家电网公司、南方电网公司：

为贯彻落实国务院办公厅《关于加快新能源汽车推广应用的指导意见》（国办发【2014】35号）精神，利用价格杠杆促进电动汽车推广应用，现将有关事项通知如下。

一、对电动汽车充换电设施用电实行扶持性电价政策

（一）对向电网经营企业直接报装接电的经营性集中式充换电设施用电，执行大

工业用电价格。2020年前，暂免收基本电费。

（二）其他充电设施按其所在场所执行分类目录电价。其中，居民家庭住宅、居民住宅小区、执行居民电价的非居民用户中设置的充电设施用电，执行居民用电价格中的合表用户电价；党政机关、企事业单位和社会公共停车场中设置的充电设施用电执行“一般工商业及其他”类用电价格。

（三）电动汽车充换电设施用电执行峰谷分时电价政策。鼓励电动汽车在电力系统用电低谷时段充电，提高电力系统利用效率，降低充电成本。

二、对电动汽车充换电服务费实行政府指导价管理

（一）充换电设施经营企业可向电动汽车用户收取电费及充换电服务费两项费用。其中，电费执行国家规定的电价政策，充换电服务费用于弥补充换电设施运营成本。

（二）2020年前，对电动汽车充换电服务费实行政府指导价管理。充换电服务费标准上限由省级人民政府价格主管部门或其授权的单位制定并调整。

（三）制定充换电服务费标准应遵循“有倾斜、有优惠”的原则，在国家及地方政府通过财政补贴、无偿划拨充换电设施建设场所等方式降低充换电设施建设运营成本的基础上，确保电动汽车使用成本显著低于燃油（或低于燃气）汽车使用成本，增强电动汽车在终端市场的竞争力。

（四）当电动汽车发展达到一定规模并在交通运输市场具有一定竞争力后，结合充换电设施服务市场发展情况，逐步放开充换电服务费，通过市场竞争形成。

三、将电动汽车充换电设施配套电网改造成本纳入电网企业输配电价

电网企业要做好电动汽车充换电配套电网建设改造工作，电动汽车充换电设施产权分界点至电网的配套接网工程，由电网企业负责建设和运行维护，不得收取接网费用，相应成本纳入电网输配电成本统一核算。

国家发展改革委员会

2014年7月22日

从国家发展改革委员会的通知可以看出，国家对电动汽车充换电设施用电实行扶持性电价政策。充电设施按性质不同、所在场所不同执行不同电价。

① 对向电网经营企业直接报装接电的经营性集中式充换电设施用电，执行大工业用电价格。不过2020年前，暂免收基本电费。此后晚上每千瓦·时电收费0.457元，白天收费0.9元左右。

② 居民家庭住宅、居民住宅小区、执行居民电价的非居民用户中设置的充电设施用电，执行居民合表用户电价。每千瓦·时电收费0.558元，没有阶梯电价，暂不分峰谷电。

③ 党政机关、企事业单位和社会公共停车场中设置的充电设施用电执行“一般工商业及其他”类用电价格。基本上每千瓦·时电收费不到0.6元，实行峰谷电价。

34. 新能源汽车的车牌

为更好地促进新能源汽车发展，更好地区分及辨识新能源汽车，实施差异化交

通管理政策，公安部试点启用新能源汽车专用号牌。自2016年12月1日起，上海、南京、无锡、济南、深圳5个城市率先试点启用新能源汽车号牌。

（1）新能源汽车的定义

新能源汽车主要包括纯电动汽车、插电式混合动力汽车和燃料电池汽车。

如果是国产汽车，可以查看《道路机动车辆生产企业及产品公告》和《机动车整车出厂合格证》是否标注为新能源汽车。

如果是进口汽车，可以查看《进口机动车辆随车检验单》是否标注为新能源汽车。

（2）号牌变绿色

为了突出绿色环保的寓意，体现鲜明特点，新能源汽车号牌式样底色以绿色为主色调，其中，小型新能源汽车号牌底色采用渐变绿色，大型新能源汽车号牌底色采用黄绿双拼色。如图2-11所示。

图2-11　新能源汽车牌照式样

新号牌采用全新的号牌字体，在号牌式样上增加新能源汽车号牌专用标识，绿色圆圈中右侧为电动插头图案，是英文字母“Electric”的开头字母“E”。

（3）号牌号码位数由5位变为6位

新能源汽车号牌号码在原基础上增加了一位。与普通汽车号牌相比，新能源汽车号牌号码由5位升为6位，如原“鲁A・D1234”升位至“鲁A・D12345”。虽然新能源汽车号牌号码升位，但采用新能源汽车号牌后，其工本费依然不变，仍执行现行国家规定的普通汽车号牌收费标准，每副号牌价格为100元。

（4）“D”为纯电动汽车，“F”为非纯电动汽车

新能源汽车号牌按照不同车辆类型实行分段管理，字母“D”代表纯电动汽车，字母“ F”代表非纯电动汽车（包括插电式混合动力汽车和燃料电池汽车等）。小型新能源汽车号牌中“D”或“F”位于号牌序号的第一位，大型新能源汽车号牌中“D”或“F”位于号牌序号的最后一位，如图2-11所示。

公安部交通管理局负责人表示，将在试点基础上，不断总结经验做法，逐步扩

大应用范围，力争2017年下半年在全国推广使用。此外，公安部还将研究改进普通汽车号牌式样，进一步提升机动车管理信息化、科学化、规范化水平。

35. 新能源汽车是否也要摇号？

根据所在地的不同政策，有的省市鼓励新能源汽车的发展，可以直接挂牌，有些地方例如北京，如果人数过多，仍需摇号。

36. 新能源汽车是否单双号限行？

目前绝大多数城市新能源汽车不受单双号限行的影响。

37. 新能源汽车是否需要驾照？

符合国家上路标准的车辆都需要驾照。

38. 新能源汽车的最高车速是多少？

车型不同，速度也就不同，没统一标准，从普通车的100多千米/时到跑车的300多千米/时不等。

39. 新能源汽车是否可以上高速？

当然可以。

40. 新能源汽车的碰撞检测方法

目前，我国由中国汽车技术研究中心开展C-NCAP（中国新车评价规程），作为市场唯一的新车碰撞测试标准。

对于2018年版C-NCAP标准的研究工作已经展开。据了解，2018年版的研究计划包括主动安全、被动安全和新能源车评价三个方面。新能源汽车评价方法包括车辆浸水、绝缘破坏以及电安全等多个方面的测试。

不过，这并不意味着以上研究计划均会被列入未来的C-NCAP安全评价标准。中国汽车技术研究中心主任赵航表示，关于新能源汽车C-NCAP碰撞的标准，目前正在考虑是否研究，还未着手准备相关事宜。他表示，目前新能源汽车的保有量太低，而C-NCAP目前都是测试销量排在前面的车型，关于新能源汽车C-NCAP碰撞标准的制定尚未有时间表。

C-NCAP将汽车安全性能评定量化了，星级评定标准让消费者对车辆的安全性能一目了然。

41. 购买新能源汽车的优惠政策

根据不同地区和不同车型，优惠政策及力度不同，主要包括购车补贴、分期低息甚至免息，免除车辆购置税及车船使用税，免除挂牌费或挂牌无需摇号，有些地区甚至允许新能源汽车行驶公交车道。

42. 新能源汽车的质保时间

由国家财政部、国家税务总局和工信部联合下发的《关于免征新能源汽车车辆购置税的公告》中明确提及，车企想要进入《免征车辆购置税的新能源汽车车型目录》(下称“《目录》”)，在相关车型技术必须满足此前出台的国家标准的同时，还必须“对新能源汽车动力电池、电动机、电控等关键零部件提供不低于5年或10万千米（以先到者为准）质保”。

目前在售的新能源汽车，包括比亚迪以及上汽荣威的车型，在电池的质保期限方面都达到甚至超过上述规定。以比亚迪秦为例，目前厂方给出的是“整车6年或15万千米的质保以及电芯终身保修”，而上汽荣威E50在为整车提供3年10万千米的质保外，还特意为电池等核心部件提供5年10万千米的质保。而北汽则为其E150EV的电池提供5年不限里程的承诺。

43. 新能源汽车电池组的更换周期

虽然相对于传统燃油汽车，电动汽车充电的费用可谓低廉，但是由于电动汽车本身售价高，而且电池使用寿命相对较短，更换电池也将是一笔不小的开支，因此电池维修养护已成为现在普及电动汽车的“拦路虎”。对于一辆电动汽车而言，其电池续航里程越大自然会带来更多的便利，越大的续航里程就意味着充电的频率就越低。

然而电动轿车的寿命决定于电动机。驱动电动机不同，其成本也差异甚大，若采用直流有刷电动机，车载电源可直接供给电动机电能，使用这种电动机采用晶闸管式控制器斩波方式调速。

电池的寿命分为“干储存寿命”和“湿储存寿命”。这两个概念仅是针对电池自放电大小而言的，并非电池的实际使用期限。电池的真正寿命是指电池实际使用的时间长短。

对一次电池而言，电池的寿命是表征给出额定容量的工作时间（与放电倍率大小有关）。

对二次电池而言，电池的寿命分为充放电循环寿命和湿搁置使用寿命两种。

充放电循环寿命，是衡量二次电池性能的一个重要参数。经受一次充电和放电，称为一次循环（或一个周期)。在一定的充放电制度下，电池容量降至某一规定值之前，电池能耐受的充放电次数，称为二次电池的充放电循环寿命。充放电循环寿命越长，电池的性能越好。在目前常用的二次电池中，镉镍电池的充放电循环寿命为500～800次，铅酸电池为200～500次，锂电池为600～1000次，锌银电池很短，约为100次。

二次电池的充放电循环寿命与放电深度、温度、充放电制式等条件有关。所谓“放电深度”是指电池放出的容量占额定容量的比例（%）。减少放电深度（即“浅放电”)，二次电池的充放电循环寿命可以大大延长。

湿搁置使用寿命，也是衡量二次电池性能的重要参数之一。它是指电池加入了电解液后开始进行充放电循环直至充放电循环寿命终止的时间（包括充放电循环过程中电池处于放电态湿搁置的时间）。湿搁置使用寿命越长，电池性能越好。在目前常用的电池中，镉镍电池湿搁置使用寿命为2～3年，铅酸电池为3～5年，锂电池为5～8年，锌银电池最短，只有1年左右。

另外，电池的性能还有低温性能、耐过充电能力、安全性能等。

近几年，我国新能源汽车销量呈现爆发式增长，超过质保期的动力电池数量也呈现出增长趋势。目前市场上在售的新能源汽车，其电池的质保期限都达到甚至超过新能源免税车型对电池质保期的规定。

44. 新能源汽车废旧电池的回收利用

新能源汽车的核心部件是动力电池，中国物资再生协会常务副会长、资源强制回收产业技术创新战略联盟理事长刘强表示，新能源汽车对动力电池的报废标准是电池容量低于80%，这也就意味着3～5年就要更换一次动力锂电池。2020年纯电动乘用车和混合动力乘用车的动力锂电池报废量将达到17万吨，废弃动力锂电池回收已成为行业关注焦点。

我国再生资源产业规模不断扩大，报废机动车是再生资源产业的重点领域之一。有数据显示，2016年生产的电动乘用车共消耗锂电池889.3×10^4kW·h，与2015年相比翻了一番。

2016年12月21日工信部、商务部、科技部发布了关于加快推进再生资源产业发展的指导意见，原文摘抄如下。

（七）新能源动力电池回收利用示范

重点围绕京津冀、长江三角洲、珠江三角洲等新能源汽车发展集聚区域，选择若干城市开展新能源汽车动力蓄电池回收利用试点示范，通过物联网、大数据等信息化手段，建立可追溯管理系统，支持建立普适性强、经济性好的回收利用模式，开展梯级利用和再利用技术研究、产品开发及示范应用。

该意见的提出，将推动报废汽车拆解资源化利用装备制造，积极推进发动机及主要零部件再制造，实施再制造产品认定，发布再制造产品技术目录，制定汽车零部件循环使用标准规范，实现报废机动车零部件高值化利用。在新能源汽车领域，将开展新能源汽车动力电池回收利用试点，建立并完善废旧动力电池资源化利用标准体系，推进废旧动力电池梯级利用。通过创新回收机制，探索建立生产者责任延伸制度，完善报废汽车资源化产业链，预计到2020年，我国报废机动车再生利用率将达到95%。

45. 新能源汽车的保值率

目前新能源汽车保值率较低，二手车交易市场上难见踪迹。

46. 国家对节能与新能源汽车的推广政策

截止到2016年6月，国家共出台新能源汽车相关政策30项，其中推广政策出台

7项，行业规范政策出台8项，充电基础设施政策出台4项，企业目录相关政策出台5项，行业管理相关政策出台6项，见表2-4。

表2-4 节能与新能源汽车的推广政策

类别	文件名
推广政策	《2016～2020年新能源汽车推广应用财政支持政策》
	《2016年能源工作指导意见》
	《关于推进“互联网+”智慧能源发展的指导意见》
	《关于促进绿色消费的指导意见》——新能源汽车部分
	《关于开展新能源汽车推广应用核查工作的通知》
	《关于实施制造业升级改造重大工程包的通知》
	《氢能与燃料电池技术战略方向规划目标》
行业规范政策	《锂离子电池行业规范公告管理办法》
	新能源汽车废旧动力蓄电池综合利用行业规范公告管理暂行办法（征求意见稿）
	《新能源汽车废旧动力蓄电池综合利用行业规范条件》
	《新能源汽车废旧动力蓄电池综合利用行业规范公告管理暂行办法》
	低速新能源电动车国家标准立项公开征求意见
	《汽车动力蓄电池行业规范条件》企业申报工作的补充通知
	《电动汽车远程服务与管理系统技术规范》（征求意见稿）
	《电动客车安全技术条件》（征求意见稿）
充电基础设施政策	《住建部关于加强城市电动汽车充电设施规划建设工作通知》
	《关于“十三五”新能源汽车充电基础设施奖励政策及加强新能源汽车推广应用的通知》
	电动汽车充电基础设施发展指南（2015～2020年）
	《电动汽车充电基础设施建设规划》
企业目录相关政策	《新能源汽车推广应用推荐车型目录》（第1批）
	《汽车动力蓄电池行业规范条件》企业目录（第2批）
	《新能源汽车推广应用推荐车型目录》（第2批）
	《新能源汽车推广应用推荐车型目录》（第3批）
	《汽车动力蓄电池行业规范条件》企业目录（第3批）
行业管理相关政策	《电动汽车动力蓄电池回收利用技术政策（2015年版）》2016年第2号公告
	《城市公共汽电车客运管理规定》（征求意见稿）
	《关于进一步加强汽车生产企业及产品准入管理有关事项的通知》
	《关于汽车业的反垄断指南》（征求意见稿）
	《关于开展电动汽车充电基础设施安全专项检查的通知》
	《新能源汽车生产企业及产品准入管理规则》（修订版——征求意见稿）

（1）《2016～2020年新能源汽车推广应用财政支持政策》

四部委发布关于《2016～2020年新能源汽车推广应用财政支持政策》的通知，规定2016年新能源汽车各车型推广应用补助标准，并确定2017～2020年的补贴退坡幅度为每2年下降20%。

（2）《2016年能源工作指导意见》

2016年4月1日，国家能源局发布《2016年能源工作指导意见》，意见明确指出，2016年建设充电站2000多座，分散式公共充电桩10万个，私人专用充电桩86万个，各类充电设施总投资300亿元。

（3）《关于推进“互联网+”智慧能源发展的指导意见》

2016年2月29日，《关于推进“互联网+”智慧能源发展的指导意见》正式发布。这被业界誉为能源互联网的顶层设计，似乎也预示着2016年会成为能源互联网的元年。“互联网+”智慧能源是一种互联网与能源生产、传输、存储、消费以及能源市场深度融合的能源产业发展新形态，具有设备智能、多能协同、信息对称、供需分散、系统扁平、交易开放等主要特征。在全世界新一轮科技革命和产业变革中，互联网理念、先进信息技术与能源产业深度融合，正在推动能源互联网新技术、新模式和新业态的兴起。能源互联网是推动我国能源革命的重要战略支撑，对提高可再生能源比重，促进化石能源清洁高效利用，提升能源综合效率，推动能源市场开放和产业升级，形成新的经济增长点，提升能源国际合作水平，具有重要意义。

（4）《关于促进绿色消费的指导意见》——新能源汽车部分

发改委、科技部、财政部、商务部、环保部等十部门联合制定了《关于促进绿色消费的指导意见》（以下简称“意见”）。意见提出鼓励绿色产品消费、扩大绿色消费市场、加强金融扶持等17条具体举措，力促绿色消费发展。

关于新能源汽车部分的内容如下。

① 鼓励绿色产品消费。加大新能源汽车推广力度，加快电动汽车充电基础设施建设。组织实施“以旧换再”试点，推广再制造发动机、变速箱，建立健全对消费者的激励机制。

② 完善绿色采购制度。严格执行政府对节能环保产品的优先采购和强制采购制度，扩大政府绿色采购范围，健全标准体系和执行机制，提高政府绿色采购规模。具备条件的公共机构要利用内部停车场资源规划建设电动汽车专用停车位，比例不低于10%，引进社会资本，利用既有停车位参与充电桩建设和提供新能源汽车应用服务。2016年，公共机构配备更新公务用车总量中新能源汽车的比例达到30%以上，到2020年实现新能源汽车广泛应用。

③ 完善经济政策。对符合条件的节能、节水、环保、资源综合利用项目或产品，可以按规定享受相关税收优惠。把高耗能、高污染产品及部分高档消费品纳入消费税征收范围。落实好新能源汽车充电设施的奖补政策和电动汽车用电价格政策。全面实行保基本、促节约，更好地反映市场供求、资源稀缺程度、生态环境损害成本和修复效益的资源阶梯价格政策，完善居民用电、用水、用气阶梯价格。

④ 加强金融扶持。银行金融业机构要认真落实绿色信贷指引，创新金融产品和

服务，积极开展绿色消费信贷业务。研究出台支持节能与新能源汽车、绿色建筑、新能源与可再生能源产品、设施等绿色消费信贷的激励政策，促进金融机构加大信贷支持力度。鼓励开发新能源汽车保险产品，鼓励保险公司为绿色建筑提供保险保障，研究建立绿色消费积分制。

（5）《关于开展新能源汽车推广应用核查工作的通知》

为进一步落实《国务院办公厅关于加快新能源汽车推广应用的指导意见》（国办发〔2014〕35号）的有关精神，培育良好的新能源汽车推广应用环境，四部委将于近期对新能源汽车推广应用实施情况及财政资金使用管理情况进行专项核查。对2013年、2014年度获得中央财政补助资金的新能源汽车，以及申请2015年度中央财政补助资金的新能源汽车有关情况开展核查，核查范围将覆盖全部车辆生产企业以及新能源汽车运营企业（含公交、客运、专用车等）、租赁企业、企事业单位等新能源汽车用户。

（6）《关于实施制造业升级改造重大工程包的通知》

2016年5月13日，国家发改委、工信部联合发布《关于实施制造业升级改造重大工程包的通知》（发改产业〔2016〕1055号），旨在做好制造业稳预期、稳信心、稳投资、稳增长工作，促进转型升级、提质增效，加快制造强国建设。制造业升级改造重大工程包聚焦10大重点工程，包括智能化改造工程、基础能力提升工程、绿色制造推广工程、高端装备发展工程等，其中节能与新能源汽车工程隶属于高端装备发展工程。关于节能与新能源汽车工程，上述通知中指出，重点开发节能环保发动机、高效动力传动系统、电子控制系统及关键零部件，发展新能源汽车整车控制系统、插电式深度混合动力系统、高性能纯电驱动系统，推动新能源汽车车身和结构轻量化、先进动力电池及系统集成等。

（7）《氢能与燃料电池技术战略方向规划目标》

国家发改委和国家能源局在系统内部印发《能源技术革命创新行动计划（2016～2030年）》，并同时发布了《能源技术革命重点创新行动路线图》，提出了15项重点创新任务，包括煤炭清洁高效利用技术创新、先进核能技术创新、氢能与燃料电池技术创新、先进储能技术创新、能源互联网技术创新等。

第三篇

新车导购

1. 工作日和节假日看车有何区别?

一般情况下，节假日商家经常进行促销活动，会有一定的价格优惠，或者有一定的赠品，但是由于看车客户较多，深入了解车辆的机会较少，和销售顾问交流的时间相对较短，并且盲目性和冲动性较大。如图3-1所示。

工作日看车，一是展厅里客户较少，二是自己时间充足，可以充分地与销售顾问沟通探讨，有时间亲自试乘试驾车辆，并且销售顾问的精力主要放在你身上，即使这样还担心失去客户，服务会比节假日更周到一些，但是不利的就是促销活动少，价格优惠幅度低，如图3-2所示。

图3-1 节假日看车

图3-2 工作日看车

2. 新车何时会降价?

（1）不同系别车辆的降价规律

不同系别车辆有不同的降价规律，每个汽车厂家提出降价，都有其营销策略在左右着，同样起作用的还有汽车企业自身的品牌文化。

① 欧系车 一般1年只降价1次，而且从多年的市场规律来看，欧系车降价的可能性比较小。

② 美系车 促销花样比较多。美系车的代表就是通用汽车，一般通用汽车每年年初的时候都会举行一个年会，在年会期间，通用厂家都会做一些策略调整，比如说调整价格，或推出减配版新车，或增加车型等。

③ 日系车 新车上市前老款车型必降价。日系车的价格算是比较平稳的车系，因为它的定价基本上都比较合理，能降的也只有在新车上市之前，老款车型会有些降价动作。而这些动作基本上都保持在每年的5月和年底左右。

④ 韩系车 如果你看中的是韩系车，你等待的时间也许不会太久。韩系车长期以来就是以低价和性价比高而出名的。

（2）市场活动与降价规律

现在全国各地都有小型车展，但与上海和北京国际车展有些区别。上海、北京的车展主要在于“展”，而各地的小型车展主要在于“销”（准确一点，这些小型车展应该叫“汽车展销会”）。车展是汽车厂家和汽车经销商的重大营销活动，新车上市往往安排在车展上，车企和经销商为了吸引眼球，提高人气，增加销量，往往促销力度较大，在车展前后一段时间内价格基本是最低的。

我国汽车市场有“金九银十”的说法，也是反映市场活动规律的总结。

（3）车企商务政策与降价规律

整车企业对经销商的商务政策会根据当地的市场状况给经销商规定年销量指标，并且根据完成指标任务的情况给予一定的返利，经销商完不成指标可能还会受罚。因此，每年的12月是检验经销商销售能力的时候，如果经销商感觉完成指标有些困难，为了完成任务就会降价促销。以提高销量。另外，车企制定的返利政策往往都是台阶式的，部分营销能力强的经销商会将部分返利直接让利给消费者，实际上也是降价促销的一种方法。

3. 如何选择第一辆汽车？

第一，是否真正需要买车。一个家庭是否需要一辆车，已经不能用10年前的标准来衡量了。10年前城市还是比较畅通的，现在车辆给人们带来便利、自由的同时，也相应地带来一些麻烦，譬如停车难、堵车严重等。

第二，选择车辆的价位。裸车价-优惠/加价+所有附加费用（相对平均的），选择自己可以接受的价位（建议为近两年到两年半的家庭平均年收入）。可以按照年均收入的2.5倍计算作为购车标准；如果真的不缺钱，可以喜欢什么车就买什么车。

第三，需要什么配置。目前还没有一辆能完全满足所有人类的汽车。所以就需要在确定的价位内来选择配置，例如发动机（排量）、变速箱（手动/自动）、悬架（独立/非独立）、电子设备等。

第四，符合你的审美观念。系别、车型、颜色、一些特殊的小设计等，在符合上述条件的情况下，可以“跟着感觉走”。

第五，试乘试驾，亲自体验一下。不同车辆的动力总成匹配、底盘调校都会带来不同的驾乘感受，很多人在购买自己第一辆车的时候可能对于车辆很少有长时间的接触。所以对于第一辆车，我们有很多预期中的想象，可以通过试乘试驾来收获自己和家人对于车辆的感受。

4. 如何面对汽车销售人员？

汽车销售人员的情况比较复杂，一般来说，档次较高的汽车专卖店，招聘的人员文化水平相对高些，以男性居多。许多进口车商招聘的汽车销售人员，往往还具有大学文凭，英语水平6级以上。但这并不能完全代表服务的水平，面对销售人员，还有许多需要注意的地方。

（1）尽可能有备而来

前往4S店，你应该有所准备。如果你能提出几个十分内行的问题，销售人员会很乐意回答你。你还可以提出一些具有挑战性的问题，如这辆车和某一品牌相比怎样？一般来说，销售人员会努力推荐自己所经销的品牌，而他们的职业道德又不允许贬低竞品。如果你听到销售人员采用客观、委婉的方式比较不同品牌，并且与你自己考察的结果相近，说明该销售人员诚实、业务过硬，该4S店管理有方。如果销售人员大肆贬低其他品牌，而且又与事实不符，这样的销售人员是不称职的，他的话只能做参考。

（2）不要马上展示你的汽车知识

在信息发达的今天，买车的人比卖车的人知道的汽车知识还多也不奇怪。不过，面对销售人员，你不要马上展示出你的知识，不妨先看看对方是否有意骗你。销售人员说的话未必句句属实。有时是他经验不足，有时可能善意地隐瞒实情。例如，你选定了车型，但想要自己喜欢的颜色，他告诉你这辆车只剩这种颜色了，或他们目前只能以这个价格把车卖出，再或者领导不在，自己作不了主等，这都是销售人员的说辞，你不必完全相信他。

（3）不要进门就问价格

我们知道，同一辆车的报价在不同的4S店，差距很小，几乎一样。因为厂家限制4S店随意降价，而且车辆的价格一般都会标明在显著位置。4S店不会在广告里注明他们的打折和优惠条件，只有在你到店通过交流沟通后，销售人员感觉你确实决定购买的时候，才肯进一步说出真正的折扣和优惠措施。所以，进门不要先问价格，你与销售人员的对话，重点应该放在了解车辆的性能上。让销售人员感觉到你对这个品牌或者某个车型很感兴趣，可能由潜在的购买者变成实际客户。他会很乐于讲解并回答你的问题。如果销售人员过早地发现你并无意购买，就可能借故转而接待其他客户。

（4）带妻子或女友去看车

女性对待汽车通常要比男性客观。根据统计，男士们一旦看上一种车型，通常便不肯再看另一种车型。汽车销售人员最喜欢这样的顾客了。女性则会充分发挥她们在市场上采购所积累的全部经验，与销售人员反复周旋，细心周到地考察市场。加上汽车销售人员多为男性，因此，女性顾客往往受到销售人员的特殊关照。当然，女性切记不要趾高气扬，表现出掌握“财权”的样子，而应与销售人员平等相待，以达到考察市场，获得良好服务的目的。

5. 试乘试驾时要注意什么？

（1）4S店试乘试驾的流程

既然自己要到4S店试乘试驾，就要对商家的试乘试驾流程有所了解。

顾客到4S店试乘试驾的流程如下。

签到→登记身份证和驾驶证（一般要求C级以上满2年）→试驾内容讲解→签署试驾相关责任文件→等候安排试驾→试驾工程师载客熟悉车子性能和路线→客户亲自试驾。

（2）试乘试驾注意事项

① 试驾者须拥有中华人民共和国合法的C级以上驾照满2年。

② 为了帮助试驾者更好地了解试驾车辆，届时会有4S店的工作人员全程陪同，并向试驾者详细介绍试驾车型的有关特点。

③ 试驾时请注意遵守交通规则，上车系好安全带，停车换人时注意来往车辆行人。

④ 为了保证安全，试驾时车速不可过快，沿途请勿超车及逆行，如无特殊情况请勿猛踩油门及刹车。试驾者在行车途中要保持车速，最高限速40km/h，严禁强行超车。

⑤ 试驾者必须严格按照试驾路线行驶。

⑥ 试驾者如对车辆状况不熟，请勿随意按无关按钮开关。如有疑问，可向陪驾人员咨询。

⑦ 请注意保护车内装饰，不准在车内吸烟、吃东西。

⑧ 试驾车辆过程中，必须严格按照规定路线试车，严格听从工作人员安排；工作人员应该坐在副驾驶位置，以便处理紧急情况，并主动为顾客介绍车辆的优越性能。

⑨ 试驾过程中禁止打手机。

⑩ 试验刹车性能时，注意保持安全距离，并在刹车前做出有效提示。

⑪ 应严格遵守以上试驾规则，服从各路段工作人员的指挥。如违反试乘试驾规定或不按指定路线及方向行驶，由此产生的一切后果将由试驾人自行负责。

（3）试乘试驾

① 试驾前要做足功课。

② 接近试驾车，考察外观，阳光下的车身颜色会有很大变化。

准车主查阅的资料基本上来自专业杂志、汽车专业网站，这些媒体提供的新车信息绝大多数是平面的，靠图片和文字让大家了解新车。虽然也有视频的资料，但通常都是加工编辑过的，有一定夸张渲染成分。因此有机会接近实车一定要仔细看看，与自己了解的信息相比对，比如车身颜色，在图片上看到的与实际看到的会有很大差别，即便是看到实车，在室内和室外的感觉也不一样，在阴天和晴天的感觉也会不同，这需要亲身仔细观察。

③ 坐进车内，感受空间、舒适性和便利性。

看过外观之后，就要进入车内观看了。先开关一下车门，感受一下质感，听听开关门的声音。如果发出“砰砰”的厚重声音，说明做工、隔音、密封和材质还不错；坐进车内后，要先将驾驶座调整到适合自己的标准驾驶位置。调整好座椅后感受一下空间，包括头部、腿部空间等；感受完前面，再保持驾驶位置不动，感受一下后排空间；然后再回到驾驶座，此时要感受一下座椅的舒适性和包裹性，伸出手操作一下相关配置的按钮，比如音响按钮、导航按钮和空调开关等，感受一下便利性；另外，还要感受一下车内的做工，用眼睛看，用手摸即可。

④ 着车，感受怠速状态下的声音和振动。

这个步骤可以体验到车辆隔音效果，另外要体验一下发动机启动后车身、转向盘和挡把是否振动。如果发动机怠速运转很平稳，车身振动小，转向盘和挡把都微弱振动，说明该车振动控制得不错；而后摇下车窗玻璃，体会一下车内外的声音变化，考察车辆的隔音密封性。

⑤ 走车，感受声音变化、加速、刹车以及底盘、变速箱匹配等。

一般来说，4S店组织的试驾不会让你急加速，时速通常控制在40km/h以下，这种情况下对发动机的性能体验不深，但可以感受到发动机在加速性的声音变化，挡位是否清晰，如果有机会开快一些，那还可以体会到发动机提高转速时的声音变化，以及轮胎噪声、风噪变化。如果是手动挡车型，换挡是否顺畅可以清晰地体验出来；对于自动挡车型，可以体验加速时顿挫感是否强烈。如果加速过程很顺畅，发动机噪声控制得很好，则说明这款车的匹配不错。对于转向，要看转向的时候转向盘的力度轻盈与否，路感是否清晰，车身随动是否及时到位，这些都是衡量的指标。

对于底盘的体验，重点根据车的性质去感受体会，比如注重舒适性的车要比注重运动的车感觉要柔和一些。另外，在过沟坎的时候车身振动要有整体感，不能很凌乱。转弯的时候车身姿态控制要尽量平稳，因此尽量选择有弯道和有坑洼的路线。

至于刹车，通常不会有紧急刹车的机会，但可以大概了解刹车时制动力的变化特点。通常制动力平稳增大和减小会更舒适。

6. 选购汽车时应该参考二手车保值率

所谓保值率，指的是某种车型在使用一段时期后的易手价格与原始购买价格的比率，它取决于汽车的性能、价格、可靠性、配件价格及维修便捷程度等多项因素，是汽车综合水平的体现。

二手车保值率一直是衡量二手车价值的关键指标，但也直接受新车价格稳定的影响。在新车交易中，保值率日渐成为消费者购车的决策因素之一，被誉为汽车价值生命的“第二周期”。

通俗地说，二手车的残值率就是车辆的保值性。一辆车用了几年之后，还值多少钱，其最简单的计算方法就是，将卖出的二手车价格与当年的同档次新车价格作比较所得的比率。残值率越高，二手车就越值钱，相应地新车就越受欢迎。

一般来说，市场保有量大、配件价格低的车保值率高；市场保有量小、配件价格高的汽车保值率低。配件是否好配、维修是否方便、价格是否能够接受，是人们买二手车时要考虑的问题。反过来，人们在买新车的时候，也可以考虑到这些问题，在将来卖旧车时，就可以卖个好价钱。

对于准备买新车的消费者来说，如果你还在几款车型中拿不定主意，可以先到旧车市场上去了解一下。也许通过二手车保值率，能帮你做出决策，从中选中一款中意的车型。

7. 怎样考察家用小轿车的“血统”？

考察汽车的“血统”，过于专业的知识恐怕普通消费者不好掌握，但是只要注意三大总成，就可以了。

（1）发动机

发动机是汽车的“心脏”，它的质量决定了汽车的根本质量。汽车发动机的创新是最难的，一般都有一个逐步发展、改进的过程。我国的汽车发动机多数是引进外国的产品，即使在欧洲、美国和日本，一种发动机也有可能被安装在许多不同款式的车辆上。因此，一种新车的推出，考察它的发动机是最重要的一点。

（2）底盘

汽车的底盘是车辆的行走部分，由传动系统、行驶系统、转向系统和制动系统四部分组成。底盘的性能直接影响车辆的行驶性能。汽车底盘是否扎实，表现在车辆在弯道、高速、坑凹路面时对于路况的适应能力，扎实的底盘可以帮助汽车征服不良的路面，从而帮助驾驶者实现良好的驾驶。而较为轻软的底盘表现则截然不同，它会在高速的时候出现发飘的现象，在弯道让驾驶者感觉失去了重心，它会让车在坑凹路面感到力不从心，因此，一辆车是否拥有出色的操控，底盘的因素非常重要。

人们常常疑惑，为什么不同的车安装相同的发动机，但速度、驾驶性能、油耗却不一样呢？排除车身的因素，底盘的质量是主要原因。

考察底盘的“血统”，有一个很重要的专业术语——开发平台，像大众的MQB平台（如图3-3所示基于MQB平台的车型）、日产的CMF平台、标致的EMP2平台以及丰田的TNGA平台。所谓平台化设计就是汽车开发过程中所使用的底盘和车身结构，就好像是汽车的DNA一样。“汽车平台”是由汽车制造厂商设计的、几个车型共用的产品平台。汽车平台与车辆的基本结构相关，出自于同一平台的不同车辆具有相同的结构要素，例如车门立柱、翼子板、车顶轮廓等。

同一平台的车型的轴距一般情况下是相同的，同时一些配件是通用的。因此，厂家往往在一个统一的开发平台上，建立新车的研制，多数时候，甚至在同一个底盘上生产不同的汽车。同平台的车型可能采用不同的底盘，例如奥迪的A4与Q5。同平台的车型也不一定来自于同一条生产线。

图3-3 基于MQB平台的第七代高尔夫、第三代A3、第三代明锐、第三代Leon

（3）车身

车身的“血统”最好考察，单从外观就可以了解。同时，车身与发动机和底盘相比，作用也是次要的。由于厂商往往在同一底盘和同一发动机的基础上来回变换车身款式，以吸引消费者，因此，只有在考察发动机和底盘的“血统”后，才可以根据个人爱好去考察车身“血统”。

8. 选购汽车时应该考虑的大方针和小问题

（1）选购汽车时应该考虑的大方针

① 买进口车还是国产车　多年以来，许多人一直认为进口车质量明显优于国产车，但事实并非如此。现在国内很多车企都是合资的，生产的汽车质量和国外相差不大，但价格相差很大。有些国内自主品牌车型的设计研发也是和国外设计公司进行合作，尤其是底盘参数的调校，很多优秀车型都是国外设计公司帮助调校的，性能也不错。从汽车的价格、日后的修理费用、配件供应等来看，进口车并不占优势。国产车的维修服务网点多，人工费及配件价格都比较便宜，服务周到。而进口车一旦出现故障或事故时，难以提供高质量的服务，修理起来时间相对长一些。此外，进口车配件价格昂贵，许多假冒产品令人防不胜防。

② 买拼装车还是国家汽车目录内的车　对于国产车，要选购在国家汽车目录内的车型。而对于进口车，一定要买具有正规进口手续、有海关签发的进口证明的合法进口车，不要贪图便宜购买私售车、走私车，否则一旦出现故障，维修店是不承担维修的。

③ 销售淡季买还是旺季买　销售旺季时，厂商抓住时机大力宣传，甚至为了竞争，价格会有所调整，但此时购车者较多，商家可能因为忙碌而淡化汽车的挑选、上牌等方面的服务。而在销售淡季，商家的服务对象相对较少些，服务的质量可能有所提高，会有更多的时间陪你试车，你能得到优质的服务。当然，选择合适的购车时机，还包括在购车前要多了解行情，特别是价格升降、车型改款等，选择在价格相对平稳的时候购车。

（2）选购汽车时应该考虑的小问题

① 品牌　现在国内市场上的汽车有国外品牌、合资品牌和国内自主品牌。相对而言，国内自主品牌车主要是中低档车系，销售量较多的还是合资品牌。品牌车质量一般都好一些，服务网点多，维护保养比较放心和省心。

② 性能　通常情况下，发动机的排量越大，提供的动力越充沛，车辆的整体性能也越高。各生产商的设计师都在寻找小排量、大功率的发动机的解决方法，并有许多发动机技术推出，如涡轮增压技术、多气门技术等。买车应以成熟技术为主，以降低新技术带来的不确定风险。

a. 气缸　气缸越多，动力输出越平稳、安静、细腻。

b. 功率　低转速、高功率在用车时比较方便。

c. 扭矩　低转速、大扭矩对于城市用车有利，现在带有涡轮增压的发动机可以更好地在低转速时产生大扭矩。

d. 加速时间　0 ～ 100km/h 所耗用时间少的比较好。

③ 配置　通常，在强势品牌的产品中，配置强调精，而且适用；而弱势品牌产品一般强调配置丰富，性价比高，但是部分企业有时为了降低成本，会取消一两项

适用的标准配置，换成时尚的配置，所以选车时，应考虑配置的有无、多少、适用、品质。

④ 价格　相对而言，强势品牌车型价格比较简单，不同的车型，不同的价格，不必在价格上过多费心，因为谁买都是这价。如果运气好，赶上促销，会有意外的优惠。如果选购弱小品牌车型，则要仔细研究，以避免不必要的支出。

⑤ 安全　安全是设计师将设计思想融汇于全车的各个部件中，以保护车内乘员和外部行人的安全。汽车安全分为主动安全和被动安全：主动安全是尽最大的可能避免事故的发生；被动安全指在发生意外后的保护措施。

⑥ 舒适　整车的舒适来源于车辆轴距的长短、悬挂的软硬、发动机的噪声、路噪的阻隔、音响的效果及座椅的人机工程设计等。此外，长轴距的车可以使设计师有从容的余地去解决乘员头部、膝部空间和座椅的布置。

⑦ 外观　车辆的外观是仁者见仁、智者见智的问题，尤其是颜色，更是因人而异。金属漆和非金属漆在成本上确有细微差别，但绝不是车价之间相差的几千元钱。建议在选颜色时不要受漆面的影响，以使用者的爱好为主。

⑧ 维修　车的维修保养应考虑专业、快捷、低费用。对比车市中的各款车，通常国产车比进口车的维修要方便，品牌车中的主流车型比非主流车型的保养费用低。

9. 如何看待经销商的优惠？

在汽车消费链中，汽车经销商（4S店）和汽车生产厂家关系密切，汽车生产厂家依靠经销商经销产品，经销商通过增加销量获得生产厂家的返利。为适应当地市场的竞争变化，厂家往往给予经销商一定的价格调整范围，使得经销商能够采用各种销售策略扩大市场份额，增加收入。不同的经销商会采用不同的做法。

（1）打折优惠

除采取全国统一销售的厂家外，有些生产厂家允许经销商在不同的地区、不同的辖区范围内价格进行一定的浮动。这个折扣相对整个车价格的比例可能很小，但对于欲买车的工薪阶层来说，会是很大的数额。

（2）赠送礼品

这也是经销商惯用的营销策略，包括赠送车辆装饰、防盗装置附带盗抢险以及把套、地胶等一些新车上需要的装具或装饰。甚至有些商家为了促销，打出赠送2000元礼品的诱人广告。现在卖一辆中低档的国产车的利润也没有2000元，因此所赠送的大礼包有三种可能。

① 礼品实际不值2000元，如商家赠送的汽车内饰，在商店购买也就是一半的价格，甚至更低。

② 所售车的部分零部件可能被拆换过，因此车的成本有所降低，商家绝不会贴上钱卖给消费者的。

③ 经销商把国家的购车补贴当作厂家的优惠给了消费者，实际上消费者拿到的并不是厂家优惠，而是国家购车补贴而已。

因此，千万不要轻信商家的花言巧语，切莫为贪图便宜而受骗。在购车还价的时候，如果对一些新车装饰如贴膜、倒车雷达、遥控车门等确实有用的话，可以考虑选择，如果送的东西感觉没用，可以提出替换其他项目。

10. 购车的流程

① 初步确定汽车车型。了解汽车行情，通过网络、4S店询价，找相关经销商咨询。

② 进行买卖交易，付款提车。

③ 办理车辆保险。可以由经销商代办，或者自己亲自办；也可以拖后办理，但必须在领取牌照之前办理完毕。有的省市规定必须到保险公司办理车险，有的省市在车管所就可以办理，保险公司的工作人员就在车管所办公，极大地方便了车主；同时缴纳车船使用税。

④ 办理移动证。在管辖区域的交警支队、车管所办理车辆移动证或临时牌照。

⑤ 缴纳车辆购置税。可以由经销商代办，办理地点在车辆登记注册地的主管国税机关。

⑥ 验车。可以由经销商代办，在车管所指定检测线进行验车。新车购买后，不要着急贴膜，办完证件后再贴，否则验车有可能通不过。

⑦ 领取牌照。所需材料有购车发票、车主身份证、车辆合格证、汽车照片3张。对于私人车辆，要求发票和车主的身份证姓名一致，领取私人牌照时需本人亲自到场。领取牌照之后，挂上号牌进行车辆拍照。

⑧ 领取车辆行驶证。

这一切办理完毕后，购买新车手续才全部办完。

11. 汽车交易中常遇到的问题

（1）提车手续

① 查看车况是否良好，外观是否完好。

② 查看随车附件是否齐全。

③ 查看随车资料是否齐全。进口车应包括进口商检证、说明书、货检书等资料；国产车应随车带有出厂证、货检证、说明书、维修保养手册等资料。

④ 现在汽车4S店多数实行“一条龙”服务。用户提车时，可立即在销售店办理购置税、牌照、保险、上牌等手续。

⑤ 用户可根据需要办理其他附加服务。

（2）购买汽车后发现质量问题的处理方法

① 用户购买汽车后，在规定的里程或时间范围内发现质量问题，可到经营单位的技术服务部门反映问题，经查验属实后可办理修理或更换配件。若用户购买的是国产车，也可以到车企在当地的维修服务站按规定处理。

② 用户购车后由于使用不当而损坏，可以到4S店或特约维修站修理，费用自理。

③ 购买进口车的用户在使用后发现质量问题，如在索赔期内并属于自然损坏，可向销售单位申报（需持发票、进口车商检证），然后送当地商检局验车，根据结果向生产厂家驻我国商务代办提出索赔。

（3）购买汽车应防止假冒欺骗行为

① 购买进口车时要注意辨别“准运证”“进口许可证”以及“车辆购置税费凭证”的真伪。一般可请当地市级以上的工商行政管理机关或公安机关车辆管理部门帮助认定。

② 购买国产车要注意汽车的生产厂家，要买国家汽车目录内的车。对于一些不知名或非定点厂生产的汽车尤其要注意。

③ 购买二手汽车和修复过的汽车要注意车况质量及其合法性。用户在购买时，一定要经过旧机动车交易市场按国家规定的要求，请公安机关车辆管理部门进行车况鉴定，对取得允许上市交易的车况质量鉴定证书的汽车方能购买。

12. 汽车团购是否可信?

（1）汽车团购的含义

汽车团购，顾名思义，就是许多准备买车的人通过网络、手机短信或电话等各种方式进行组团，组成十几人甚至几十人的团队集体去和经销商砍价，以达到用优惠价格买到新车的目的。这种购买方式是一种以量压价（相当于批发）的消费行为，其成交价格一般取决于购买的车型、数量以及经销商的利润等因素。

“团购”在国外早已屡见不鲜，小到日常用品，大到房屋或车辆。根据薄利多销、量大价优的原理，商家可以给出低于零售价格的团购折扣和单独购买得不到的优质服务。这种消费模式一进入我国就引起了我国消费者的注意，从而得到了迅速的发展。

团购作为一种时下流行的汽车购买方式，在其他行业早已屡见不鲜，但对于汽车这种大宗、高档耐用消费品来说，团购则不像批发其他日用生活品那么简单。广大车友在享受团购带来的便利的同时，也要考虑到潜在的风险。如图3-4所示。

图3-4 汽车团购活动

目前在北京、上海、广州等大型城市流行的汽车团购，已逐渐发展成一种新型的汽车消费模式。经过精心周密的策划组织，有更多的人通过团购的方式来买车，汽车厂家和经销商也会更加支持这种新的消费模式。

（2）适合团购的车型

① 紧凑型经济型轿车。如宝来、朗逸、波罗、飞度、K2、H2、H6等，这类车主要为家庭消费，市场竞争激烈，商家愿意接待数量较大的采购，加快资金周转。

② 性价比不具备优势或者销量不佳的车型。有些车型销量不佳，但是由于其鲜明的个性也受到团购者的喜爱。

30万元以上的高档车团购较难组织，因为这部分客户相对低调、稳重，对于价格不是很敏感，更想自己挑选一下车辆。

（3）汽车团购的人群

选择汽车团购这种购车方式的消费者以白领居多，年龄在25～40岁。不少是大学毕业时间不长的城市新锐消费力量，追求时尚、崇尚速度、敢于尝试新鲜事物是这些年轻消费者的共同特质。

由于收入的限制，25岁左右的消费者多为按揭贷款，35岁以上的消费者则以一次性付款居多。当然不同的付款方式主要取决于各自的职业、家庭等因素。汽车团购者中的很多人是“车族玩家”，已不是第一次买车，他们中很多人非常了解各种品牌车的性能和特有气质。汽车团购因其省时、省心、省力，一直受到“工薪阶层”的追捧。

（4）汽车团购的组织形式

① 自发团购　购车者自发组织起来的小规模汽车购买。毕竟买车对于大多数消费者来说是一个需要他们长时间积攒资金才能负担得起的消费，而且汽车市场又是一个价格调整迅速的地方，因此团购成员相互商量，各有分工，然后把各自收集到的信息汇总，最后派几个代表去和经销商谈判。

② 有组织团购　汽车团购模式刚刚出现时并不被业内人士所看好，然而团购模式在经历了几起几落后，不仅被越来越多的人所接受，其本身也在向着专业化、人性化方向转变。一些人气比较高的汽车俱乐部、汽车网站都先后介入汽车团购业务，一些汽车专业媒体也推出了汽车团购服务。

③ 汽车团购网　这也是时下很多“工薪阶层”选择的方式。汽车团购网定时组织定量车型供现场选择，因其省时、省钱，一直受到追捧，特别是年轻一代。

（5）团购流程

① 了解团购规则。

② 选择自己喜欢的车，网上或者电话下订单。

③ 交纳购车保证金。

④ 付款提车。

（6）汽车团购的优势

① 价格的优惠。在汽车价格较高或价格不稳定的情况下，汽车团购往往能借助数量的购买优势，得到少则一两千元，多则上万元的折扣实惠。

② 信息服务。团购的出现在一定程度上填补了目前汽车市场“售前服务”的空白。买车相对于购买其他商品要复杂得多。比如，关于汽车的知识、保险、贷款等，普通人很难熟悉全部业务信息。因此，在信息上，买卖双方的信息是不对称的，而团购则可以弥补这种信息不对称的缺点。一般团购都通过网络实现，参加汽车团购的成员可以借助网络进行信息交流，大家你一言，我一语，逐渐把各种资源丰富起来，更加接近专业水平。

③ 省心省力。对于车友来说，团购省心、省力。对于经销商来说，薄利多销，加快资金周转，多销售汽车可以多拿返利。

（7）团购的风险

① 警惕团购过程的经销商陷阱。有些团购活动一开始就是陷阱。很多经销商为了拉到更多的客户，开始就承诺一个很优惠的团购价，让客户把订金交了，等到了1个多月后再告诉团购客户，优惠价厂家没有批下来，此时若要退出团购，一是已经浪费了时间和精力；二是退订金也不顺畅，只好按另外一个比市面低一点儿的价格购车了事。

② 警惕团购中介商陷阱。许多所谓的中介商，由他们出面招揽购车者，然后从中抽取费用。消费者虽然也能从经销商那里得到优惠，但除去支付给中介的费用，最终的实惠大大缩水。许多消费者就算千辛万苦谈成了交易，得到的优惠也是少之又少。

③ 自发团购可能成功率较低。由于许多购车者心理预期价位不切实际，有的提出车价要优惠8%～10%的，甚至有的要求优惠15%的，保险还要打6.5折、送验车费等，因此不少厂家是不接受这类自发性团购活动的。另外，团购代表经常是费了很大精力和购车者分别谈判，到提车时购车成员流失。

（8）参加团购需注意的事项

为了确保购物安全，消费者在选择团购争取优惠价格的同时，应对团购平台的选择谨慎小心。选择专业、信誉高的平台发起团购，或参加团购，既可以提高团购安全系数，团购产品的质量及售后服务也能有所保障。

13. 如何做一个理性的购车人？

想做一个理性的购车人？想买车之后不后悔吗？那就首先明确以下几点。

（1）为谁买车？干什么用？

你为买车做好准备了吗？如果是，那就请你回答以下几个小问题。

① 为自己买车。车辆只是代步的交通工具，还是自身的价值体现？是私用还是商用？或是两者兼而有之？

② 为家庭买车。是否符合家庭的基本需要？是否可以弥补现有车辆的不足？是否能得到使用者的认可？

③ 为他人买车。为领导买商务车，领导需要社会地位、公司形象，同时需要方便适用，是否能够给商务上的朋友带来特别的惊喜？如果为公司买办公用车，领导考虑经济适用，能否提高工作效率？

如果你能仔细考虑上述几个问题，便可以得出一个合理的心理价位。

（2）采取何种付款方式？

① 车款一次付清。没有财务费用，手续简单，个人购车只要身份证，公司购车需要法人代码证。

② 分期付款。虽有利息等费用，但可以提高资金的使用效率，而且在只考虑首付车款和月供能力后就可以买车，降低了购车门槛。为了让银行相信购车者的还款

能力，需要提供身份证、户口本、收入证明、居住证明。

（3）选车

一辆车的选择通常可以从品牌、性能、配置、价格、安全、舒适、外观、维修便利性等方面综合考虑。在具体选购上，几点小建议供参考。

① 现在的交通状况，在市区内提速再快意义也不大。

② 车辆的外观是仁者见仁、智者见智的问题，尤其是颜色，更是因人而异。金属漆和非金属漆在工业成本上确有细微差别，但不是车价之间相差的几千元钱。建议在选颜色时不要受漆面的影响，以使用者的爱好为主。

③ 车辆的维修保养应考虑专业、快捷、低费用。

（4）什么时候买车？

只有两个选择：现在（2周以内）、将来（1个月以后）。汽车产品总是不断推陈出新的，新车型价格总是最高的，老旧车型的价格总是最低的。从使用的角度考虑，现在买车永远是最好的时刻，买了就可以使用。

（5）到什么地方买车？

① 专卖店购车。专卖店为一个汽车品牌花重金建的店面，讲求服务品质，以市场占有率为目标，以塑造忠诚客户为己任。

② 汽车交易市场。交易市场中的商户各有各的专长，以利润为中心，以价格为武器。如果具有相当的用车购车的市场经验，的确能得到一定的优惠。

就买车资金的使用效率而言，专卖店更高。

（6）购车手续

买车时要带车主的身份证，在买车的过程中要有明确责任的确认。购车后办理购置税、挂牌、上保险等手续大概需要半天到一天的时间。只要你愿意，专卖店会派人为你代劳。

购车后的几天内，会有销售顾问追踪车辆的使用情况，也会有专业的第三方调查人员对你整个购车过程的满意度进行调查，以维护和提高车企以及经销商的服务水平。

14. 理性购车要避免走入误区

（1）误区之一：过分注重品牌

多数人在购车预算基本确定以后，首先考虑的就是想买汽车的品牌，却并不是研究该品牌的产品品质，而是考虑这个品牌究竟“上不上档次”，开出去到底是不是“有面子”，说到底还是“面子情节”在作怪，关于这点很多栏目到处有人“吐槽”，各种大道理讲了一箩筐，为什么还总是考虑“面子”？归根结底，还是人们对汽车市场缺乏了解，衡量汽车产品的渠道、标准比较单一，才会通过品牌先入为主来选车，即便自己对该品牌并不是十分了解，甚至该品牌的车辆根本没什么性价比可言，也愿意为了那点儿虚荣心而买单。

（2）误区之二：重外观不重内在

“高颜值”总是能带来“多看一眼的好感”，这无可厚非，对于人如此，车亦如此。但很多购车一族对于汽车外观的重视程度有些过头了，不去考究车辆性能如何，只要看上去足够吸睛，便一见钟情，所以近几年国内有些与名车相似度很高车型才能大行其道，这些车的确好看，价格也不贵，但是品质如何，只有等你去检验了，日后一系列大小毛病出现的时候，再高的“颜值”估计你也没心思看了。

（3）配置越多越好

现在有些大车（空间大），配置1.2T甚至1.0T的发动机，再配有全景大天窗、真皮座椅、通风加热等所谓的顶配装置，对于想购买这类车的朋友，如果不缺钱，买的是五六十万元（或更贵）的车，选顶配无可非议，自己喜欢就行，但对于实用型的普通家用轿车，完全没必要看重那些花哨的配置，问问周围买带有全景天窗的车的朋友，一年之内他彻底开过几次全景天窗呢？

（4）买车前不做功课

经常会有人问“10万元买什么车好”“20万元买哪款SUV更好”“这几辆车，到底哪一款最好呢”……说实话，这类问题没有答案，为什么呢？你预算多少？买车的用途？家庭人员？个人喜好？每辆车都是车企根据市场细分后为某一类客户量身定做的，你是哪类客户？这些问题都值得要购车的你提前做一些功课，结合自身喜好、预算、用途等，大致规划出一个选车方向。

家用车说到底就是个交通工具，对于“工薪阶层”而言，“有多少钱办多少事”，才是脚踏实地的正确消费观念。

15. 解读汽车说明书

你是否曾因汽车配件的眼花缭乱而心烦？你是否曾为汽车的磨合是否完美而担忧？你是否曾为汽车加油的标号和地点细心打算？你是否曾为如何保养、去哪里保养大费脑筋？……这时，如果你仔细阅读过你爱车的使用说明书，以上问题可能就迎刃而解了。

那么，有多少车主仔细阅读过自己的汽车说明书？笔者曾在周边做过一个小小的调查，发现在被调查的几十多人中，仔细通读过汽车说明书的车主竟然一个没有。提及阅读使用说明书的必要性，很多人会流露出不屑的神情。他们认为，那些都是理论性的东西，对实际用车帮助不大。

然而，汽车说明书是汽车厂商为消费者提供服务的很重要的说明文件，甚至是一种约定。说明书上的汽车使用常识、汽车救援电话、养护注意事项等实用信息，在紧要关头往往能帮到大忙。没有仔细读过汽车说明书，车主不但不能完全认识你的爱车，对自己的权利也无从知晓，甚至对面临的危险也会视而不见。

很多消费者第一次成为车主，但是50%的车主从来不看新车使用说明书。有的车主不知道备胎放在哪里，也有的车主一遇到问题就打电话找4S店急救。建议新车主有时间翻开新车使用说明书看看，很多小问题都可以自己解决。下面分享一些新车使用说明书里的小知识。

（1）发动机如何预热？

错误观点：点火后等5min再起步，等水温升高了再走。

说明书观点：请勿在停车状态下预热发动机，在车外视野良好时要立即起步。这样发动机可更快达到其工作温度，并且有害物质排放更少。

根据一项统计数字显示：引擎机件部分的磨损，超过90%是在冷车发动后3min内造成的。正确的热车方法，应该是在发动后0.5～1min上路。久未用车（如隔夜）后发动引擎，引擎的上半部是处于没有机油、缺乏润滑的状况，大约要在发动后30s，才会因机油泵的运转而将机油运送到引擎最需要润滑的活塞、连杆及曲轴等部件。

（2）点火后如何起步？

错误观点：在怠速空转时大力踩几脚油门；只要热了车，上路可以随意开。

说明书观点：在发动机处于冷态时要避免高转速、油门全开和加大发动机负荷。

尽管热了车，也要避免马上高转速行驶，正确的方法是保持低车速，引擎转速一般保持在2000r/min。待引擎温度上升至正常工作温度后，再恢复“个人习惯”开车即可。

（3）怎样刹车最科学和最安全？

错误观点：下坡全程踩住刹车控制车速。

说明书观点：在驶过较长的下陡坡之前要降低车速，挂入某个较低的挡位或选择某个较低的行驶挡，这样可以充分利用发动机牵制力进行制动并减轻制动器负荷。

下坡时，科学的方法是通过降挡来减速制动，而不是踩刹车。特别要提醒的是，有的老驾驶员为了省油，下坡或者下桥时用空挡滑行，而汽车放空挡（或熄火滑行）时，无法给油路或气路加压，汽车将无法正常使用刹车（没压力）。

（4）车子积炭怎么处理？

错误观点：只要不影响行驶，可以不管，或者买积炭清洗剂。

说明书观点：对于经常低速行驶的车辆，容易出现燃烧室、喷油嘴、火花塞上的积炭问题，建议在条件允许的前提下，每隔一段时间采用高转速行驶。

积炭过多会造成怠速低、怠速发抖、各种附属装置的提速均失灵、收油灭车、尾气超标、费油等现象。清除积炭有更省力和省钱的方式，一个是多跑高速，一个是提高换挡转速，其原理是利用气流对进气道的冲刷作用来预防产生积炭，还可以提高汽车的动力性，也避免了换挡转速过低带来的爆振，保护发动机。

（5）不能忽视说明书里的保养警示

对于新车主来说，新车的磨合自然是他们异常关心的话题。一般汽车使用说明书中都会对磨合期的车辆使用方法明确规定，例如雅力士的说明书里就指明“为延长车辆寿命，最初的300km内应避免紧急制动，最初的800km内，不要拖曳挂车，最初的1000km内，不要超高速驾驶，避免突然加速，不要持续低挡驾驶等”。

然而，很多新车手并没有详细阅读说明书，而是听取网络或汽车修理厂工人的意见就经历磨合期，新车由于保养、使用不当等所留下的后遗症，一般都是在新车使用一两年后才会表现出来。许多新车主由于缺乏相应的养车和用车知识，不严格遵守说明书上的规定，最终导致汽车提前衰老。

不光新车主如此，许多经验丰富的老车主也不例外。首保后的保养，这些车主往往是凭借自己的经验，而从来没有仔细阅读过所驾车辆说明书的保养细则。譬如雅力士的说明书里规定“发动机机油应每行驶10000km或每12个月更换1次”，而有的车主甚至开到15000km才更换，这样不但缩短了发动机的使用寿命，还有可能造成很高的维修成本支出。

（6）不读说明书 小问题也可酿大事故

比如最简单的安全带，每个人都会用，但是，绝大多数人却不知道安全带规范的系法。而汽车说明书里就清楚地写明“安全带要斜跨整个肩部，不触及颈部、腰部，扣带尽可能低地横跨于髋部”，以防止突然收紧勒伤脏器。如果了解到这些，车主在坐车的时候就不会把安全带随便地，而且是危险地绕在腹部了。有些车型说明书里还明确地规定了幼儿座椅安全带的用法，要求儿童应根据年龄阶段的不同使用相应的儿童保护装置。

汽车使用说明书只是一本小小的随车手册，但却提供了怎么使用汽车、什么时候应该做保养、什么情况下才有享受厂家提供的保障权益等大量与车主驾车生活息息相关的信息。熟读汽车手册，不但可以清楚了解爱车的各种性能，充分发挥车辆的作用，同时还能够避免很多不必要的错误操作，减少汽车故障，延长爱车的使用寿命。

建议车主挑选一个充满阳光的午后，泡上一杯清茶，再加点轻音乐，仔细品读也许略显枯燥但绝对实用的汽车说明书，并随车携带。

16. 汽车配置的选择

（1）汽车四大配置

一般说来汽车的配置包括基本参数配置、操控性配置、安全性配置以及舒适性配置四个方面。只有从各个配置了解汽车，才能得到全面而客观的评价。下面是具体汽车配置介绍。

① 基本参数配置 主要是包括车辆长、宽、高以及轴距和最小转弯半径等参数，通过长、宽、高可以帮助我们了解车辆的外形尺寸，轴距则是反映汽车内部空间的重要参数，一般而言，轴距越长，内部空间就越大。最小转弯半径反映的则是汽车转弯性能灵活与否。

② 操控性配置 它影响到驾驶员对汽车行驶的操控，主要包括汽车操控高科技配置、变速箱配置、汽车制动系统和发动机工作方式。

③ 安全性配置 汽车安全配置包括主动安全配置和被动安全配置。主动安全配置是为了避免事故发生而设计的预防式配置，主要包括自动刹车碰撞警示系统、驾驶员警示控制系统等；被动安全配置则是减少在事故发生时对驾乘人员和行人的伤害，主要有安全带、安全气囊等。

④ 舒适性配置 可以为驾乘人员提供更多的舒适与便捷，主要包括电话免提系统、后排影音系统、负离子发生器等配置。

四大配置中的各种配置的多与少、档次高与低的组合，使车辆可以组合出多种型号，也就出现了标准配置、选装配置、顶级配置之说了。

（2）标准配置、选装配置、顶级配置

标准配置，就是说该款汽车不管是高配、低配还是顶配都有这个装置。比如，×××全系标配倒车雷达，就是说，这款车所有型号都装有倒车雷达。顶标配置是说这款车里面的配置都是最好、最齐全的，价格最贵。低配当然是最低配置了。

标准配置是厂家针对一个推出的车型，权衡行业同类车型的竞争力后为一个车型配置的基本功能部件，标准配置不是国家的强制标准，而是大部分同类车型应该具备的，或者为了增强竞争力而新增的功能件。这也就是在某些中低档车上为了提高卖点而装配有通常只有高级车才有的配件。

选装配置，是指此配置不属于该款车型的标准配置，而是可以在订车时直接选择的配置。选装配置往往属于丰富性的配置，其本身不影响整车的安全性能和动力性能，会对舒适性、实用性和高科技体验等方便有相应的提升，如倒车影像、数字抬头显示等配置。选装配置通常在汽车参数规格书中会有相应的标示，如“空心圆圈”和“细实线”等。各个汽车厂商所用的标示不尽相同，这个可以通过查看规格书或者咨询相应经销商获悉具体情况。通常情况下，●表示此项为标准配置，○表示此项为选装配置，—表示本车无此项配置。

顶级配置，顾名思义，就是说某款车里面的配置都是最好、最齐全的。

（3）汽车配置的选择

要综合自己的用途及资金预算选择适合自己的配置。首先不能忽视的就是安全配置，不管是主动安全配置还是被动安全配置，都对我们的生命安全起到了一定的保障作用，在选择时以基础的ABS/EBD/ASR全方位安全气囊等配置为重；其次就是影响舒适性、动力性、经济性等配置的选择，主要根据自己的偏好和经济条件承受能力。

17. 不同年龄段的购车方案

不同的年龄层次、不同地域、不同社会地位，汽车对不同的人来说都扮演着不同的角色。新华信市场研究咨询有限公司推出网络调查，共回收5237份问卷。

根据新华信市场调研咨询公司的调研数据：年龄在20岁以下的人购车原因如图3-5所示，32.7%的人是纯粹的热爱汽车，喜欢汽车生活；22.4%的人认为汽车能够体现出一个人的地位。但是，20岁以下的年轻消费人群属于冲动型消费者，他们尚未完全融入社会，消费比较稚嫩，所以他们渴望高档次的品牌汽车来彰显他们心目中的地位。由于20岁以下年龄的年轻人没有雄厚的经济实力，所以价格也是其购车的主要考虑因素之一。同时他们也是特立独行的“新新人类”，因此他们购车的时候更加关注时尚的汽车造型以及漂亮的汽车颜色。

年龄在20～29岁的人的消费相对理性化。这个年龄段的人正处于人生创业阶段，所以他们的购车原因比较集中，33.7%的人购车是因为外出办事情比较方便，与年龄在20岁以下的人相比，这个年龄阶段的消费者并不是特别在意汽车是否能体现其个人的地位。

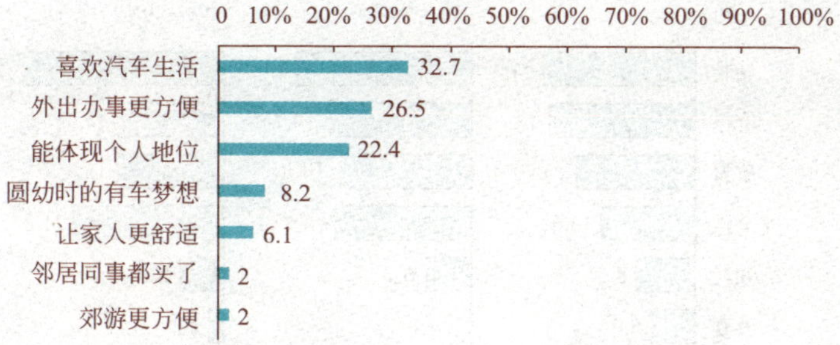

图3-5 年龄在20岁以下的人购车原因

年龄在30～39岁之间的消费者，其事业基本上稳定下来，工作已经不再是其生活的主要重心，孩子较小，家庭需要照顾，因此家庭显现更加重要。这个时候，有车能够让小家庭生活更加舒适的重要性已经超过了购车外出办事情更加方便的重要性，同时，在这个年龄段的人们有了一定的经济基础，所以欲通过汽车来体现个人地位的需求也有所提升。

20～29岁之间的人与30～39岁之间的人购车考虑因素基本相似。他们购车的时候更多地考虑汽车品牌、价格以及质量，确保其购车的实用性。同时，这两个年龄段的人对汽车的安全性以及汽车的用车成本有一定要求，他们不再像20岁以下的人那样对汽车的操控性以及汽车的外观有较高的需求。由此可以发现，汽车厂家所针对的目标消费群体越是年轻，其相应的产品就越是要突出其产品的时尚外观以及良好的操控性。

40～49岁之间的人与20～39岁之间的人相比，如图3-6所示，购车时除了重点考虑汽车的品牌外，安全性是仅次于品牌的第二重点考虑的因素，再次考虑的因素则是汽车的质量。此年龄段的购车者事业稳定，家庭安定，经济实力比前面几个年龄阶段的购车者更加雄厚，所以他们购车时价格则放在相对次要的位置上。面向40～49岁之间的消费人群，汽车厂商在重点打造产品品牌的同时，汽车的安全性以及汽车的质量也是需要重点突出的特性。

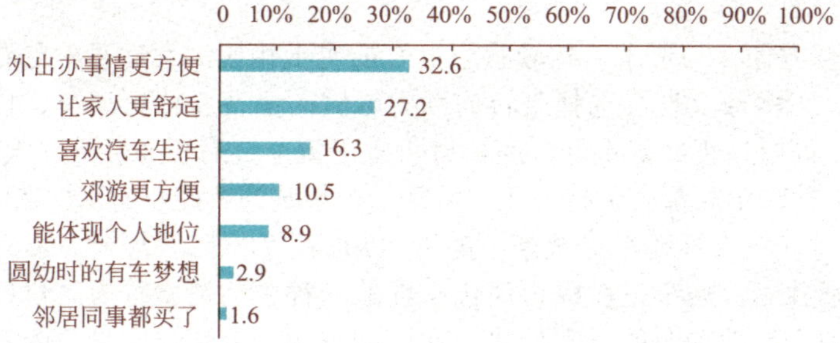

图3-6 40～49年龄段的人购车原因

考虑我国国情，20岁以下的人购车比例很小，其他几个年龄段的人购车看重的因素，各个年龄段看重因素略有差别，如图3-7所示。

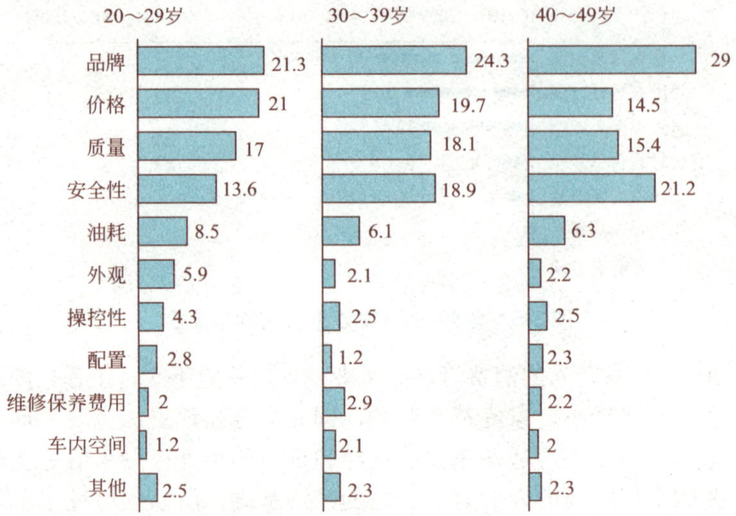

图3-7 各年龄段购车看重因素对比

18. 男女购车的区别

（1）女性购车的特点

① 永恒的第一诉求:靓丽的外观　女性对一辆车是否有好感，很大程度上取决于第一眼的感觉。外观是否好看被排在第一位，整体造型小巧玲珑、外表靓丽、车身轻盈、活泼俏丽、颜色鲜艳、具有流线型的车，通常都会是女性的最爱，这不但体现了女性柔美细腻的一面，同时也为女性在城市里川流不息的车流中行车，带来了很多方便。最近几年，两厢车在市场中走俏其实就是女性购车趋势增强的反映，像福克斯两厢、波罗、骐达、雨燕、飞度等这些外形时尚亮丽的两厢车，就是因其造型可爱、时尚，非常适合女性的审美观而颇受女性的喜爱。

② 偏好“亲友团”　与男性不同，女性购车时喜欢带着购车“亲友团”，买车时车型、颜色等选择尽量都是由自己做主，但在最后决策时大都会找来技术参谋进行技术把关。

③ 操控要方便　与追求“驾驶感至上”的男士相比，女性开车更看重车辆驾驶时的舒适性。大多数女性会选择带转向助力、转向盘及座椅可调节、自动变速箱等配置的车型。同时，视线好不好、座椅可否上下调节、后备厢够不够大、配置如何，这些细节在女性购车时都会引起关注，常常一个小装饰就能左右女性选车的决定。

④ 独立时代，女性购车更果断　随着“70后”“80后”甚至“90后”女性经济和个性的日渐独立，购车正在成为现代女性的一种主动消费行为，自己的座驾自己做主正成为独立女性购车的一大趋势。女性购车两极分化很明显，或者是偏于中低端的家用车，或者干脆就是走张扬的个性路线，选择豪华车、SUV和跑车。

⑤ 家庭购车，女性诉求占主导　家庭购车一般都是男性先“做功课”，在大量的品牌中选定三四款，然后一家人实地考察，而最后买哪款车，大多数时候都是女性

做决定的。

（2）男性购车的特点

① 购车动机形成迅速、果断，自信心强。男性消费者的独立性和自尊心相对较强，善于控制自己的情绪，考虑问题时一般能够理性、冷静地权衡各种利弊因素，受他人的影响相对轻一些，一旦产生购买动机，决策形成很快，决策过程相对较短。

② 购车动机具有被动性。一般来说，男性消费者对汽车的购买动机往往比女性消费者理性些。一般情况下，往往是由于实际需要才会产生购买动机，不会盲从。

③ 购车动机感情色彩淡薄。男性顾客在购买车辆时，主要考虑车辆的性能、质量、品牌和使用的效果等。另外，男性顾客认为男性的特征是粗犷有力，购买车辆时，往往对具有明显女性用车特征的车辆不感兴趣。

④ 购车讲求实用性。男性消费者在购买车时往往考虑车的实用性，注重车的配置和适用工况。

这里讲的男性特指“工薪一族”，如果你是老板、“潮男”、“玩车一族”则不在此列，且勿对号入座。

19. 都市女性购车指南

都市女性在选购自己的爱车时，首先考虑到自身需求，并加以综合评估，然后决定需要哪种车，或者哪一款车最适合你。

（1）购车预算

购车之前，都市女性要心里有个底，要花多少钱来购车，才能符合自己的价值取向、爱好、经济承受能力。但除了购车之外，还必须考虑到养车的费用。下列两项是必须考虑的项目。

① 固定费用。包括购车款、购置税、保险费、停车费、车船税、上牌费等。

② 变动开支。最重要的是燃油费、机油及“三滤”的更换费用、轮胎的更换以及正常的保养、修理费用等。

女人天性爱美求新，流线型的车辆往往是首选。职业女性不妨选色彩庄重、线条平实、大小适中的车辆；时尚女性可选择色彩艳丽和小巧独特的车辆。

（2）车辆的操纵性

如果偏爱快车驰骋，则选择手动排挡变速，操控性和驾驶体验最能得到满足。经常在市区开车，为避免塞车换挡的辛劳和半坡起步的后溜，自动挡是首选。

（3）安全因素

女性开车比较谨慎小心，但需要加强现场处理的应急处理能力。选择具有基本安全配备的车辆，如安全玻璃、防撞保险杠、广阔的视野、较少的后视死角。气囊、ABS刹车系统等对于驾驶人的生命安全有着莫大的保障，也应作为必要选择。

20. 都市女性购车时应注意的问题

① 与男性相比，多数女性不太了解汽车；如果你自认为无法在短期内快速成为一个“汽车通”，不妨购车时带着男友或老公，或者是熟悉汽车的男性好友，让他们

做你的汽车顾问。

② 货比三家。面对不了解汽车的女购车者，销售人员往往会天花乱坠地乱吹一通，所以在购车前最好通过其他渠道对于车型有一些了解。购车时也要货比三家，多去几家4S店看一看。

③ 不要光被车辆的外形所迷惑，草率拍板定案。最好要自己去试开一下，看一看是否好开。车辆除了是拿来看的，最终还是用来开的。

④ 不必太执迷于车辆的动力性、操控性以及一些纸面参数。对于女性车主而言，安全性能、适合于女性的一些车内配置，甚至简单平顺的自动挡变速器往往更加重要。如果经济条件许可，建议购买技术含量高一些的新款车型。很多新的汽车，要么是让车辆更加简单好开，要么是让车辆行驶得更加安全可靠。

⑤ 女性天生喜欢购物，出门时携带的随身物品也比男人多了不少，因此购买汽车时最好考虑车内空间宽裕的车型。此外，还要注意车内的各种随手储物箱是否够用，比如鞋盒、手套盒及眼镜盒等，这对于女车主而言往往十分实用。

⑥ 除了特别偏爱大车和越野车的个别人士，建议女性购车还是选择小巧灵活的车型，现在城市里非常拥堵，停车位也不好找，而女性对空间的感觉又比男性要差一些，选择小巧、灵活一点儿的车，让你比较容易掌控，一是好开，二是好停。此外，女性购车最好选择底盘偏低的车型，不但上下方便，特别是夏天穿裙子时底盘低一点儿的优势就显现出来了，底盘低的车辆行驶起来也往往更加平稳一些。

⑦ 发挥女性购物的天赋：砍价，让商家们给出尽可能多的让利。男人们购车往往出于面子不好意思砍价太狠，女性在砍价方面大有优势。即使商家利润薄在价格上讨不到便宜，也可以让商家多送一些车上用品。

⑧ 在加油站排队加油是让女性们很反感的事，更主要的是不少女车主开车时很少注意油箱，往往是开到没油了才恍然醒悟，所以选择一辆油耗低、油箱容量大的车型十分重要。

⑨ 女性天生对机械缺少感觉，也没有太大的兴趣，对车辆的操作仅限于踩油门和刹车，一旦出了点儿小毛病立刻手足无措。女车主中这样的“开关师傅”占了大部分，所以选车时最好选一款质量好、不容易出毛病的车。一般来说，大品牌、保有量大的车，通常质量也比较可靠。女性朋友买车前可以多向周围的亲戚朋友或是懂车的业内人士打听一下，哪些车型的故障率比较低。

⑩ 留意安全配置方面的小细节。和男性相比，女性通常更弱势，因此对车辆的安全功能有更高的要求。除了ABS、安全气囊、ESP车身稳定控制系统等安全配置外，有一些看上去不起眼的小配置，女性在买车时应该格外关注。

21. 家用轿车选购常识

要想选购一辆适合自己的车，首先要了解以下常识。

（1）汽车越重越费油

从节油观点来看，汽车自重与油耗成正比关系，即重量越大的汽车油耗越高，使用经济性相对较差。小型车自重每增加40kg要多耗燃油1%。但自重大的汽车具备急转弯和急刹车状况下稳定性较好的优点，不易发生“发飘”的现象。

（2）排量越大越费油

汽车油耗主要取决于三个因素：车重、发动机与变速箱效率、空气动力学，排量对油耗并没有决定性作用。但是，从综合数据来看，排量越大的车，其油耗要高一些，这是因为在低速和怠速阶段，大排量车型的油耗水平较高，但如果你所在的地区交通、路况等条件比较好，大排量车型在高速阶段还是相对比较省油的。

（3）不同驱动方式的利弊

越野车前后轮都有驱动力，牵引力大，通过性强，附着力大，稳定性好，车身和传动系统的钢板比轿车厚，安全系数高，适于越野，但重量大，节油性差。

后轮驱动的中、高级轿车，前后桥承载的负荷基本一样，动力性强，牵引力大，在爬坡、泥泞道路和颠簸路上行驶时，动力性、防后轮侧滑和稳定性明显优越于“发动机前置，前桥驱动”的汽车。传动轴退至后桥，导致地板凸起，几个总成分开布置，占据空间较大，很难使汽车小型化。

前轮驱动的中小型轿车，省了传动轴，地板平坦，传动系统紧凑，重量减轻，地板降低，重心下降。上坡时重量向后移，前桥负荷减轻，不能产生足够的牵引力，不宜在上下坡较多的山区使用。

微型车，省去了传动轴，附着力大，牵引力也大，轴距较小，地板下没有排气管，发动机废气、噪声不会污染车厢内。后桥负荷大，转弯易侧滑，操纵系统太长，结构复杂，冷却系统复杂，后备厢太小。

（4）自动挡汽车省事不省钱

自动挡（又称自动变速）装备有自动控制装置，行车中可根据车速自动调整挡位，无需人工操作，省去了许多换挡及踏踩离合的工作。其不足之处在于价格较贵、维修费用高，而且使用起来比手动挡车费油，因为自动变速器的动力传递是通过液压来完成的，在工作中会造成动力损失。尤其是低速行驶或堵车中走走停停时，更会增大油耗。

（5）装配子午线轮胎的汽车

装有子午线轮胎的汽车与装有斜交轮胎的汽车相比，耐磨性可以提高50%～100%，滚动阻力降低20%～30%，而且可以节油6%～8%。当然，子午线轮胎要比斜交胎贵一些。

（6）铝合金轮圈

现在采用铝合金轮圈（轮毂）的车辆越来越多，优缺点都有。

① 铝合金轮圈优点。

a. 重量轻，省油。以直径13in（1in=2.54cm）为例，铝合金轮圈约比钢圈轻11%，14in时约轻22%，直径越大，则相差越大，耗油量相差越明显。

b. 散热效果好。铝合金不仅热传导性能佳，而且多变化的造型设计，可以帮助通风散热，可以提高轮胎寿命，减少爆胎危险。

c. 真圆度及均质性较佳。铝合金轮圈可以降低车辆行驶的振动及噪声。

d. 美观多变化。铝合金轮圈造型结构变化大，本身的金属光泽，多变化的涂装及电镀等方式，造就了亮丽的外形，从而提高了汽车的价值与美感。

e.安全性能佳。轻合金轮圈的安全性能测试比钢圈严格许多，因为它质脆，所以必须额外通过严格冲击试验才行，故一个通过安全性能测试的轻合金轮圈，应该足以应付一般消费者的正常使用情况。

f.回收成本低。铝材回收成本较钢材回收成本低，再利用效率高，更符合环保要求。

综合以上，使用轻合金轮圈好处实在太多了，不过它也有缺点，只是比较少人提起，在此也提供给读者参考。

② 铝合金轮圈的缺点。

a.质脆。延伸率较低，允许变形的能力较差，所以品质不佳的轻合金轮圈，容易产生断裂的危险。因此对轻合金轮圈进行安全性测试是非常重要的事。

b.品质一致性较差。因为制造过程较复杂（包括材质成分、铸造技术、模具设计、热处理过程、切削及涂装过程），容易因人为疏失而产生问题。

c.贵。以国产15in轮圈为例，目前市价铝合金轮圈约为钢圈1.7倍。

（7）买“零千米”汽车

所谓“零千米”汽车，是说车辆出厂后直接售出或经专用运输车送到销售商手中，其行驶里程为“零”。当然厂家调试、发运过程可能会行驶一段路程，因此，新车的里程表上显示行驶了10～20km是正常的，可以认定还算“零千米”的新车。

不过，消费者应该注意：里程表是可以改动的，某些不法商家为了私利，会将已经行驶了相当路程的车辆，通过调整里程表的方法，伪装成“零千米”的车。怎样识别它们呢？

① 看出厂日期　出厂日期是标志该车从生产线上完成装配的日期。它往往被注明在引擎盖下面的一块小铝牌上。如果你看到这个日期与你买车的日期十分接近，说明该车较新。如果这个日期与你买车的日期相差很远，就可能有问题。因为间隔时间太长，例如库存车辆，或别人反复挑选剩下未成交的。同时，如果是放在露天任由风吹雨打而缺乏保养，这就会涉及蓄电池、雨刮器胶片、润滑油等有无老化的问题。

② 看轮胎　零千米新车的轮胎，是完全没有磨损的，包括轮胎制造过程中产生的细小痕迹以及刺状的凸起。只要发现哪怕是最细小的轮胎磨损，而里程表又显示为“0”的时候，很有可能隐藏着其他问题。

③ 观察“跑冒滴漏”　所谓“跑冒滴漏”，是指车辆行驶了一段里程，出现的漏油、漏水、漏气等现象。打开引擎盖，观察发动机气缸体和气缸盖、油底壳之间有无机油渗漏；水箱周围有无水渍；蓄电池电极附近有无污染和锈蚀；空调管路的接口处有无尘土等。

趴下身子观察底盘，转向节附近有无渗油；驱动轴的防尘套是否完好；减振器周围有无尘土粘连；减振的橡胶零件有无变形；变速器和后桥的外壳是否有渗漏的油迹，或观察地面是否有滴油的痕迹。

（8）购车渠道

应到实力雄厚、信誉可靠的经销商处选购汽车。

22. 家用轿车排量的选择

发动机排量小的车，动力弱，稍微有点儿吃力，所谓小马拉大车。排量大了，油耗会高一些，而且平常市区也无法体验动力强劲的感觉。一般来说，对于城市家庭，排量在1.6～1.8L的发动机输出比较理想，能在动力性和经济性中找到不错的平衡。

在国内，1.6L及以下排量乘用车购置税是一致的（近几年国家鼓励汽车消费，还有1.6L及以下排量乘用车购置税的优惠政策），超过1.6L购置税则更高，使得1.6L成了“黄金排量”。很多价格为15万元以下的轿车，都在这个发动机排量上做文章。

由于欧盟排放法规比较苛刻，欧洲车企纷纷采用小排量涡轮增压来应对。现在国内市场，下至紧凑型轿车，上至大型豪华轿车，SUV、MPV几乎所有车型都开始采用“小排量＋涡轮增压”技术，其中，普及率最高的是1.5T发动机，目前市面上装配1.5T发动机的车型要比更早面世的1.4T或1.6T车型还要多。

1.5T的普及，意味着它在排放法规下有更好的表现，在温和工况下更省油。也就是说，在日常的使用中，1.5T的动力和经济性平衡得更好，“黄金排量”的称号正悄然易主。

23. 汽车的色彩

汽车色彩的设计一般要经过色彩研究、想象设计、色彩构成、用户评议、信息反馈、色彩初步确定、环境试验、色彩最终确定等一系列程序。在国外，很多世界汽车巨头都不敢小看色彩的含金量。每年不同的汽车公司都推出不同的色彩，这种色彩的推出绝不是根据设计者的喜好，而是有他们各自的色彩方案。例如，奥迪汽车公司就委托英国的环球色彩公司来做汽车产品整体设计。首先奥迪公司选好准备新推出的汽车款式，再请环球色彩公司来提供10～20种颜色，奥迪公司根据提供的颜色来确定设计不同颜色的汽车。

在设计汽车色彩时，应主要从汽车的使用功能、使用环境、使用对象、使用安全性和流行色彩等方面考虑。

（1）汽车的使用功能

汽车在使用过程中，已经形成惯用色彩。

例如，消防车采用红色，除了红色亮度高、醒目容易发觉外，主要是人们一见到红色的消防车，就想到有火灾发生，因而赶紧避让。

白色用于医疗救护车，是运用白色的洁白、神圣的联想含义。

邮政车选择绿色，是因为绿色给人以和平、安全的感觉。

作为军用车辆，一般都为深绿色，使车辆与草木、黑色的沥青路面颜色相近，达到隐蔽、安全的目的。

工程车辆多采用黄黑相间的色彩，是运用黄色亮度高、醒目的特点，以引起行人和其他车辆注意。

还有一些汽车在底色上采用有功能标志的图案，例如白色救护车上的红十字标志，冷藏车上的雪花、企鹅等图案。

专用汽车其色彩应符合人们的传统习惯，贴近人们的思想感情。例如，殡仪车的色彩应具有肃穆、庄重的气氛，白色和黑色是最优选择。

（2）汽车的使用环境

由于不同地区的光照强度有差别，造成了人们对不同色彩的偏爱。在美国，以纽约市为中心的大西洋沿岸的人们喜欢淡色，而在旧金山太平洋沿岸的人们则喜欢鲜明色。北欧的阳光接近发蓝的黄色，北欧人喜欢青绿色。意大利人喜欢黄色和红色，法拉利跑车全是红色。伊朗、科威特、沙特阿拉伯、伊拉克等国家禁忌黄色，却推崇绿色，认为绿色是生命之源。

汽车行驶在城市中，对城市色彩有装饰作用，但是，汽车色彩与环境色彩发生“碰撞”现象，会使原本喧闹的环境更加嘈杂混乱，使视觉感观极易疲劳。因此，汽车色彩应与环境色彩协调。

（3）汽车的使用对象

由于各国、各地区、各民族的社会政治、经济、文化、教育以及生活习惯的不同，表现出人们的色彩观念也不同，都有自己偏爱和禁忌的色彩。据日本丰田汽车公司的调查统计，该公司的汽车在本国销售，以白色最受欢迎，其次是红色、灰色等，而销往美国、加拿大的汽车色彩以淡茶色、浅蓝色最受欢迎，其次是白色、杏黄色。

在我国，红色具有赤诚之意，又是幸福和喜庆的象征，例如红灯笼、红鞭炮、红喜字等，营造热烈、兴奋和喜庆的氛围。但是，在另外一些国家，如美国人却认为红色是不吉祥的象征，常把红色视为巫术、死亡、流血和赤字。日本人喜欢白色和红色，忌讳黑白相间色。拉丁美洲国家的人大多偏爱暖色调，他们喜欢在客车上涂饰艳丽夺目的各式图案，或是临摹圣婴像，或是涂绘田园风景、花鸟等。南亚一些国家因为人的皮肤黑，所以不喜欢黑色。非洲大多数国家也忌讳黑色，而喜欢鲜艳的色彩。

（4）汽车的行驶安全

汽车的行驶安全是与汽车的制动性、操纵稳定性等直接相关的，但也与汽车的色彩有一定关系。

在视觉上，颜色具有收缩性和膨胀性。如果有红色、黄色、蓝色、绿色共四辆车与观察者保持相同的距离，红色车和黄色车看上去要离观察者近一些，而蓝色车和绿色车看上去离观察者较远。不同的颜色，会产生体积大小不同的感觉。黄色感觉大一些，有膨胀性，称膨胀色；而同样体积的蓝色、绿色感觉小一些，有收缩性，称收缩色。此外，汽车颜色的深浅在不同光强条件下的反射效果也有很大的差异。清华大学汽车系和大陆汽车俱乐部（CAA）曾经对黑、蓝、绿、银灰、白5种不同颜色轿车的视认性和安全性做过试验研究。研究结果表明，深颜色的黑色车在清晨和傍晚时段光线不好的情况下，最难被肉眼所识别，而浅颜色的白色和银灰色车则容易辨识，所以黑色车的颜色安全性较白色和车银灰色车差，而绿色车和蓝色车的颜色安全性居中。

根据大陆汽车俱乐部针对5158起交通事故的统计数据得到：黑色车事故率最高，白色车事故率最低。其他颜色的汽车事故率由高到低依次是绿色、棕色、红色、蓝色和银灰色。

由此可知，从安全的角度考虑，汽车色彩最好选择浅颜色或膨胀色。白色车是安全色较佳的选择。银灰色车不但看上去有品位，而且遭遇车祸的概率也比其他颜色的车低得多，银灰色车是浅颜色车中最能避免车祸的，特别是在晚上，因为这种颜色可以反射灯光，更容易令其他司机注意到。

汽车内饰的颜色选择也同样影响着行车安全，因为不同的内饰颜色对驾驶员的情绪具有一定的影响。内饰采用明快的配色，能给人以宽敞、舒适的感觉。夏天最好采用冷色，冬天最好采用暖色，可以调节冷暖感觉。暗色给人以重的感觉，明色给人以轻的感觉。红色内饰容易引起视觉疲劳，浅绿色内饰可放松视觉神经。

（5）汽车的流行色彩

流行色彩是指在一定的时期内被人们广泛采用的颜色。汽车的流行色彩有其自身的发展规律。新鲜感是流行色彩的原动力，如果总是感受同样的色彩，人们就需要新的刺激。大量的资料表明，汽车的流行色彩呈现周期性的变化，其新鲜感周期大约为1.5年，交替周期大约是3.5年。以日本汽车色彩的变迁为例，1965年以前，明亮的灰色汽车备受青睐；1965年盛行蓝色、灰色和银色汽车；1968年黄色汽车迅速增多；1970年黄色汽车又急剧减少，而橄榄色和褐色汽车逐渐增多；1977年褐色汽车最受欢迎；1982年白色汽车占到总数的50.9%；1985～1986年白色汽车数量达到最高峰，每4辆汽车就有3辆是白色的。据一项调查，在世界范围内1989年的最畅销汽车色彩是白色和红色。而20世纪90年代，黑色汽车销量增多。

24. 颜色和车主身份

一个人对某种汽车颜色的喜爱在一定的程度上可反映出他的性格。

红色，与其他事物的红色意义相类似，代表充沛火热的生命力，在欢喜间又蕴含着一种唤醒人们的潜意识，让人产生蓬勃向上的感觉。喜欢红色汽车的人，一般具有较强的事业心，对自己的一切充满自信，对人热情，性格较急，一个人开车时喜欢开快车。

蓝色，作为装点世界的通用颜色，在“劳斯莱斯”和“奔驰”车族中，你都会很随意地找到蓝色的身影，虽然一身“蓝衫”，却身价万金，显示出博大、尊贵的气派和风度。喜欢蓝色汽车的人，干事冷静，具有较强的分析能力，知识面较广，性格较为温柔 。

白色，在轿车中是清新亮丽、卓尔不群的象征，正如出污泥而不染的莲花，也似处于平凡而不俗的人中之君，总给人一种行走在高处的不同凡俗的感觉。

黑色，一直是轿车的争议色。有人认为黑色轿车既保守自尊，又新潮浪漫，其实黑色轿车更具有典雅的魅力，有种安全、沉着的人格感召力。喜欢黑色汽车的人，工作热情高，万事追求完美的境界，做事干练，从不拖泥带水，心理较成熟。

绿色，有春风拂面，杨柳临风的感觉，同时更具有田园诗画般的旖旎风情，是和谐、生机盎然的浓缩和升华。喜欢绿色汽车的人，一般处事中庸，行事稳当，不爱冒险，但性格坚强。

此外，喜欢黄色汽车的人，乐观、好交际、朋友众多，但有时比较独断，有时会在无意中得罪人。

在汽车市场上，比较畅销的三种汽车颜色依次为黑色、红色、白色。

25. 颜色与车身造型

汽车颜色作为汽车造型设计的一部分，直接由设计师主导，受到汽车造型的因素影响。不同的造型搭配不同的颜色，这是设计师从美学的角度出发进行设计的，合适的颜色能更好地烘托设计，表现出汽车的特质。

圆润丰满的汽车：小巧圆润的造型，需要给人很整体的感觉，颜色多用纯度高的彩色，红色、黄色等颜色分布较广，如甲壳虫、QQ、MINI、波罗等。

弧面带有锋利折线的汽车：这类汽车的造型给人锋利、力量、张力、有攻击性、速度感的感觉。弧面需要比较浅的颜色来体现光影变化，从而表现弧面的凸凹转折。锋利的折线也需要浅色或者银色的金属感强烈的颜色来体现凸凹的光影变化。银色也给人张扬、炫耀的感觉，正好符合这类汽车给人的视觉特征，如经典老款的桑塔纳、捷达、富康。

造型相对规整的大中型轿车：这类车设计保守，内敛，简练。黑色、深灰色、褐色等是搭配这类车的常见选择。同时深色能够修饰这类车过于庞大的身躯，在视觉上显得小一点儿。代表车型有奔驰S级，国内常见的奥迪A6、本田雅阁等。

26. 汽车颜色的选择

（1）大众化家用轿车

代表品牌或车型有大众、丰田、标致雪铁龙和MINI、QQ等。这类汽车颜色种类丰富多样，除了黑色、白色、灰色以外，红色、黄色、蓝色等鲜艳的纯度较高的颜色比重较大。总体来说，颜色丰富，选择面广，集中度低。

① 高档豪华轿车。代表品牌有奔驰、宝马、奥迪等，还有像丰田皇冠、本田雅阁、大众帕萨特等中高档车型。这类车公务、商务所占的比重相对较大，价格相对较高。这类车在过去几乎全是黑色的。现在，这类车型的色彩正在快速发生变化：银色、灰色、褐色和白色的比重迅速增加，不再是沉闷单一的黑色一统天下。但是这类车的消费者喜欢以高贵、庄重、典雅的形象示人，所以颜色主要还是集中在黑色到银色之间，鲜有高纯度的颜色。

② 运动型汽车和跑车。代表品牌有法拉利、兰博基尼、保时捷等。这类汽车面对的消费者是年轻的汽车运动的爱好者，喜欢赛车和速度刺激。由于车型设计都是为了诠释速度和激情的，所以颜色大多是红色、黄色、橙色等鲜艳亮丽的高纯度高明度的颜色。

（2）基于地域文化的汽车颜色分析

我国传统的颜色偏好主要是红色和黑色。延续历史，我国的民族文化里一直都有对红色的偏好。红色代表喜庆、兴旺、繁荣、热情等。红色的代表含义几乎都是正面积极的，所以理所应当我国汽车市场红色汽车的占有率相对于其他国家或地区要高。

在我国人的印象里，高档车和官方用车主要都是黑色的，消费者有从众心理，也追求高端的商品特征，所以黑色汽车相对较多。但是目前随着汽车消费年轻化、个性化，以及汽车市场的成熟，黑色的集中度正在减弱。

27. 中级轿车的选购

随着家庭收入的增加，很多家庭购买第二辆车，并且很多家庭购买中级车，在这给购买中级车的朋友几点建议。

（1）看造型：符合潮流才是好

动感、时尚、具有长久的欣赏价值是轿车造型的大势所趋。身形饱满但不臃肿，线条顺滑却透着劲拔，这样的外形肯定是符合潮流的。同时在汽车的细节部位也要富于新意，凸显时代风范。先进车型应当是在未来几年里都不会过时的。汽车造型应既最大限度地迎合空气动力学的要求，同时又把驾乘空间扩展到最大极限，即达到了所谓的“双M”要求（双M：Min和Max，也就是机器所占空间最小，而驾乘者享受的内部空间最大）。

（2）看底盘：三个系统要先进

考察底盘的“血统”就是考察底盘技术平台所包括的三个主要系统，即悬挂系统、转向系统和制动系统是不是都应用了代表汽车未来发展趋势的先进技术。比如说双横臂前悬架和E形多连杆后悬架，智能化的感速型齿轮齿条式动力转向系统，以及具备自动调整能力的后轮浮动钳盘式制动器等。

（3）看安全：被动主动都重要

对于汽车来说，安全性是至关重要的。汽车是不是拥有全方位的安全保护，在选车时绝对不能忽视。汽车安全通常可以分成主动安全系统和被动安全系统，可以从这两方面的相关配置看汽车是否具有全方位的安全保护。在主动安全性方面，应考察备选车型的电子装备是否齐全，最好完全配备ABS+EBA+EBD+TCS+DSC这一主动安全“套餐”。在被动安全方面，安全气囊是必不可少的。另外还要考察的是车身结构，好的车身结构可以最大限度地在出事故时保护乘客。

（4）看油耗：好车更需要省油

汽车是一个比较特殊的长时间使用的产品，在漫长的使用过程中，燃油费、维护保养和损坏修理是无法规避的环节。一部汽车的燃油经济性与其他性能指标是既矛盾又和谐统一的关系，合理的油耗也是车辆安全舒适的保障，在正常行驶条件下，油耗比同级车型都要低的轿车，必然是最佳的选择。

（5）看服务：买车也是买服务

售后服务是汽车消费选择的又一个必要条件。国际汽车巨头的进入使4S营销模式进入国内，并为国人所接受。而24小时全天候服务电话，为用户提供24小时咨询和救援服务也被很多公司采用。在这种情况下，就应该选择一家真正把用户放在最重要的位置，一切都以用户的需求为服务标准，纵向、横向二维乃至无限度延伸的服务提供商。

28. 如何选购MPV？

家用MPV“源于轿车，胜于轿车”，集轿车的舒适性、SUV的高通过性和灵活大空间等诸多优势于一身。所以，人们在选购家用MPV时，除了关注上述优势外，还十分重视车型具备更好的适应性、实用性、灵活性及价格竞争力。

近年来，虽无法与SUV市场的火爆相媲美，但MPV的受关注度和销量也在明显提升。随着社会经济的发展与MPV市场的日趋成熟，如今的MPV“多功能”属性愈加明显，身兼公用、商务、家用数职，以更加亲民的形象走进普通大众。

选购MPV时，主要关注以下几个方面。

① 外观是否大气。

② 空间是否宽敞。

③ 驾乘是否舒适。

④ 油耗高低，使用成本高低。

⑤ 动力是否可靠。

⑥ 安全性能是否可靠。

29. 如何选购都市SUV？

2016年，SUV产销继续保持高速增长，分别增长45.7%和44.6%，主要得益于SUV视野开阔，车身高大。购买和使用SUV最值得关注的问题，也是买车和用车人普遍关心的问题，离不开以下几个方面。

（1）价格

根据价格需求定位所需要的类型等级。SUV的价格高低相差很大，小型SUV也就几万元钱，多数是两驱；大型SUV则几十万元，多数是四驱。

（2）空间大小

国人掀起了购买SUV的热潮，很大的原因是作为家庭用车，需要较大的空间性才能满足一家人的出行要求。

（3）安全性与可靠性

客观地说，不同厂商的生产规模、产品开发、试验及检测手段不尽相同，在质量保证上要格外关注，除自己的偏好外，应尽量购买那些车型成熟、市场口碑好的产品，这类产品往往更加符合消费者的安全意识。

（4）SUV油耗的大小

作为家庭第二或第三辆汽车，主要侧重于休闲度假的皮卡或者SUV，通常都是采用6缸、8缸的发动机，动力充沛、扭矩强劲，油耗自然也就大了。SUV车体宽大、自重较重等原因，油耗自然不可忽视，在买车时不仅要听商家怎么说，也要问一问别的车主感受如何，免得日后难以承受。

（5）SUV的通过性能

我们有时候会经过山路或者所在地区的路状况较差，需要选择通过性较高的车辆才能满足日常需求。不要轻信厂家商家所说的“越野”功能。何为SUV？何为越野车？两者并不完全通用，越野必须做到：第一，要有比较高的底盘，专业术语是有足够的接近角和离去角，保证跋山涉水的需要；第二，在驱动轮之外，还必须有分动装置，既所谓的“四轮驱动”或“全轮驱动”。

（6）选装配置

根据自己的需求选择自己最想要的配置。

（7）保养与维修服务

汽车产品不同于其他产品，必须定期进行维护与保养，其成本也不仅仅是购车时的一次性支出，养车的钱甚至要比买车更多，因此，维修与零部件购买是否方便、人工成本与零部件价格是否合理，都将成为影响购车的因素。

综合以上情况，根据自己的侧重点，合理选择适合自己的SUV。

30. 选购越野车的注意事项

（1）具有底盘大梁的车型应该是越野车的必备元素

目前，绝大多数轿车和都市SUV车型，都采用承载式车身，这些车辆一般不能胜任恶劣山路的驾驶。此外，除了车身与车架牢固外，一般不被人注意的车顶也应该足够厚。因为越野行车比较容易发生翻车之类的事故，因此要求车顶钢板厚度达3mm。若行驶在高原地域，往往是碎石路、泥泞路，甚至涉水路、冰雪路交替出现，则车辆的悬架系统、制动系统、发动机、变速器、密闭性等均应具有更高的要求。

（2）四轮驱动必不可少，越野车将能带你去更多想去的地方

若驾车进入高原山区，一辆具备四轮驱动功能的越野车是首要条件，普遍要求离地间隙应大于18cm。此外，高原山区驾车容易遭遇路面障碍物或深陷泥泞之中，具备四轮驱动的车辆更容易驶出泥沼。

（3）柴油车更胜汽油车

河流、水溪是越野车必经之路，因此越野车应具有较强的涉水能力。值得一提的是，对比汽油车而言，柴油车具备更少的电路系统，进行密封改装后的车辆，甚至能在即将漫过车顶的水域前进。而汽油车由于存在大量的电路，即使改装涉水管将发动机进气口升高，防止发动机进水而损害机器，也很难将全车的电路升高，当涉水水面超过整个车轮时，可能会因为潮湿导致电路故障。因此，柴油车更适宜在深水路面行驶。

（4）要看重车辆的品牌

纯正越野品牌的车辆会比较好，这样对质量及售后服务都有保障。

（5）要有较好的越野性能

一是要有比较高的底盘，专业术语是有足够的接近角和离去角，保证跋山涉水的需要；二是必须有分动装置，即所谓的“四轮驱动”或“全轮驱动”；三是动力性能要好。

（6）安全性配置高

因为要跋山涉水，所以车的安全性至关重要，像气囊、ABS、EBD等配置一定要有。

（7）一定要考虑保养与维修服务问题

汽车产品不同于其他家电产品之处在于必须定期进行维护与保养，其成本也不只是购车时一次性支出，养车的钱甚至要比买车更多，尤其是越野车。因此，维修与零部件购买是否方便，人工成本与零部件价格是否合理，都将成为影响购买的重要因素。

（8）内饰简介化

越野车的内饰较简单，对内饰不应太讲究，如果想追求个性化，可自己再进行汽车的装饰。

（9）油耗对比

不同品牌的越野车油耗大小相差较大，买车时可对比选择，相对而言，柴油车比较好。

31. 如何选购紧凑型经济轿车？

家庭用车主要有几个功能。第一是要尽量能坐下一家人，可以让举家自驾出游成为现实；第二是方便日常购物，购买的大小家用产品容易放得下；第三是送孩子参加课外活动等，可靠和安全性要高。

经济适用的家庭汽车，首先要经济，有价格优势；其次是满足上面所列的功能。紧凑型经济轿车恰好可以满足上述要求。

汽车市场的刚性需求，紧凑型家用轿车无疑排名第一，其原因在于车主群体的日趋年轻化。所以，紧凑型家用轿车也就成了这一年龄段消费群体的首选。在这一消费群体的热捧下，近年来每月车型销量综合排名中，紧凑型家用轿车往往占据其中十之八九。而紧凑型车市场，重点比拼的也就是如何满足年轻消费群体对时尚、动感、经济适用的需求。

第一辆家庭用车一般都是紧凑型车，标准是车总长为4.2～4.6m，轴距2.4～2.7米之间，发动机排量一般为1.4～2.0升，售价在一般不超过18万元（当然，高配价格可以高一点儿）。比较典型的紧凑型车是高尔夫、科鲁兹、福克斯、朗逸、宝来、明锐、速腾、卡罗拉、思域、骏捷、标致307等。

32. 如何验收新车？

① 验车前看好合格证、保养手册、“三包”凭证、说明书。

② 查对排气量、出厂年月、车架号、发动机号。

③ 环绕汽车一周，仔细查看车漆颜色、全车颜色是否一致。车身表面有无划痕、掉漆、开裂、起泡或锈蚀。用手摸一摸有无修补痕迹，不要被脏物或灰尘遮住残伤痕迹（这项是最主要的）。

④ 检查汽车有无（冷却液、润滑液、制动液等）泄漏现象。仔细检查一下机器各部位是否有漏油（渗油）现象。通常可能漏油（渗油）的部位是发动机的油底壳、变速器和后桥。只要观察一下这些部件的外壳是否有渗出的油迹，或观察地面是否有滴油的痕迹，即可判明。打开发动机舱盖检查蓄电池、水箱是否泄漏，各部分走线是否合理，有无混乱。

⑤ 用手按压汽车前后左右4个角，松手后跳动不多于2次，表示减振器性能力好。

⑥ 查看所有车灯是否正常，车门、车窗是否完整、玻璃有无损伤。

⑦ 打开车门，检查车内座椅是否完整，座椅前后、上下是否可以调整。椅套是否整洁，真皮座椅是否有瑕疵，地面是否清洁、密封良好。车门把手开、关门是否灵活、安全、可靠，门窗密封条是否损坏。

⑧ 车窗玻璃操纵机构工作是否顺畅，有无阻滞。

⑨ 坐进驾驶室，接通电源开头，检查刮水器（最好能检查自动感应雨刷是否灵敏）、喷水清洁器工作是否正常。雨刮刮得是否干净。

⑩ 用手晃动转向盘，上下不应有间隙，左右自由行程不应过大，表面手感要好。

⑪ 检查所有仪表显示是否正常。检查前照灯（大、小灯）、制动灯、雾灯等工作是否正常。

⑫ 检查汽车喇叭。

⑬ 坐好后，手放在转向盘上，左脚踏离合器踏板，应感觉轻松自如，并有一小段自由行程；右脚踩下制动踏板不放，其应保持一定高度；油门踏板不应有犯卡、沉重、不回位的现象，腿、脚放在油门踏板上时，应自然舒适，这样才能保证长途驾驶不疲劳。

⑭ 检查里程表有无记录数字，其数值多大。新车应是“零千米”，当然，“零千米”并不是指里程表上显示的数字绝对为“0”，一般认为，里程表在20km以下的，都可以认为是“零千米”。因为汽车厂家在试车、进出库、装载时要行驶一定的里程。

⑮ 检查随车工具、备胎是否齐全。

33. 如何检查汽车外表？

如图3-8所示，首先，慢慢地绕着车走一圈，看车身有没有明显的漆面外伤，车辆在数千千米的运输途中免不了会沾染上一些脏东西，特别是注意检查前格栅周围是否有飞虫的尸体，突出的位置一定要仔细检查，确保这些地方没有剐蹭，漆面没有问题，同时看看防撞条粘贴、安装是否平整，挡泥板安装是不是牢固。

然后，蹲下让眼睛与检查面在一个平面上，如图3-9所示，仔细看看有没有小坑，打开车门，推拉几个角度，让光线从不同的角度照射来检查钣金是否平整。因为车体钢板轻微的凹陷近距离是不容易发现的，凹陷的地方反光有别于其他地方，所以

图3-8　检查汽车外表

图3-9　蹲下检查平整度

用这种方法检查这些小凹陷很容易被发现。

再检查钣金接缝。检查车身各个部分接缝是否均匀，如图3-10所示。每个车门、各种机器盖打开、关闭几次检查机构运转，观察玻璃、大灯、塑料件有没有裂纹。特别是车体两侧对应的缝隙一定要均匀。

各灯组与车体的接缝是检查的一个重点，一定要用手摸摸，如图3-11所示，装配良好的车，这样的接缝很均匀、紧密，对应位置给人的感觉完全是一样的。一些低档车，如果车体钣金不是特别好的话，这里的接缝都能暴露出钣金质量问题。

图3-10　检查接缝是否均匀

图3-11　灯组与车体的接缝检查

34. 如何检查车门的开与关？

分别拉开四个车门，检查对应的左右两个车门开门力度是否相同，如图3-12所示，各阻尼段的阻力是否相同，然后观察车门是否有下垂现象，将车门慢慢打开到推不动的位置，感觉限位开关是否起作用。

把车门拉开一个很小的角度，如图3-13所示，然后轻轻地关车门（注意一定要轻），听关门声音是否有尖锐的撞击声，有撞击声说明阻尼和密封不好。

图3-12　检查车门的开合力度、阻尼

图3-13　检查开关车门是否有撞击声

检查完车门的漆面和钣金后，再检查一下各车门的密封条。如图3-14所示，用手顺着密封条方向滑动，稍微用点儿力，看密封条是否均匀，粘贴是否平整，每一块手感是否一样，按在上面是否有弹性。图中所示为用了两年的车的密封条，虽然没有破损，但是和新车相比你明显能看到老车上的密封条已经没有什么光泽了，对比很明显。

图3-14　检查密封条

35. 如何检查轮胎？

（1）扎洞

轮胎扎洞如图3-15所示。你以前的车被扎过轮胎吗？其实，对于已经补了很长时间的轮胎来说，即使暂时用起来没问题，但在极限负载下的承受力会大不如从前。所以，同一条轮胎上如果已经扎了3个以上的洞，还是建议你尽快把它换掉。

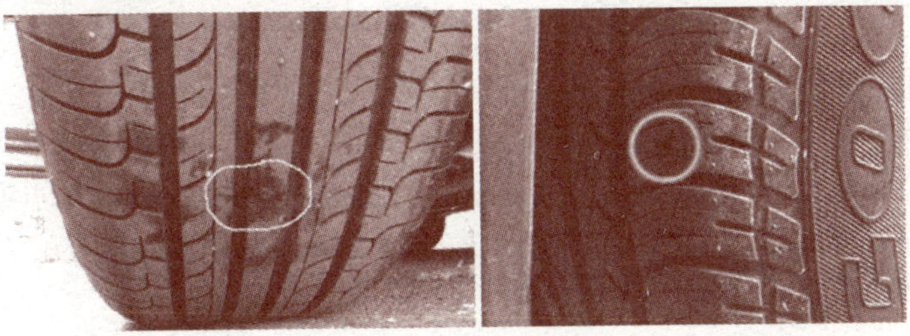

图3-15　轮胎扎洞

（2）鼓包

汽车如果以高速驶过凹坑、障碍物及马路牙子时，轮胎局部在巨大的撞击力下将发生严重变形，从而内部压力瞬间增大，这样的直接后果就是造成胎侧帘子线断裂而引起鼓包，如图3-16所示。另外在相同冲击力度下，低扁平率的轮胎比高扁平率轮胎更容易造成胎侧鼓包。已经发生了鼓包的轮胎必须立即更换，否则就有爆胎的隐患。

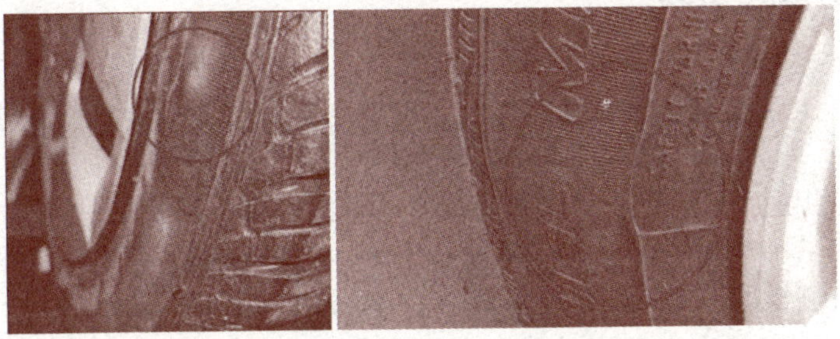

图3-16　轮胎鼓包

（3）花纹

一般来说，正常使用的家用轿车可以每6万千米或3年更换1次轮胎，但对于花纹磨损严重的轮胎则应提早更换。现在的快修店都有花纹磨损标尺，车主可以买一把，随时检测自己轮胎的花纹磨损状况，如图3-17所示。此外，胎面裂纹增多也是老化严重的象征，平时可以适当喷一些轮胎保护蜡，还有就是开车时尽量不要压到腐蚀性的液体。

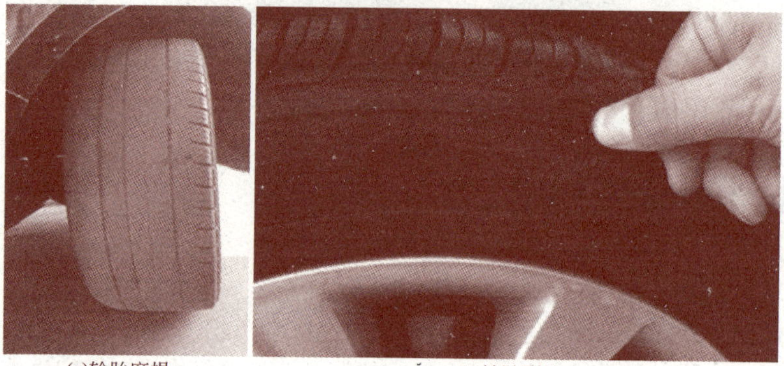

(a)轮胎磨损　　(b)轮胎裂纹

图3-17　轮胎磨损和裂纹

（4）气压

现在的大多数家用轿车都使用了无内胎的子午线轮胎。对于前驱车来说，由于发动机、变速箱等重要驱动部件都压在前部，所以前轮有时看起来会有点瘪，但目测是不准确的，一定要用专用的胎压表测量。一般来说前轮的气压在（2.0～2.5）$\times 10^5$Pa之间，夏天可以适当低一些。

（5）备胎

要想备胎起到真正应急的作用，平时就要重视对其的保养。首先，要经常检查备胎气压。其次，备胎要注意防油蚀，轮胎是橡胶制品，最怕各种油品的侵蚀。轮胎沾油后，很快就会发生胀蚀，这会大大降低备胎的使用寿命。最后，备胎的寿命在4年左右，很多车主错误地认为备胎不用就一直是新的，其实过了4年即使备胎1次也没有使用过也要更换，否则备胎就成了废胎。

36. 汽车的遥控钥匙

遥控钥匙是指不用把钥匙键插入锁孔中就可以远距离开门和锁门，其最大优点是，不管白天黑夜，都无需探明锁孔，可以远距离、方便地进行开锁和闭锁，如图3-18所示。

汽车遥控钥匙大致有外挂式、折叠式和内藏式三种，不同车型采取不同款式。

除了上述三种类型的钥匙外，还有一些车型带有无钥匙进入/启动功能。这种车型并不具备机械钥匙，也无法使用常规的手段启动车辆。

其实遥控钥匙没电也并不是那么突如其来，当它快没电时，会出现一些现象。

图3-18　汽车遥控钥匙

比如遥控距离变短。原来距离5～6m就可以开门，而现在必须靠车门很近才有反应；开门的时候偶尔会失灵，多按几次才能成功解锁。这些都是遥控钥匙快要没电时的症状。此外，注意观察钥匙上的指示灯，当按下按钮时，指示灯比平时暗淡，或者时明时暗，则应更换电池。

此外，一些日系车型（如日产骐达），当钥匙电量低时，仪表板会有提示。此时虽然遥控钥匙功能一切正常，但电池寿命已经快要用尽，比较稳妥的办法就是赶紧换电池。

当你发现车钥匙失灵时，其实并不一定是钥匙没电的原因，也可能是附近有干扰源。因为钥匙使用电磁波发出指示信号，所以如果停车位置周围有强磁场干扰，也会影响遥控钥匙的使用。

值得警惕的是，现在有一种以干扰遥控钥匙开关车门为手段的盗窃犯罪，当你准备开关车门时，不法分子会在一旁使用干扰器。当你按下按钮以为关好车门时，车辆被干扰器干扰，无法接收到遥控钥匙的指令，这时车门并没有被锁上。等你走后，犯罪分子就会将车上的财物洗劫一空。

另外还有一个常见的原因是车辆的蓄电池没电了，这要比车钥匙没电麻烦多了。

由于一般遥控钥匙都会配有一把机械钥匙，或藏于其内，或挂于一侧。当钥匙没电时，机械钥匙就成了“救命稻草”。一般车门锁都在把手上，某些车型为了美观，会把锁孔隐藏起来，但都在把手附近，如图3-19所示。

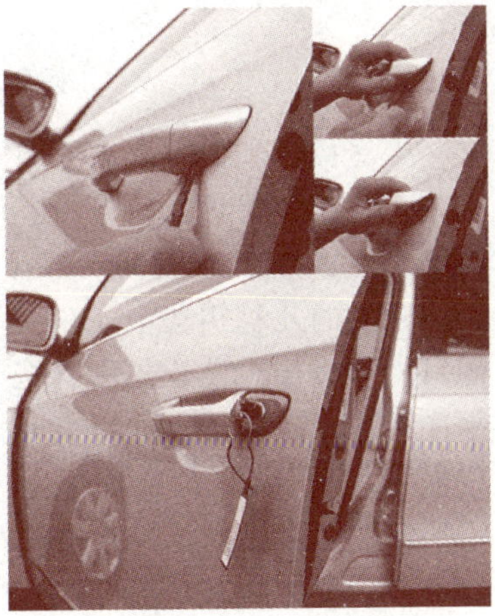

图3-19　隐藏的钥匙孔

无钥匙进入/启动功能看起来酷炫，也非常方便，但这种钥匙耗电量更高，没电的概率也会更大。这种钥匙没电后会非常麻烦——因为它没有机械钥匙。所幸当它变得不那么灵敏时，还是会有一定量的余电存在。把钥匙贴近车把手处的感应点，运气好的话车门还是会被打开的。

这种车型在车内都装有感应器，当车辆感应到车钥匙发出的信号，就会实现启动发动机的功能。但车钥匙没电时，发射功率变低，车辆反应就没有那么灵敏了。有时候很长时间也无法顺利启动车辆。这时将钥匙贴在车内感应器附近，如果还有些许电量，车辆还是可以启动的。每款车型感应器的位置设计有所不同，在车辆说明书上可以找到这个位置，最后记住以备不测，如图3-20所示。

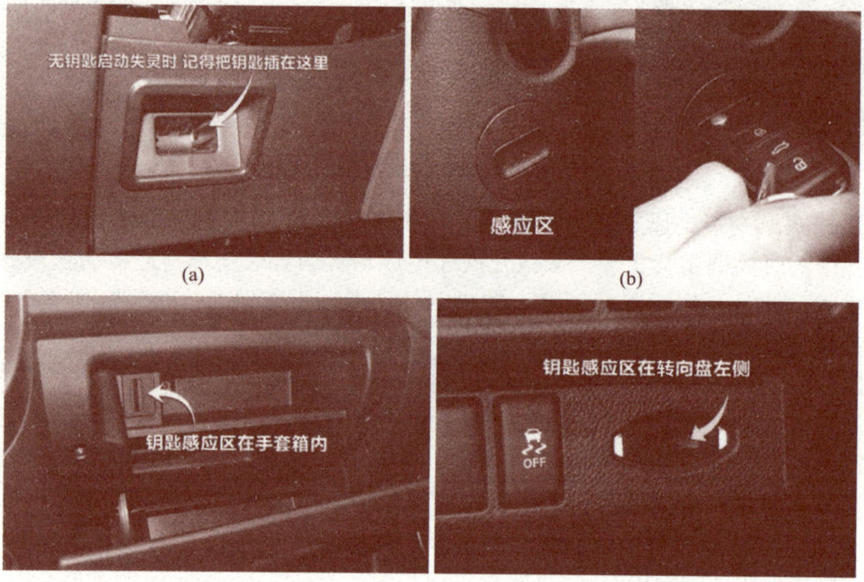

(a) (b)

(c) (d)

图3-20 无钥匙启动的感应器位置

当遥控钥匙失效，需要用机械钥匙开锁时要注意，机械钥匙只能打开驾驶席一侧的车门。如果你在停车时左侧车门紧贴着墙，将驾驶席挡在里面，恰好此时遥控钥匙没电了，那就真打不开车门了，所以我们平时停车时最好注意这一点。

常见的几种钥匙中，有一些背面使用螺钉固定，这样的钥匙很好拆，只需拧下螺钉即可露出电池仓。而有些卡扣连接的钥匙，全身没有一个螺钉，看起来无从下手，拆开很费力。当你费半天力还拆不开时，最好不要采用强硬手段蛮干，以免造成损坏。这样的钥匙最好还是去4S店换电池比较好，万一自己给弄坏了则得不偿失。遥控钥匙价格很贵。

最后提醒大家一点，钥匙带在身上时一点要多注意，不要遗失，以免被别有用心的人拿去。而且配钥匙非常麻烦，价格也不菲。不少品牌的遥控钥匙价格在千元以上。在你买车的时候，通常在给你的几把钥匙上会有一个金属片，上面有钥匙的齿形号，维修站或者制造商可以通过这个齿形号为车主重新配置钥匙。

当钥匙损坏或丢失时，一定要及时去修理厂重新配钥匙，备用钥匙只能解一时之需。以上海大众普桑为例，随车附3把钥匙，外观上大致相同，但实际上有一把是备用钥匙。这把备用钥匙只能打开车门和启动发动机，无法开启后备厢和杂物箱。

而波罗和帕萨特系列的钥匙则略有不同，虽然也是3把钥匙，但备用钥匙变成一个简单的塑料钥匙模子，这把钥匙仅仅在紧急情况下用来开启车门和发动机。其他两把钥匙则为集成遥控功能的钥匙，可以用来遥控开启车门和后备厢门。当然，还有一些制造商仅仅是在普通钥匙串上增加了遥控开关，不过这种有“嫁接”嫌疑的遥控钥匙功能可能更多一些，例如提供遥控鸣笛和微型手电功能等。

37. 检查车内设施

车内设施检查要仔细，都是细小环节，具体如下。

① 门窗及前后挡风玻璃密封情况，玻璃有无裂纹，后视镜中景物是否清晰。

② 车门拉手是否松动，车门与侧窗开关是否灵活，手动或电动车窗操纵是否正常。

③ 应该对后视镜、车窗、天窗进行逐一检查，在开启、闭合的过程中应该自如、平稳、顺畅，不应该有明显的噪声。

④ 检查中控门锁、车内指示灯开关是否正常。

⑤ 雨刷系统、空调系统、音响/影音系统是否正常。

⑥ 检查天窗密封性；检查车内门窗全关闭时的密封性。

⑦ 试验空调制冷系统、制热系统、恒温系统能否正常运行。

⑧ 坐垫及椅套有无缺陷，有无污垢，座椅能否调整到位，检查自动加温功能。

⑨ 仔细检查每一条安全带伸缩是否自如，自动回收、锁止的可靠性。

⑩ 车内各装饰件安装是否牢固，车内顶篷是否有松脱现象等。

38. 如何检查电器系统？

检查电气系统时，可请4S店师傅协助检查。

① 检查蓄电池各接线是否牢固可靠；检查蓄电池电解液液面高度是否符合要求（现在轿车一般采用免维护蓄电池，可通过小孔检查孔内颜色是绿色还是灰色）、

② 检查雨刮器、喷水器是否工作正常以及能否自动运行。

③ 检查各车灯，如前大灯、小灯、制动灯、油量报警灯、转向灯、雾灯、牌照灯、车厢灯等是否工作正常；检查左右灯的亮度、闪烁频率是否是一样。

④ 按一按喇叭按钮开关，检查喇叭是否响亮。

⑤ 检查里程表有无读数记录，对于新车其数值不应超过20km。

⑥ 拉紧手刹，挂上空挡，启动发动机，检查发动机启动是否容易，并观察各仪表及电气报警装备是否正常等。

39. 如何检查发动机和后备厢？

（1）检查发动机

① 检查发动机舱底部，是否有较好的发动机护板，如原车无护板，可考虑加装。

② 检查冷却液与制动液的情况，检查冷却液、制动液液面是否处于最大和最小刻度之间，如图3-21所示。

③ 坐进车内测试发动情况，冷车启动发动机，应启动顺利，每次时间不超过3s，一次点火即可发动。启动后发动机转速应平稳，不发抖、无异响。

④ 轻踩油门，检查仪表指示情况，改变发动机转速时过渡应圆滑，仪表盘相应的指针反应灵敏。加速时，发动机应无突爆声、断火、回火和放炮现象。稳定于某

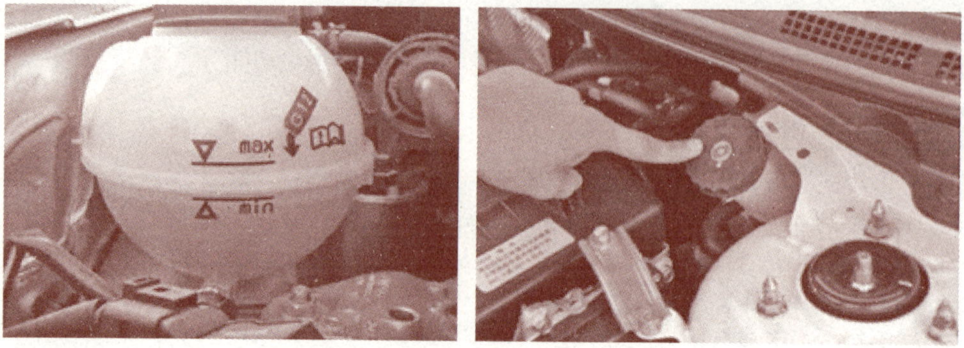

图3-21　检查液面高度

一转速时，发动机应无异常响声，仪表盘相应指针应平稳，无明显波动。

⑤ 通过踩油门使发动机分别在1500r/min、2500r/min和3500r/min时稳定短暂时间，观察转速表，然后至车尾检查排气管尾气。

⑥ 熄火后重新启动，发动机停车一段时间后，试热车启动，在正常工作温度下发动机应在5s内一次启动成功。

（2）检查后备厢

打开后备厢，用均等的力量多次重复打开与关闭操作，看看开合是否顺畅，特别是锁止是不是正常，里面的照明灯是否能正常工作。

打开后备厢后顺便检查下备胎，看看备胎是否完好，气压是否正常。备胎和随车工具一般都在一起，检查工具的同时自己也可以熟悉一下这些工具怎么使用。

40. 如何检查发动机的性能？

有经验的老司机或业内专家，通过听发动机的声音就可辨别新车发动机的性能。

想听发动机的声音必须找一处安静的地方，因为现在好一点儿的车的密封隔音效果非常理想，如果不看发动机的转速表，甚至都不知道车是处在点着的状态，有时可能再去拧钥匙打一下火。试听发动机的时候大体按照以下的步骤。

① 启动发动机的过程中，启动电动机不应有尖啸声；发动机怠速“突突”声均匀，无异响；怠速稳定在800r/min左右（具体稳定怠速值请参考汽车说明书）。

② 轻踩油门，让发动机转速缓缓提高，转速上升过程中应无杂音，个别车型在某个固定转速会有共振现象，即整个车身出现抖动（如果共振很轻微，没有引起乘坐不适感的话，属于正常），过了该转速共振现象应消除；发动机转速超过最高功率点对应的转速后，声音一般都比较明显，但不应该有金属摩擦声。

③ 快速踩下油门踏板，发动机动力提升的声音应顺畅无卡滞；要仔细分辨发动机各转速声音。主要发生噪声的来源：气门声（一般是“嗒嗒”的声音），如果声音大，可能有顶气门的故障；各种皮带转动的声音（一般是“吱吱”声），如果声音大，可能是皮带与机体发生摩擦导致的；如果发动机发出其他的摩擦声音有掩盖“突突”声音的，值得怀疑，应仔细检查。

④ 找合适地方，将车辆按复合路况行驶5～10min，停稳后怠速仍应稳定在原怠速上，声音应同前。

⑤ 打开发动机盖，在发动机两侧再听声音，同时用手搬动油门控制阀，再按照上面讲的重点，仔细听发动机的声音。

41. 怎样路试检查汽车性能?

（1）检查发动机启动过程

启动发动机，检查发动机启动是否顺畅，听起动机启动是否有力和启动连续性。如果出现启动无力和启动不连续，可能是蓄电池或者起动机存在故障。发动机完全启动一般需要3～5s。在启动过程中观察仪表指示灯是否正常，启动后观察仪表灯自检是否正常，以及发动机是否有怠速不稳等现象。

（2）检查离合器

起步时看离合器是否平稳接合、分离彻底，是否发抖、发响。松离合器踏板时位置是否过高（过高可能是离合器磨损到极限，要检查加速是否打滑）。

（3）检查变速器

对于手动挡变速器要从低挡到高挡，再从高挡到低挡，检查换挡时挡位是否清晰，滑行过程是否有异响，是否自动脱挡；对于自动挡变速器则要检测换挡的平顺性，通过P/R/N/D各挡位间切换，检查超车时变速箱是否会出现降挡情况（出现降挡情况是正常的，一般出现在从D4降到D3提速的情况），滑行过程是否有异响。

（4）检查发动机动力输出

车辆行驶过程中，猛踩油门踏板，观察提速是否顺畅有力，行驶是否平稳。

（5）检查底盘

行驶到颠簸路面，测试悬挂的软硬，较软的悬挂有利于提高乘坐舒适度，较硬的悬挂有利于提高车辆的操控性能，听底盘是否有异响。

（6）检查转向系统

助力转向形式有机械液压、电动、电子液压等方式；检测的方法为，转动转向盘，感觉助力力度及行程，听车内、车外是否有异常噪声。

车辆滑行（车辆滑行就是指发动机不给车辆提供任何动力，不人为增加制动力），通过观察车辆自由滑行的距离来判定车辆的阻力是否正常。

（7）制动检查

制动系统绝对是不可忽视的一点，在行驶中经常使用点刹，检查点刹时是否有异响、反应是否灵敏；使用紧急制动时，观察车辆的刹车距离和刹车过程中是否跑偏以及ABS工作是否正常；驻车制动的检查要在坡道上进行，检查上下坡道的驻车情况。

（8）减振检查

汽车的减振直接影响着乘车人员的舒适性，对于减振系统的检查一定要把车开到路面不平整或者弯路多的地方，测试减振是否有强烈的颠簸感甚至沉闷的声响，如果在通过减速带时车辆上下浮动过大，可能是减振已经损坏。

42. 购买新能源汽车有补贴吗？

（1）不是在任何区域都能购买新能源汽车

在国家发布的《关于继续开展新能源汽车推广应用工作的通知》中已明确指出，将继续依托城市尤其是特大城市推广应用新能源汽车。如果满足示范城市或区域的条件，可编制新能源汽车推广应用实施方案，提交四部委，择优确定示范城市名单。

也就是说，只有进入示范名单的城市，才能推广新能源汽车，当地消费者才能在本地购买新能源汽车，并享受补贴。目前，四部委已公布了两批新能源汽车推广应用城市或区域名单，其中包括北京、上海、广州、深圳一线城市，也涵盖河北省、浙江省等城市群。据统计，两批名单共包含44个试点城市或区域，涉及26个省、自治区、直辖市。

（2）不是所有的新能源汽车都能享受国家补贴

在了解国家补贴政策的时候，一定要仔细阅读补贴车型范围，因为不是所有的新能源汽车都可以获得补贴。

据《关于继续开展新能源汽车推广应用工作的通知》中显示，纳入中央财政补贴范围的新能源汽车应是符合要求的纯电动汽车、插电式混合动力汽车和燃料电池汽车。其中“符合要求”，这四个字代表的是车辆需要进入《节能与新能源汽车示范推广应用工程推荐车型目录》，而进入该目录的车型，是从列入国家工信部《车辆生产企业及产品公告》中挑选出来的，而只有自主、合资等国产车型才会被列入这一公告中，进口新能源汽车不能享受国家补贴。

（3）享受“国家”补贴车型，未必能在“地方”获补贴

理论上，获得国家补贴的新能源汽车，也自然会得到地方政府补贴。这种理论未必在哪里都行得通。

比如，在北京享受地方补贴的新能源汽车并不包括插电式混合动力车型，且只有进入北京市自己制定规则的《北京市示范应用新能源小客车生产企业和产品目录》的纯电动车、燃料电池汽车才能享受北京市政府补贴。

究竟是什么原因导致地方补贴政策对“本地电动车”更加照顾？有业内人士表示，这与国家补贴拒绝进口车一样，是“地方保护”导致的。目前，国家已经明确表示，示范城市或区域推广应用的车辆中外地品牌数量不得低于30%。不得设置或变相设置障碍限制采购外地品牌车辆。

43. 2017年新能源汽车补贴政策

我国的新能源汽车和政策关系密切，每年政策都会变化。

（1）补贴再度减少，新增加地方补贴上限

具体情况见表3-1～表3-3。

以北汽新能源EV200标配车型为例，如图3-22所示，这款车指导价格为20.99万元，工况法续航里程200km；补贴后价格（以北京地区为例）2016年为11.99万元，2017年价格则为13.79万元，消费者要多花1.8万元。

表3-1 2015年新能源汽车补贴标准和技术要求　　单位：万元/辆

车辆类型	纯电动汽车续航里程 R（工况法）/km			
	80≤R<150	150≤R<250	R≥250	R≥50
纯电动乘用车	3.15	4.5	5.4	—
插电式混合动力乘用车（含增程式）	—	—	—	3.15

表3-2 2016年新能源汽车补贴标准和技术要求　　单位：万元/辆

车辆类型	纯电动汽车续航里程 R（工况法）/km			
	100≤R<150	150≤R<250	R≥250	R≥50
纯电动乘用车	2.5	4.5	5.5	—
插电式混合动力乘用车（含增程式）	—	—	—	3

表3-3 2017年新能源汽车补贴标准和技术要求　　单位：万元/辆

车辆类型	纯电动汽车续航里程 R（工况法）/km				地方财政单车补贴上限
	100≤R<150	150≤R<250	R≥250	R≥50	
纯电动乘用车	2	3.6	4.4	—	不超过中央财政单车补贴额的50%
插电式混合动力乘用车（含增程式）	—	—	—	2.4	

图3-22 北汽新能源EV200

2017年2月17日，北京市科委、市发改委等五部门联合发布《关于调整北京市示范应用新能源小客车相关政策的通知》，规定2017年北京市示范应用新能源小客车财政补助标准按照中央财政单车补贴额的50%补贴，国家和本市财政补助总额不超过车辆销售价格的60%。

（2）逐条解读补贴的技术要求

① 纯电动乘用车30min最高车速不低于100km/h。

这一条在2016年就有要求，对于汽车厂商进入汽车产品目录的新能源汽车来说，这没有太大障碍。

如图3-23所示，众泰E200最高车速120km/h，续航200km/h；如图3-24所示，荣威e50 30min最高车速120km/h，最高车速130km/h。

② 纯电动乘用车动力电池系统的质量能量密度不低于90W·h/kg，对高于120W·h/kg的按1.1倍给予补贴。

这条为新增内容，主要是检验电池的能量密度。以众泰E200为例，它的电池包约为235kg，额定容量为24.2kW·h，约103W·h/kg，满足下限，但不能获得额外补贴。

③ 纯电动乘用车产品，按整车整备质量（m）不同，工况条件下百千米耗电量（Y）应满足以下要求。

图3-23　众泰E200

图3-24　荣威e50

$m \leqslant 1000$kg时，$Y \leqslant 0.014m+0.5$；$1000 < m \leqslant 1600$kg时，$Y \leqslant 0.012m+2.5$；$m>1600$kg时，$Y \leqslant 0.005m+13.7$。

以荣威e50车型进行计算，它标称的能量消耗率为133W·h/km，整备质量为1080kg，$Y<154.6$W·h/km，满足条件。

④ 工况纯电续驶里程低于80km的插电式混合动力乘用车B状态燃料消耗量（不含电能转化的燃料消耗量）与现行的常规燃料消耗量国家标准中对应限值相比小于70%。工况纯电续驶里程大于等于80km的插电式混合动力乘用车，其A状态百千米耗电量满足与纯电动乘用车相同的要求。

如荣威eRX5，整备质量1730kg，如图3-25所示，对应的常规燃料消耗值为8.8L/100km，而插电式对应的消耗值要低于6.16L/100km，对于这么重的一辆车，技术要求可想而知。

总体来说，新政的技术标准提升了，同时补贴退坡，这对于消费者喜忧参半，一方面能买到技术含量更高的产品；另一方面又要多掏钱。

未来随着各个城市限行限牌政策，再考虑到补贴的优惠，很多人会选择新能源车作为自己的第一辆车，但将来的补贴方式和方法会有不同，转为“补贴+积分制+碳配额”三种制度结合的方式。奖惩标准将会出台，积分和碳配额交易的平台也会搭建起来。

图3-25　荣威eRX5

44. 新能源汽车能否参与二手车置换？

可以。

45. 如何验证动力电池是否为新电池？

检查电力电池的容量，通用的方法是采用断开负载检查的方式。

目前在技术上已经开发出来专门的动力电池检查单元，其检查原理是，将充电器的整流器电压缓慢下降，一直降到动力电池组正常工作电压以下，若这时动力电池开始放电而且能坚持所设定的一段时间，面板显示屏上显示出动力电池的实际工作曲线；若动力电池不放电，但由于整流器继续向负载供电，使系统仍处于正常充电状态，负载设备的工作就会受到影响，说明动力电池失效，应做进一步地检查或更换。

46. 新能源汽车对新手或者女性驾驶员的方便性

新能源汽车操作类似自动变速器的内燃机汽车，驾驶时无需兼顾离合以及频繁换挡因素，动力输出连续平稳，且目前的新能源汽车车身相对较小，便于驾驶，尤其适合女性驾驶。

47. 国六排放对新能源汽车的影响

从2017年1月1日起，北京、上海等一线城市已开始将开始实施被称为“国六”的最新尾气排放标准，预计2018年向全国推广。

“国六”的排放标准要比“国五”严格50%以上。在排除了工况和测试影响的情况下，汽油车辆关于一氧化碳的排放量降低50%！总碳氢化物和非甲烷总烃的排放量要下降50%！氮氢化合物排放也要下降42%！

到目前为止，已经有些省份不允许“国四”排放标准的车辆上牌了。“国五”排放标准的车辆受到“国六”排放标准的打压，那么价格会有一定的下降。尤其是在二手车市场，多少会有一些影响。而未来满足“国六”排放标准的车辆，价格肯定是会上升的。

各地对于新能源汽车还有类似挂牌、限行等优惠政策。这些政策都会促进新能源汽车的发展。

第四篇

二手车的选购

1. 2016年二手车市场概览

（1）2016年二手车全年交易量破千万辆大关

2017年2月7日下午，中国汽车流通协会召开了“中国汽车流通行业月度形势分析会”，会上发布了2016年度二手车交易数据，2016年全国二手车交易量首次突破千万辆大关，达到1039.07万辆，同比增长10.33%；全年网络发布量1119万辆；全年交易额度达5926亿元左右，同比增长7.06%。

为了便于关注二手车的朋友纵观我国二手车市场的发展，附上我国近几年的二手车市场的交易数据，如图4-1所示。

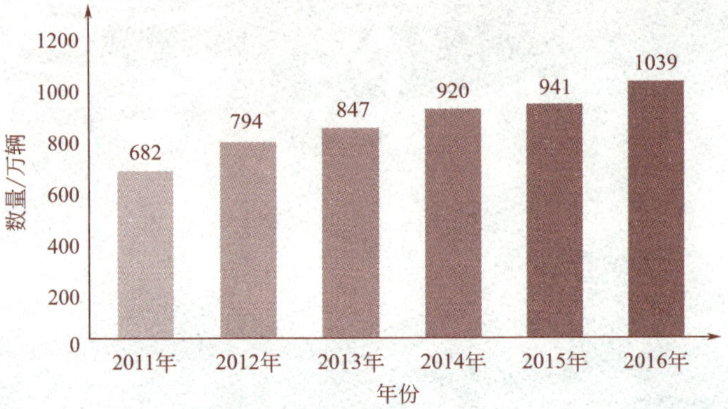

图4-1 近几年我国二手车交易数量

（2）2016年二手车热销品牌

2016年二手车热销品牌（表4-1）前十名依次是大众、丰田、别克、本田、现代、奥迪、宝马、雪佛兰、日产、福特。大众品牌占比12.8%，约是第二名丰田的2倍，以压倒性优势占据榜首，榜单中10款品牌占据市场总车源的58.75%。

表4-1 2016年二手车热销品牌

排名	品牌	车源总数/辆	车源比例/%
1	大众	1433403	12.8
2	丰田	724249	6.47
3	别克	7.5319	6.3
4	本田	688576	6.15
5	现代	649737	5.80
6	奥迪	523020	4.67
7	宝马	516460	4.61
8	雪佛兰	474077	4.23
9	日产	471451	4.21
10	福特	393141	3.51

（3）2016年二手车车龄分布

2016年二手车车龄主要集中在2～5年，占比47.05%。建议想买二手车的用户可以考虑购买2～5年车龄的二手车，车源充足，选择性大，具体数据如图4-2所示。

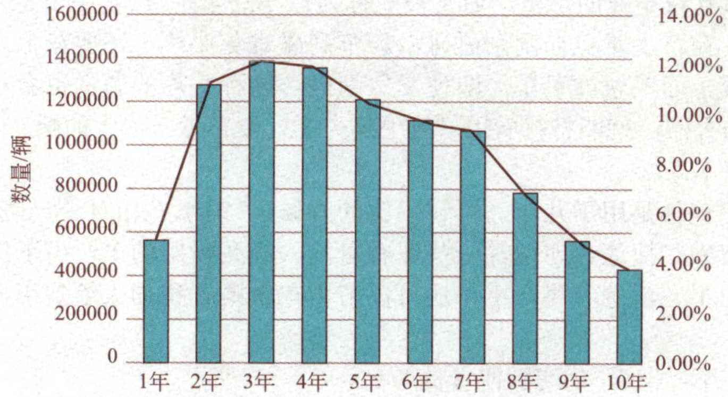

图4-2　2016年二手车车龄分布

（4）2016年交易车型分级别排行

2016年交易车型主要以紧凑型车、中型车、小型车为主，占比64.19%，如图4-3所示，可见国人更在意家庭实用性。

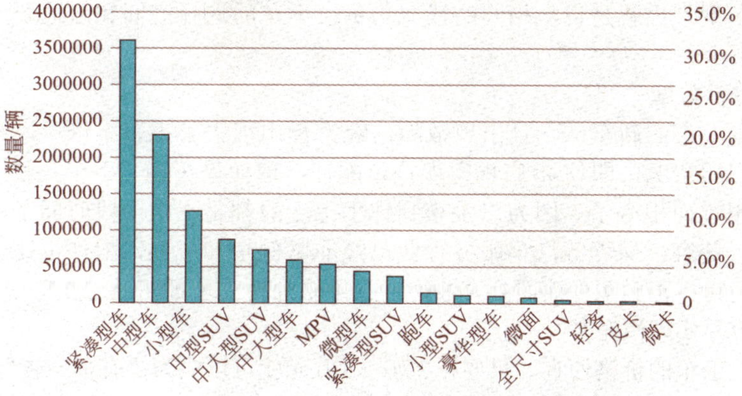

图4-3　2016年交易二手车分级别排行

2. 为什么买二手车？

随着人们消费观念的日益成熟，人们购车用车逐渐理性，不再坚持“只买贵的，不买对的”的消费理念，选择合适的才是最正确的，在交通工具方面，二手车逐渐得到越来越多消费者的认可，也是很多消费者愿意购买二手车作为第一辆车最重要的原因。二手车的好处有很多，总结起来主要有以下几个方面。

（1）二手车经济实惠

买二手车最大的好处就是便宜。你可以花比新车少一半的钱甚至更少的钱，买到一辆同样款式的车。花小钱，大享受，当然划算，这也是很多消费者将买二手车作为第一辆车最重要的原因。

（2）刮碰不心疼，尤其适合新手练手

每年刚从驾校毕业的学员，通常被戏称为“马路杀手”。新手由于驾车经验、驾驶技术不足，在路上难免会刮刮碰碰，新车刮碰难免心疼，还要花上一大笔钱用于汽车修复美容；而买辆二手车，即使发生刮碰，这种心疼的感觉也会小很多。小刮小碰只要无伤大碍，就能将就着用，等毛病大了，给车做一次大的翻新、美容即可。

（3）保值率高

一般二手车都是用了几年，再转手卖的时候，“缩水”相对少一些，残值率高。像桑塔纳、宝来、捷达、朗逸等一些保有量高、经久耐用的车，由于保值率高，二手车更容易出手。消费者买二手车还可以节省车辆购置税的大笔费用，转卖时也没了这部分损失。

（4）旧车不“旧”，易淘到便宜货

不要以为二手车都是破破烂烂的，随着车主换车频率加快，二手车市场里不乏看起来很新的旧车。市场上七八成新的二手车很正常，甚至还有购买不满1年的车以及不少高档车。同样的钱，在二手车市场里可以有着更多挑选的余地，甚至还能买到新车展厅里不敢问津的高档汽车。

钱不宽裕的朋友可能买不到自己心仪的品牌新车。但如果买二手车，可以选择不少好的车型。也就是说，相同的钱，购买二手车的选择空间和余地要比新车的选购空间大不少。

（5）零件好配

买辆刚上市的新车，一旦出现故障，经常会出现去了很多维修厂，汽车零配件仍然买不到的情况，即使4S店也得现预定配件，但如果买辆二手车，就不用为买汽车零配件困难而担心了。因为二手车到你手上一般都是上市一段时间了，针对该车的零配件、美容、保养等汽车服务行业已经非常健全和成熟，配件也比较充足，车主一般不用为买不到配件而四处奔波，并且维修师傅大多都精通这些车型。

（6）容易实现汽车梦

因为二手车的价格便宜，只要花2万～3万元就可以成为“有车一族”，实现“有车族”的梦想，这是很多刚工作的年轻“工薪族”喜欢买二手车的理由。而且二手车的保值率相对较高，换车时钱亏得少，换车不心痛。

鉴于二手车具有这些优势，不仅经济实惠，还能使自己成为有车一族，在车辆的使用性能方面和新车并没有什么区别，所以二手车已经慢慢成为一部分人的选择。在不久的将来，二手车市场会更加成熟和规范。

3. 二手车购买的原则

金秋九月，二手车交易旺季，很多消费者会在这段时间选购一辆物美价廉的二手车，因为这段时间是车源最充足的，让消费者有更大的挑选空间。消费者中很大一部分人是第一次选购二手车，对二手车和二手车行情并不是很了解，以下内容仅供参考。

① 找懂行的人陪同购买二手车，如果你不精通汽车又不擅长讨价还价，则不可自己去二手车交易市场，最好邀三两好友组队前往，其中至少有一人懂得汽车维修养护，一人擅长交易。如此人多势众，受骗的机会就比较小了。

② 先感受同款新车，买车前最好找机会先体验一下开同型新车的感觉，这样心里有个数，可以用来判断旧车在性能上的好坏。

③ 购买二手车要“验明正身”。购买二手车前要详细查验车辆的号牌、行驶证、附加费证、营运证等是否齐全、有效。对于发动机号和车架号码与行驶证记录不一致的，几年脱检的，特别是来历不明的车辆不能购买。

④ 最好选晴朗的白昼看车、试车。因为在良好的光线下，通过自然光的反射，较容易发现钣金或喷漆上的缺点。

⑤ 选车必须要有耐心，宁缺毋滥是最高原则。价廉物美的二手车是可遇而不可求的。

⑥ 如欲节省日后各项开支，则以选购国产小车为宜，因为其零件供应充分，售价较低；而且各地修理厂驾轻就熟，收费较廉。

⑦ 尽量不要购买有出租车经历的二手车。

另外，与新车相比，二手车最大的不同之处就是已经使用了一段时间，或多或少地存在一些不足。因此，购买二手车必须谨慎，还应遵循下列原则。

（1）交易要合法

要到正规的二手车交易市场，与合法的二手车经销商交易。通常，正规二手车交易市场的车辆手续齐全，能有效防止来历不明的车辆进入市场。买车时，二手车经销商能提供所购买汽车的各项证明材料，办理合法的交易手续，并签订买车过户合同。

在正规的二手车交易市场，如因卖方隐瞒和欺诈不能办理转移登记，则卖方能无条件接受退车，并退还购车款等费用。

（2）价格优势应明显

二手车之所以受到人们的喜爱，主要就是其价格在同类车型中是低廉的，如果二手车没有明显的价格优势，则将失去购买二手车的意义。因此，购买的二手车价格应相对较低。不过物有所值的二手车价格是有底线的，而价格过低的二手车可能会使您买得不安心。

（3）质量性能适中

二手车质量性能应适中，尽可能做到即买即用。汽车发动机、制动系统、转向系统、车身或车架等部件不能有缺陷或破损，这不但关系到汽车未来的维修费用，还直接关系到汽车行驶的安全和可靠性能。但是，由于车价本身就低，因此对二手车质量性能不能过于苛求。

（4）问题要清楚

每辆二手车都有作为二手车的原因，要么车型过时，要么性能低劣，要么有安全隐患，要么是事故导致操纵稳定性差等。购买者对所选购的二手车主要存在的实质问题应非常清楚，而且要权衡日后解决问题所付出的代价。若代价过高，则失去购买二手车的意义，直接放弃。

提示：所有的二手车都相对便宜，或许存在某些问题，购买时一定要仔细检查。

3. 哪些二手车不能买？

二手车逐渐被人们接受并且走进人们的生活，对于想要买车的朋友来说，无论是从价格、理财、使用还是改装等角度来看，购买一辆二手车都是不错的选择。但是，因为图便宜和求快心理，不少买二手车的人都吃了亏，那么到底哪些二手车不能买呢？

（1）问题车

所谓问题车主要包括事故车、水淹车和火烧车三种，如图4-4所示。

(a) 事故车　(b) 水淹车　(c) 火烧车

图4-4　问题车

在选购二手车的时候，大家最先想到的问题一定是“这辆车是不是事故车？是不是水淹车？”这确实是比较重要的一点。因为一般情况下，出过大事故的受损较严重的车辆，即使修复，车身骨架和重要部件也都难以恢复到原厂的状态，再次碰撞时很容易就变形了。水淹车在水泡之后电器设备容易出现故障；火灾车、翻新车的问题就更严重了。这些问题车在很大程度上存在着安全隐患，所以一旦发现想买的二手车是辆问题车，即使再便宜也坚决不能买！这些问题车在买卖的时候，车主是不会主动告诉你的，全靠购买者慧眼识别。

（2）手续不齐全的车

手续也是许多购买二手车的朋友容易忽略的一点。不少人在买车的时候只关注车辆本身，还没来得及看手续就急着把钱交了，到过户的时候才知道手续不全没法过户，最后定金又退不了，让一些无良心车贩子有机可乘。所以在购买二手车的时候，一定要先验清车主身份证、机动车登记证、车辆购置税本、机动车行驶证、新车二手车购买发票和保险单等必要手续是否齐全，如图4-5所示，否则的话坚决不能买！

（3）带牌车

所谓带牌车就是在买卖二手车的时候，买卖双方为了省事，车辆并不过户就直接带着车牌交易，也就是车到你手了，但是车辆的档案还是在原车主名下。这样的二手车坚决不能买！将来万一车辆被偷了或者被抢了，你如何证明那是你的车？想想都可怕，也就是说买二手车，为了保护自己的权益，必须过户。

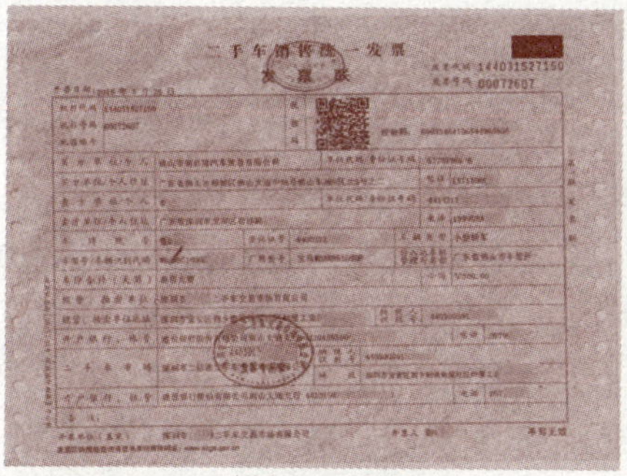

(a) 新车/二手车发票

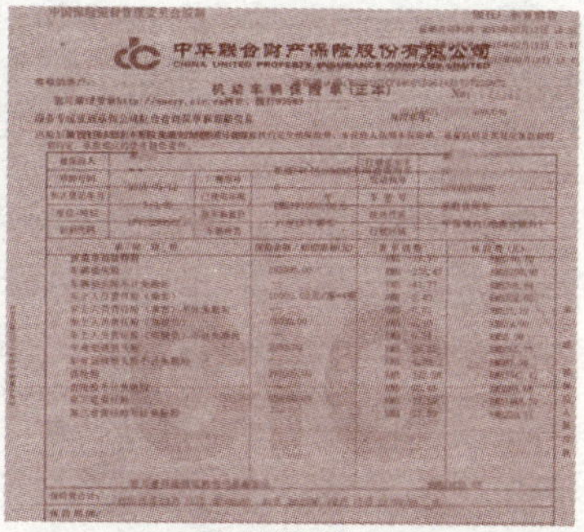

(b) 保单原件

(c) 机动车登记证书

(d) 购置税完税证明

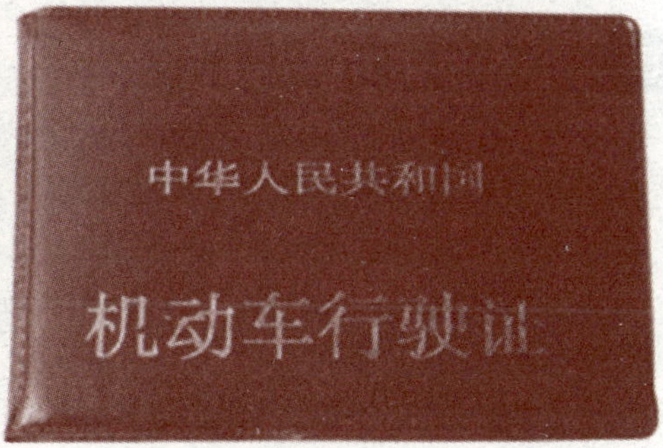

(e) 机动车行驶证

图4-5　二手车手续

（4）不满足异地迁入排放标准

二手车异地迁入排放标准限制是2016年二手车行业非常火爆的一个话题。在环境问题日益严峻的情况下，车辆的排放标准也被各大城市列入车辆上牌的重要依据，越来越多的城市对新车和二手车的排放标准做了明确的规定。对此，购买二手车的朋友就要谨慎考虑，地方政策法规的不同对异地车辆的迁入上牌是有门槛的，尤其是“黄标车”，几乎是判了死刑。

（5）套牌车

套牌车是指那些无牌、无证却套用别人真车牌的车辆，这种车即使价格再便宜也坚决不能买！套牌车就是“黑车”，我国相关法律法规明确规定，一旦发现套牌车，将会被收缴扣留并处以200元以上2000元以下罚款。鉴别套牌车最直接的方法就是检查手续和车身的VIN识别代码，如果发现不一致或者有重新打印的痕迹，那你很有可能是遇到套牌车了。

（6）停产的车型

公司停产某车型后，尽管还能买到配件，但数量会减少，价格会上涨，费用会越来越高，给新车主带来更大的开销，那就违背了当初买二手车的意愿。

（7）使用时间太长的车

车辆使用时间越长，磨损越严重，当磨损达到一定程度时，汽车的寿命就走到了尽头。任何汽车一经投入使用，其性能和价值都会随着时间的延长而逐渐降低，维修费用则逐年增加。车型老旧、使用时间长、性能低劣、物料超耗严重、维修费用高的车辆，使用不经济而且不安全，这类车可能即将报废，坚决不能买。

（8）无售后服务的车

二手车故障相对较多，若无售后服务，则以后会给用户带来较大的麻烦，因此，对于无售后服务的二手车不能买。现在的二手车售后服务体系已有不少改善，很多二手车经销商都向买方提供售后服务，并有指定的4S店进行售后维修服务。

总而言之，在选购二手车的时候，一定不能贪图便宜，要知道贪小便宜是要吃大亏的。掌握这几类坚决不能买的二手车，在买车的时候多走走、多看看，货比三家，相信你是可以买到称心如意的二手车的。

5. 购买二手车的主要途径

目前在国内市场上买二手车的地方大概有网站、二手车交易市场、拍卖公司、4S店、个人直接交易等几种，到底哪种方式、哪个地方更适合自己呢？

（1）二手车网站

二手车网站具有信息量大、覆盖地域广、信息更新快等特点，多数二手车网站只提供车源信息，你需要与车源信息提供者直接联系，在此，提醒你网上挑选二手车时一定要选择口碑好的二手车网站。

（2）二手车市场

由于二手车市场集中了大量的二手车源，有很大的选择余地，但是买家需要注意的是最好带上懂车的师傅帮忙一起查验车况，还要会砍价。市场内也不缺乏奸商，挑选一辆中意的好车不仅要会看车，还要会砍价。

（3）二手车拍卖

二手车拍卖是指二手车拍卖公司以公开竞价的方式将二手车转让给最高应价者的市场活动。相对而言，拍卖行对汽车的估价要相对专业、公平，作为竞拍者，在此基础上价格要相对公道些。同时在拍卖的过程中，由于车型的唯一性，故竞拍者需事先对意向车辆进行必要的了解，同时了解一些拍卖叫价技巧，将有助于购得称心如意的爱车。

（4）4S店二手车部门

4S店二手车销售部门，车源数量相对少一些。通过4S店购买二手车的优点是4S店的诚信度高，并且在4S店收车的时候，技术人员已经仔细地验过车。但由于二手车业务不是4S店的主营业务，所以二手车源数量不稳定，没有二手车源的情况时有发生，另外4S店的车价一般会超出市场价格，而且可议价的空间很小。对于认证二手车上，也仅提供有限的保障，机械方面可保修，电子电器方面一般不提供保修。

（5）个人二手车

个人之间直接买卖二手车，缺点是个人诚信无法保证，但是价格可能会比市场价格低不少。很多二手车都是改装过的，如果识货的话，很可能给你节约一大笔改装的费用。购买个人卖家的车，切记带好懂车的老师傅陪同验车，价格方面则需要你亲自和卖家讨价还价。

6. 购买二手车的步骤

（1）愿意花多少钱

在考虑买二手车以前，要事先确定你愿意花多少钱。无论是银行贷款，还是直接付款，都要给自己手里留有部分钞票，以便支付税款、过户费和违章罚款，还要进行维护和保养等，这些都需要花钱。

（2）选车

现在品牌、车型这么多，想要挑出一款你喜欢的，就要明确你的需求：上班代步、接送孩子、越野旅行、省油等。再结合你和家人的喜好（车的颜色、车型、新旧程度等），排除一些不符合选择标准的车，比如两座的跑车不适合接送孩子、不适合越野旅行；燃油价格高，收入不高，超大SUV也不合适；还可以提出类似需求给专业人员，听取他们的建议。

（3）二手车的价格

由于经销商必须对收购的二手车进行翻新或维护，以使待售车辆符合销售标准或想卖个好价格，所以，经销商手中的二手车的零售价一般会高于私人所卖汽车的价格。

从私人手中购买东西时，虽然价格便宜一些，但你必须格外小心，这也正是购买二手车风险最大的地方：信息不对称。去买家看车之前，尽量获取更多的汽车过户历史、行驶里程数据、维护保养费用的信息，特别是车况的信息。车体是否受过损坏？是否有凹痕或裂缝？外表的喷漆是否有光泽，有无碎裂、划伤或起皮现象？内饰是否有沾污、褪色、开裂或撕裂？车辆的驱动性能如何？制动系统能否正常工作？轮胎有无磨损，是否匹配？非常重要的问题是："你（卖主）是否有机动车登记证书？"价格越是特别便宜的，越要更加谨慎。

（4）验车前须知

查验二手车之前，首先要想：这辆车为什么要卖呢？这个问题要问好，以免有隐藏的"猫腻"，询问车主是否拥有车辆全部的维修保养记录。如果你提出将车开到4S店去检查，他们是否有异议？如果此车的年检已经过期，不仅要考虑重新年检要花钱，还要考虑排放检测是否能通过。

尽量白天看车，晚上看车会不真切，可以带个朋友一起验车，也好有个参谋，或是直接让卖主把车开到某个停车场，一来检验这辆车，二来检验卖主。市场上有些二手车贩子通常专门购买一些车况很差或出过事故的二手车，然后再以较低的价格将其出售，他们不能提供专业二手车经销商所能提供的担保、检测和承担的责任。

（5）摸底

记下此车的车辆识别代号。当得到了车辆识别号码以后，你就可以充分利用一些专业机构的服务，检查这辆车的历史记录。了解一些各种权证和机动车买卖中的欺诈行为的知识，这个时候花点时间研究这些资料是值得的。

（6）全面检查车况

如果卖主反对或贬低你对车辆进行外观评估的技术，干脆一走了之。

① 检查轮胎的磨损　如图4-6所示，轮胎磨损不均匀，或中间已磨秃，说明车辆需要校正或需要对悬挂系统进行更加昂贵的修理。

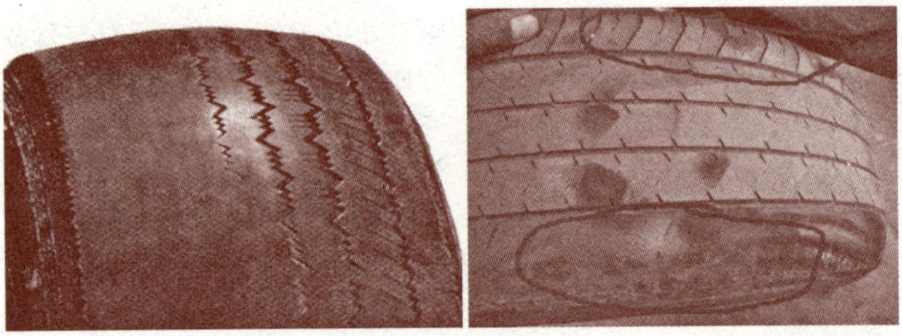

图4-6　轮胎磨损不均

② 车身事故修复　拿一小块磁铁，将其轻轻放在（以免划伤漆面）车身部位上下移动（车门下部、前护板等）。如果有任何其他填充物存在，磁铁将吸不住（或吸力明显减小），表明之前汽车发生过事故（该处抹过腻子）。从汽车旁边向后退，观察其接缝是否完全形成一条直线。

③ 打开后备厢、引擎罩和车门　特别是接缝处，补漆时会由于遮挡不严留有补漆的痕迹，如图4-7所示，查看有无油漆修补或油漆过量的地方，这可以显示汽车整体或部分经过重新喷涂。然后围着汽车走一圈，蹲下对着光线查看车体各部件的颜色是否有色差。

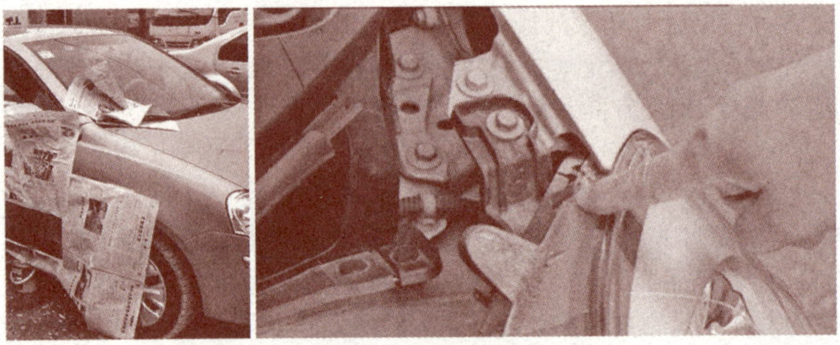

图4-7　遮挡不严会留下补漆痕迹

④ 检查冷却液　如果冷却液中有泡沫或油滴存在，则说明汽车的气缸垫有故障（冷却液和油混合到了一起），或更为严重的是，装置或气缸头部有裂纹。

⑤ 仔细检查是否为水淹车　将手伸到汽车底盘上，在油箱周围摸索（沟槽处），如果在其中找到泥浆或树叶，这辆车极有可能是在水中淹过。如果是一辆SUV，也可能车辆在野外行驶太多。你也可以同样检查车内，将手伸到仪表板下面，仔细进行摸索。

⑥ 检查所有踏板的状况（油门、制动和离合器）　检查橡胶脚垫是否有严重磨损的迹象，转向盘上的皮套是否磨损过度。在行驶里程较低的汽车上的这些磨损程度暗示汽车的实际行驶里程已经超过了里程表所显示的数值。此时应相信你的直觉，

如果你感觉里程表已经动过手脚，礼貌地告诉卖主你还有别的车要看，一走了之。

⑦ 试驾　座位的舒适性、空调音响、仪表板灯、发动机噪声、转向盘抖动、制动系统等都需要通过试驾才可能体验出来。

⑧ 合同　多数卖主会多报价几千元，以留出讨价还价的空间，除非卖主特别声明他们报的是实价或底价，否则，总会有讨价还价的空间的。最后不管你做什么，务必将一切形成书面文字。如果你与私人卖主达成了交易，要起草一份合同，注明买车应支付的钱数和交车的条件，以免后患。

⑨ 注意事项　如果汽车没有满足以上的任何一点要求，则应将车交给专业师傅进行评估。然后，再根据专业师傅评估结果决定是一走了之还是继续商讨价格。

跟经销商可以谈判的项目包括延长保修期或增加选装设备。增加选装设备，比如升级音响系统、提供额外的轮胎或提供新的脚垫等，都可以进行协商。通常情况下，经销商会给你一个“打包价”。你还可以就延长汽车当前的保修期进行协商，以提供1年的质保期而不是6个月。对于经销商答应的任何事项或他们同意增加的选择设备，在你成交以前，都应将其落实到文字上。

7. 为什么买保值率高的二手车?

随着人们换车频率不断加快，车市价格波动也变得频繁，车市降价也就意味着刚买到手的车辆就贬值。因此，买车要保值的观念已深入人心。

汽车的保值率，是体现汽车性价比的重要组成部分。指某款车型在使用一段时期后，将其卖出的价格与先前购买价格的比值。它取决于汽车的性能、价格变动幅度、可靠性、配件价格及维修便捷程度等多项因素，是汽车综合水平的体现。保值率高的车型的优势在于它的价格受降价风潮的影响不大，使消费者承受较小的因产品贬值而造成的经济损失。

在欧洲和美国，由于汽车消费的理念已经十分成熟，同时二手车交易量巨大，汽车保值率已被视为选购汽车的重要因素之一，多种购车指导刊物也把汽车保值率视为关键性的车型推荐理由。

近年来我国的二手车置换、二手车拍卖等交易形式逐渐兴起，新车厂商、4S店等汽车市场传统主力机构也开始把更多精力倾注在二手车业务上，来自美国、日本的国际二手车巨头的进入，在我国掀起了一个二手车行业发展的小高潮。新兴力量的不断加入和发展壮大在一定程度上促进了国内二手车行业的透明化及规范化发展，二手车成交量连年增长，但成交量大幅增长的繁荣景象却无法掩盖我国二手车市场存在的诸多问题：二手车售后服务缺乏保障、专业人才匮乏、二手车检测机构缺失、缺乏规范统一的评估定价体系等。

决定保值率的因素主要是看车辆的新款更新速度，车辆的维修保养费用，用户的养车花费，单车的油耗表现，单车的整备件的价格高低，维修保养的普及程度，品牌的认知度等，都是定义保值率的因素。

对于二手车的消费者来说，主要是驾驶新手和经济状况暂时不宽裕的两种人。对于驾驶新手，只想用二手车练手，等驾驶技术提高后会卖掉二手车，因此希望所买的二手车保值率高而贬值少；对于经济状况暂时不宽裕的二手车消费者，往往会考虑经济好转时，享受和体验驾驶新车的乐趣，也希望买保值率高的二手车。

8. 哪些二手车保值率比较高?

在二手车市场买二手车时，大部分消费者会比较理性地选择保值率高的二手车。那么，什么样的二手车保值率高呢？

市场上有些新车20万元，但3年后进入二手车市场不到10万元就可以买到，贬值率超过50%；而有些二手车与新车的价格却变化不大，3年车龄的二手车和当前的新车价格相差不多，贬值率不到30%，再过几年价格依然坚挺。分析这些车型可以发现，他们都有着主流品牌、畅销车、大保有量、价格适中等共同基本特征，这也就是保值率高的二手车的特征所在，购买时要认准。

（1）主流品牌的二手车

品牌知名度高的主流品牌更能得到大家的认可，因为在消费者心中，很多时候一个品牌就代表了产品的质量和口碑，比如你总会听到大家说某某品牌的鞋质量很好，这就能够反映出品牌的价值。汽车品牌同样如此，只要没有发生重大的事故或者事件，品牌的价值就存在，而且不会因为时间而折旧和贬值。所以说，选择二手车的时候，主流品牌对于二手车的保值率影响力是不容小觑的。

很多人钟情于德系车，德系车在国内的轿车市场的销量一直处于领先地位，因此，德系车最保值（仅在国内）。德系车一向都是品质的象征，因此在相同车况和相同的使用年限的车型中，德系车保值率较高。

（2）新车价格越稳定，二手车越保值

二手车的保值率等于二手车的平均价与新车市场平均价的比值。如此看来，车型的价格会受到车型上市的时间、产品换代等因素的影响，新车的价格越稳定，那么保值率也就越高。因此，购买二手车时也可以参照新车的价格变化。

（3）市场保有量越大，保值率越高

汽车都会更新换代，如果市场保有量很小的话，该车型的很多零配件都可能停产，在后期的维修中，车辆的配件难找，维修成本高。市场上保有量大的车，说明是非常受消费者青睐的，在品质和口碑方面都有不错的表现，这样的车辆维修技术成熟，配件好找，维修成本比较低，也没有售后维修保养的忧虑，所以很多人在购买车辆的时候都会考虑市场保有量大的畅销车型，因此市场保有量大的车型保值率高。

（4）油耗偏小的，保值率越高

排量的大小、油耗的高低都是换车时必须要考虑的因素，排量偏小的车型保值率较高，越是“油老虎”，价格跌得越快。数据显示，在二手车市场上，德系、日系的车比起美系的车更受欢迎，油耗是一个非常大的影响因素。在油耗的比拼中最吃亏的当数SUV了，由于高油耗，很多消费者望而却步，因而折价率非常高。

（5）价格越低的车，保值率越好

由于新车价格已经很低了，并且新车价格也不会有较大的起伏，消费者一般都比较容易接受。

（6）保养状况越好的车，保值率越高

二手车在出售的过程中，除了品牌和配置之外，车况基本是影响价格最大的因素了。同样品牌和款式的二手车，车况好的价格要高出不少，如果是出了事故的车或者是保养差的车，折价也相应提高。

总而言之，在二手车中，主流品牌、新车价格稳定、比较畅销、保有量大、价格适中、保养好这几个特征让它成为消费者最青睐的二手车。挑选二手车是一个综合技能活，能买到一辆保值率高的二手车是消费者最希望看到的结局。

9. 如何选购家庭用二手车?

随着各大城市限行政策的延续，很多收入相对稳定的家庭加快了第二辆车的购买，其中购买二手车的用户比例较高，那么，如何挑选适合家庭的二手车呢？

（1）“丁克”上班族——省油省心是关键

住房距离单位比较远的两人家庭，尤其是年轻用户目前购买家庭用车主要还是偏向于实用角度，作为代步工具。我们建议这些用户购买大品牌，使用时间3～5年的车型比较好。由于没有孩子，两人收入两人消费，属于较高消费阶层。从目前的行情看，“丁克”上班族购买偏向于商务的中高端车型比较合适，比如帕萨特、君威、雅阁等成熟车型，奔驰C级系列、宝马3系列、奥迪A4等也不错。这样对于处在事业上升期的两人都可以交替使用，满足日常和商务需求。

（2）自由职业——购买高折旧准新车

对于从事艺术、广告等相对自由职业的消费者来说，个性化车型的吸引力非常大，比如mini cooper、大众甲壳虫等，这类车型第一年折损价值最高，可以考虑购买2～3年的准新车型，这样可以节省15%～40%的费用进行其他消费，车辆的状况接近新车。

（3）越野车、赛车——考虑保值率

一些玩车的“发烧友”可能想要购买二手越野车、高性能赛车，这类消费者基本都是汽车专家，不用别人多说，自己就是内行，选择5年以上的性能不错的车型保值率比较好，未来的损失不大，相对5年以内的车型主要看价格空间。

（4）大家庭用车——注意车况

一些中年家庭用户，因夫妻二人、父母、孩子等多方用途的需求，可能对MPV更感兴趣，家庭用户选择MPV建议主要看车辆的状况，尤其是车辆的使用程度，一般建议5年内的车型，15万千米以内的。此外在选择车型的时候，基本配置车型比豪华配置未来贬值率要低。

（5）新手开练——注意买后整备

各大城市限行政策让很多家庭购买的第二辆车开始为“新手”服务，马路上每年都会增加很多新手，购买二手车一方面老驾驶员限行时可替换；另一方面新手用来练技术。这类车辆的选择多半是经济型车。此外，购买这类车辆之后的整备很关键，比如对于转向、制动、点火、离合等系统的整备，确保车辆的稳定性和安全性，配备好应有的警示牌、灭火器、实习标等。

购买二手车作为家庭第二辆车的用户证明我国的消费者对于汽车的消费观念越来越成熟，越来越理智，促进了二手车的产品销售，同时形成了新的供需群体。

10. 鉴别二手车的几个实用经验

越来越多的使用一年半载的汽车进入了二手车市场，崭新的汽车外形、优惠的价格吸引了众多“准车族”的眼球。但是很多人跃跃欲试，却又担心被骗上当。现在给“准车族”的朋友支几招，让你挑选到称心如意的爱车。

（1）查找事故痕迹与隐患

查看全车线条是否流畅，因为汽车一旦发生剐擦或碰撞，车身线条是最不易修复匀称的。查看车辆外观各个部件间隙是否一致，车身各部位密封胶是否完整。掀开车内地毯，查找下面车身是否藏有硬伤。仔细观察车门内侧，看是否重新上过漆，任何新的油漆都说明掩盖了不想让你知道的缺陷。机盖下的车架当然会有焊接点，检查原车焊接点是否完整。

（2）查验车龄

识别二手汽车的真实车龄，可看一眼踏板上的橡胶蒙面，这里最能透露出车辆的实际车龄。经常有人担心原车主会在里程表上作手脚，这也不难，有办法应对，可以索要该车最近的保修发票，那上面应该注明车辆的行驶里程。

（3）看轮胎

察看轮胎磨损程度，尤其前轮（普通轿车一般是前轮驱动）。假如花纹扁平，边缘已全无棱角，说明原车主驾车的习惯粗野。这样不仅轮胎本身状况不佳，更透露车的整体情况会很成问题。

（4）车况

了解二手车车身状况要慢慢地、耐心地围着车身多转几圈，仔细观察挡泥板的边缘以及车轴处，看机件磨损与经受风吹日晒的情况，或者察看排气管外端，检查其陈旧或生锈程度。

（5）察看发动机外观与运转情况

察看发动机外观，识别漏水、漏油的痕迹。启动发动机，观察排出气体的颜色。假如排出的气体是半透明的淡灰色，说明状况良好。如果是排放黑色烟气，则说明发动机没有调校好。如果排出气体是蓝色，说明发动机已经十分疲劳。如果排出气体是白色，说明气缸垫将报废。另外，嗅一嗅排气管排出气体的气味，难闻则是不好的征兆。

（6）检查车辆行驶性能

通过亲自驾驶来检测车辆状况是绝对必要的。首先检查各种电器，包括转向灯、车大灯、暖气系统、空调系统、收音机等是否都能正常运转。然后启动发动机，令其低速运转，倾听运转状况是否平稳。要想查验离合器的状况，有一个妙法，即起步时把变速器直接挂三挡而不是一挡，假如发动机未像正常情况熄火，说明离合器已经衰老。

要驾车行驶一段路程，并且等发动机上升到适当的温度，继续仔细倾听发动机的声音。尽可能频繁地转换车速，察看在加速与减速时车辆的反应。假如车速一快，车身与转向盘就抖动，则可以放弃。或者请原车主驾车带你行驶一段路程，看看此人在驾驶座上的习惯和做法，假如此人驾车动作粗暴，他的车的车况肯定不好。

11. 二手车市场的常见欺骗手段

二手车市场是一个“高级柠檬市场”（严重的信息不对称），也就是卖方掌握的信息永远比买方多，在这种信息极度不对称的情况下，各种行骗手段也就应运而生，作为消费者的我们有必要提高警惕。以下为二手车市场常见的欺诈手法，仅作为交流。

（1）用“新车总价”（或叫新车完税价）概念蒙人

目前二手车市场可以说很乱，许多车型的二手车价格已经比新车都高了，尤其是准新车（2年内的二手车）及返利比较大的车型。

以宝马M3为例，车商会告诉你，这车新车价120万元，加上购置税，新车总价要135万元左右，开了2年，卖给你80万元吧，可是他不会告诉你这车现在返利30个点，85万元就可以买到新车。所以购买准新车，一定要问清楚该车目前的返利优惠幅度，否则很容易被车商蒙骗，花比新车价还高的钱买辆二手车。

（2）低配冒充高配

现在二手车经销商经常会把中级配置的车说是最高配置（顶配、顶级配置、顶级版本），一般情况下，只要有天窗和真皮座椅，有些车商就敢说是最高配置。由于车辆的配置比较复杂，如果你事先没有做足功课的话，是很容易上当受骗的。比如奥迪A4L，有些车商经常把舒适版说成是豪华版（新车价相差7万元）。再比如奥迪、宝马和奔驰的钥匙比较特殊，启动方式也被车商故意混淆成“一键启动”，在这些名词上故意混淆概念，用后加或后改的配置说成是原厂来的，就是为了使人们相信二手车是高配的。

（3）承诺回收价和无条件退车

因为汽车市场行情变化太大，不仅仅是受政策的影响，还受新车优惠和改款的影响，所以谁都无法预测半年后的车市行情，如果车商承诺所谓的回收价，只不过是让你接受他现在的售价罢了，如果你真要他回收时，所有的承诺都不过是空谈。至于无条件退车，只要你想一下，汽车是有“户口”的，是需要过户的，而过户转籍，不但要受买家户籍影响，还要受排放限制，完全做到这点，从技术上讲是不可能实现的。

（4）库存车和试驾车

出厂时间和上牌时间相差太久的，初次登记车主为××汽车销售公司的，这些车辆很可能是库存车或试驾车，这些车辆新车价格往往比普通新车低很多，但车商不会告诉你这些，按照普通新车的二手车价格卖给你。

（5）改里程，全车清洗

众所周知，在二手车市场修改里程表的千米数现象十分泛滥，但是近年来，4S店内将试驾车修改千米数冒充“新车”，这样的现象也很常见。

（6）低价诱惑

不知你是否遇到过这种情况，在购买二手车时，车商会主动向你推荐某款车辆，而且价格往往很低。这时千万不要被低廉的价格所打动，世上没有“免费的午餐”。只能说明这辆车很可能有问题。也许出过重大事故，也许来路不明，不能正常过户。此时一定要慎重考虑，切不可盲目购买。

（7）出售黑车

按照我国法律，购买盗抢车，在不知情的情况下需要归还车辆，不需要承担刑事责任。如果在知情的情况下购买，则需要承担相应的刑事责任。所以在购买二手车时一定要看好车辆手续，及时过户，以免在以后的使用中产生不必要的麻烦。

（8）隐瞒理赔记录

不少二手车都会标明该车拥有全年的保险，并把这项作为卖点，但通常都不会主动告诉你该车发生过什么理赔记录。因此，消费者除了看保险外，还应当看理赔记录。因为发生过理赔的车辆再次投保，其价格会高于没有发生过理赔记录的车辆，尤其是二手车，再次投保，保费与新车也略有不同。

12. 选购二手车时如何防骗?

（1）不要贪图便宜

要坚定个人信念：天上不会掉馅饼。对报价很便宜的车辆一定要提高警惕，因为如果是盗抢车的话，对方的成本几乎是零，所以要价很便宜。

（2）不要支付任何形式的预付款

骗子都是先让你付一小部分钱作为预付款，如2000元，然后就“牵着你的鼻子走”，想方设法要你付更多的钱，如此循环，直到你自己觉得上当不肯付钱为止。那些被骗十几二十万元的人，都认为自己智商很高，他的钱也不是一次给骗子的，而是分多次被骗子一步一步骗走的。

（3）尽量不要跨省买二手车

如果你没有实力去当地看车，请不要跨省市买车，因为毕竟是大件商品，还是需要谨慎再谨慎的。

（4）广泛收集二手车信息

购买二手车上当受骗的最终根源，往往是对二手车及二手车市场的运作完全不了解，或者一知半解。因此，在决定买二手车之前，一定要广泛学习，彻底了解二手车的价格、质量、二手车交易的具体运作规律，然后付之于行动。

（5）掌握一些汽车基本常识

主要是了解一些评价汽车质量的技术参数和性能指标等，如动力性指标中的“最高车速、0～100km/h加速性”等；燃油经济性中“100km等速油耗”；制动性中的“制动效能、制动时方向稳定性”等；最大功率、最大扭矩等指标。正确识别（单点、多点）电喷、助力转向装置、ABS系统、EPS、TRC、三元催化系统等。千万不要以为这些东西可以以后再去了解，因为这些与车的价格关系最密切，如有无ABS，车的价位就会相差几千元。

（6）找一位内行随行前往

尤其是新手买车，基本是能开车、不懂车。对于这一部分人群，如果要买二手车，最好是在买车之前邀请一位懂车的参谋随行，随时帮你把脉号诊、出谋划策，使你始终保持一颗清醒的头脑，避免因为不懂车或者贪图小便宜、头脑一时发热而上当受骗。

（7）弄清楚车辆来源

购买二手车上当受骗，往往是因为买到非法车辆和假手续的车，这种情况通常如下。

① 车辆来源非法。盗抢车、抵账车、财务纠纷非法扣留车辆、家庭纠纷非法转卖家庭其他成员的车辆、借用车私卖、租售车诈骗、单位职工盗卖车辆等情况。

② 伪造车辆手续。如假行驶证、假年检章、假发票等。针对这种情况，买车时一定要谨记：应当先到交管部门检验车辆来源是否合法。

（8）核查车辆费用凭证

在检验车辆的合法性后，还要到各个税费征收部门检验车辆手续，认真核对手续的真实性，避免因为假手续而带来的补交费用和巨额罚款。

（9）认真核实车辆证件

认真核实车辆证件的真实性，以及车辆证件与卖车人是否相符、卖车人是否有卖车的权利（例如旧机动车经纪公司有买卖旧车的权利），避免因卖车人转卖不属于自己的车辆，给自己带来较大的经济纠纷或承担其他民事责任。

（10）签订正式购车合同

正式购车合同的存在多少给了车骗子一定的约束，使其不能轻松行骗。所以在购车时一定要记得签订合同，同时，通过合同对车辆型号、交易价格、过户时间、保修及维修等重要事项予以明确，以避免购车后与原车主发生不必要的纠纷，或其他争执。

（11）谨慎缴纳购车定金

车市上有时发生骗取购车人定金的案例，所以在对卖车人还不甚熟悉，对车辆状况、证件还不甚明了之时，千万不要轻易缴纳定金。即使跟对方比较熟悉，在缴纳定金的时候，也要看清对方身份证件，并签写正规收费单据。

（12）谨防车辆参数改动

衡量二手车值多少钱的一个重要依据就是看车辆的里程数。不过也不能完全相信里程表上数字，因为不少车贩子总爱在车的里程表上做手脚。如果有条件，最好让一位对车比较精通的人陪同，这样比较稳妥。另外，像VIN等地方的改动，也要非常的小心。

（13）不轻信外观

车辆的外观很容易改变，很多车贩子在购得车后往往就对车辆来一个“改头换面”，有的可能会换个新的地毯、席垫，有的可能对车辆的某些地方重喷漆来掩饰构件上的缺陷，有的给车辆“蒸个桑拿”等。这时候，车辆的外观已经并不太重要了（只要还过得去就行），而反映车辆性能、行驶状况的因素，才更值得关注。比如发动机的工作状况、车架状况、车身是否有发生过大的交通事故的痕迹等，这些才是选购二手车时最应当注意的问题。

13. 选购二手车的要点

（1）外观

很多人都很注重外观，其实外观是二手车中最容易骗人的。以现在的汽车翻新技术和漆面修补技术来说，没有专业的工具，仅凭肉眼真的很难识别出来。所以，选购二手车先不要过多注意外观。

但是，通过几个小细节，我们可以初步的认识我们要买的二手车。先绕车一周。一辆车有前挡风玻璃、后挡风玻璃、车门四个玻璃，所有的玻璃上面都有生产日期的，如图4-8所示，比如说“……3”数字3代表2003年或2013年生产的玻璃。黑点代表月份，黑点在数字前代表上半年生产，用7−5=2（5是黑点个数），说明这是2月生产的玻璃。如果是“2··”，说明这块玻璃是2002年或者2012年生产的。记住：黑点在数字后面说明玻璃是下半年生产的。用13−2=11，说明这块玻璃是11月生产的。这六块玻璃正常来说应该是相同的生产日期。如果换过，也不代表一定出过大事故。但是如果没换过，起码说明这都是原厂的，车主很爱惜车辆，而且也没出过太大的事故。

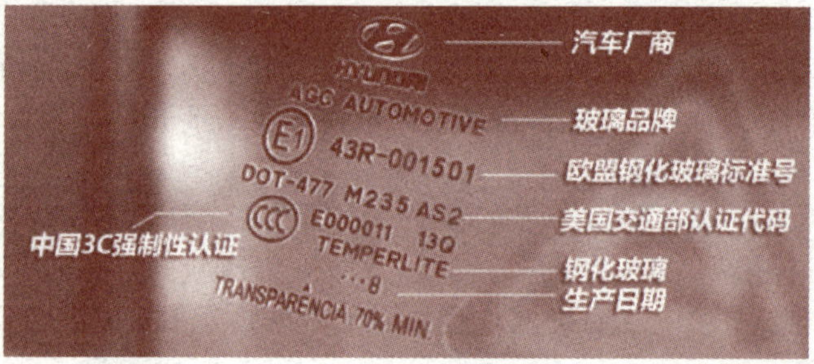

图4-8 汽车玻璃符号解读

（2）发动机舱

打开发动机舱盖子，做静态的观察。注意观察两侧翼子板上的螺钉有没有更换过，是不是一个颜色。很多汽车都会预留很多螺钉的位置，如果是空的螺孔则是正常的，只要两侧对称就好。

汽车出厂时，两侧悬挂顶部应该是有油漆标记点的。一部分在零件上，一部分在螺栓上。如果标记点都没动过，那说明车况非常好。

重中之重要看梁头。越是高档车，发动机舱布置得越是紧凑规整，只能看到一个发动机上面盖着塑料壳。一般30万元以下的车，打开发动机盖子还是能看到梁头，如果车辆追尾过其他车，事故比较严重的话，梁头肯定要变形的，即使修复过，也不会像原厂的那么光滑平顺，通过目测或者用手抚摸一下，如果很平顺，说明没有发生很严重的追尾事故。

（3）后备厢

打开后备厢，漏出备胎位置，然后仔细看车尾的地方，是否有一层密封胶。一般来说，在维修点密封胶都是手工刷的，比较粗糙（大部分密封胶都是粉色、肉色或银灰色）。如果密封胶像是拿刷子刷的，这是原厂的密封胶。如果被人追过尾，修补过的后备厢，里面的胶会像蜂巢一样，密密麻麻的，很不规整。

（4）车门

先对比一下四个车门关门的声音。车门发生轻微的剐蹭，钣金修复没大问题。如果发生过较大事故，直接换门也不会有多大问题。

你要做的事情：打开驾驶室的车门，注意观察一下B柱上的胶条，问车主能否打开胶条。奥妙就在这里面。如果是原厂的胶条，你会发现没什么不同。正常的焊点，用手摸一摸，会很平顺。如果B柱修补过，那么这个位置会很粗糙。维修厂的焊接技术远非整车厂家的焊接技术，修理厂再怎么修补，也做不出原厂的平整顺滑。

（5）内饰

驾驶员位置的座椅、转向盘、挡把等这些只要开车就得摩擦的地方，一般来说，10万千米以上的车辆这些部位都会有明显的磨损。

（6）上路试乘试驾

打着火，先站在车外听听声音是否有爆震、异响，发动机怠速是否稳定。打开空调，看看风扇运转情况。然后上路试驾，尽量找几个小坑轧上去，过坑的时候听听哪里有异响，车身过坑时是不是整体感很强，或者感觉松散。车龄长一些的话，会感觉有些松散，属于正常，若只是七八年内的车就感到松散，那就放弃吧。

（7）手续

查验发票、购置税完税证明、年检、保险、机动车登记证，之前已经过了几次户，都要看清。另外，记得查一下若有违章记录没处理的，让原车主把违章罚款都交齐了。

14. 重置成本法评估二手车

（1）重置成本法的定义

重置成本法是指在现时市场条件下重新购置一辆全新状态的被评估车辆所需的全部成本（即完全重置成本，简称重置全价），减去该被评估车辆的各种陈旧贬值后的差额作为被评估车辆现时价格的一种评估方法。

（2）车辆的贬值

① 机动车辆的实体性贬值。实体性贬值也叫有形损耗，是指机动车在存放和使用过程中，由于自然力的作用而发生的损耗。确定实体性贬值，要依据新旧程度，包括表体及内部构件、部件的损耗程度。

② 机动车辆的功能性贬值。功能性贬值是由于科学技术的发展而导致的车辆贬值，即无形损耗。这类贬值又可细分为一次性功能贬值和营运性功能贬值。

一次性功能贬值是由于技术进步引起劳动生产率的提高。现在再生产制造与原功能相同的车辆的社会必要劳动时间减少，成本降低而造成原车辆的价值贬值。营运性功能贬值是由于技术进步，出现了新的、性能更优的车辆，致使原有车辆的功能相对新车型已经落后而引起其价值贬值。

③ 机动车辆的经济性贬值。经济性贬值是指由于外部经济环境变化所造成的车辆贬值。所谓外部经济环境，包括宏观经济政策、市场需求、通货膨胀、环境保护等。

（3）重置成本法的计算

重置成本法的基本计算公式可表述为

被评估车辆的评估值=重置成本－实体性贬值－功能性贬值－经济性贬值

或　　　　　　被评估车辆的评估值=重置成本×成新率

前式综合考虑了二手车的现行市场价格和各种影响二手车价值量变化的因素，可信度更高。但是，这些影响因素较多且有一定的不确定性。

后式则以成新率综合考虑了各种贬值对二手车价值的影响，是一种定性和定量相结合的评估方法，是目前市场上应用最广的一种评估方法。

【例4-1】

2010年8月，王女士购置了一辆爱丽舍轿车，作为上下班代步用。购买价格为97800元，初次登记日期是2010年9月。于2014年12月进入二手车交易市场估价交易。现场勘查，车身外观较好，发动机运转平稳，无异常响声，制动系统良好。该车行驶里程为10万千米，在评估时，该车的现行市场销售价格为79800元，其他税费不计，试评估该车的现时市场价值。

解：根据题意可知：

① 初次登记日期为2010年9月，评估基准日为2014年12月，已使用年限Y=51个月。

② 该车为轿车，规定使用年限为15年，即：Y_g=180个月。

③ 该车的现时重置成本B=79800元。

④ 该车的年限成新率$C_Y=\left(1-\frac{Y}{Y_g}\right)\times100\%=\left(1-\frac{51}{180}\right)\times100\%=71.67\%$。

⑤ 评估值$P=BC=79800\times71.67\%=57192$（元）。

【例4-2】

刘先生于2009年3月购置一辆国产奥迪2.4轿车，作为家庭用车。于2014年3月到某奥迪专卖店进行二手车置换业务，行驶里程为9.5万千米，已知与该车类似的奥迪2.5新车市场价格为42.8万元。经评估人员现场勘查，该车技术状况较好，使用维护保养较好，该车主要是在市内行驶。试用重置成本——综合分析法评估该车的价值。

解：根据题意可知以下内容。

① 评估价值采用重置成本——综合分析法，计算公式为

$$P=BC_F=B\left(1-\frac{Y}{Y_g}\right)K\times100\%$$

② 初次登记日期为2009年3月，评估基准日为2014年3月，则已使用年限Y=60个月。

③ 该车为轿车，规定使用年限为15年，即Y_g=180个月。

④ 该车的现时重置成本B=428000元。

⑤ 综合调整系数K的确定。

技术状况较好，车辆技术状况调整系数K_1=0.9。

使用维护保养好，维护保养调整系数K_2=0.9。

该车为国产名牌轿车，制造质量调整系数K_3=0.9。

该车为私人用车，车辆用途调整系数K_4=1.0。

该车主要在市内行驶，工作条件调整系数为K_5=1.0。

综合调整系数为

$$K=K_1\times 30\%+K_2\times 25\%+K_3\times 20\%+K_4\times 15\%+K_5\times 10\%$$
$$=0.9\times 30\%+0.9\times 25\%+0.9\times 20\%+1.0\times 15\%+1.0\times 10\%=92.5\%$$

⑥ 计算成新率C_F。

$$C_F=\left(1-\frac{Y}{Y_g}\right)K\times 100\%=\left(1-\frac{60}{180}\right)\times 92.5\%\times 100\%=61.67\%$$

⑦ 计算评估值P。

$$P=BC_F=428000\times 61.67\%=263948\text{（元）}$$

15. 现行市价法评估二手车

现行市价法是指通过比较被评估车辆与最近售出类似车辆的异同，并将类似车辆的市场价格进行调整，从而确定被评估车辆价值的一种评估方法。现行市价法是最直接、最简单的一种评估方法。其基本思路是，通过市场调查，选择一辆或几辆与被评估车辆相同或类似的车辆作为参照物，分析参照物的构造、功能、性能、新旧程度、地区差别、交易条件及成交价格等，并与评估车辆对照比较，找出两者的差别及差别所反映在价格上的差额，经过调整，计算出被评估对象的价格。

现行市价法评估应用的前提条件如下。

① 需要有一个充分发育、活跃的二手车交易市场，即要有二手车交易的公开市场。在这个市场上有众多的卖者和买者，有充分的参照物可取，交易充分平等，这样可以排除交易的偶然性和特殊性。

② 参照物与被评估车辆有可比较的指标，且技术参数等资料是可收集到的，并且价值影响因素明确，可以量化。

在运用现行市价法评估二手车时，关键是要能够找到与被评估车辆相同或相类似的参照车辆，并且参照车辆是近期的、可比较的。近期是指参照车辆交易时间与车辆评估基准日时间相近，一般在一个季度之内。可比较是指车辆在规格、型号、功能、性能、内部结构、新旧程度及交易条件等方面不相上下。

16. 清算价格法评估二手车

（1）清算价格法的含义

清算价格法是指以清算价格为标准，对二手车辆进行的价格评估。清算价格是指企业由于破产或其他原因，要求在一定的期限内将车辆变现。

清算价格法在原理上基本与现行市价法相同，所不同的是迫于停业或破产，清算价格往往大大低于现行市场价格。这是由于企业被迫停业或破产，急于将车辆拍卖、出售。

（2）清算价格法的前提条件

企业破产、抵押、停业清理时要售出的车辆适用于清算价格法。

运用清算价格法评估车辆价格时应注意以下几点。

① 以具有法律效力的破产处理文件或抵押合同及其他有效文件为依据。

② 车辆在市场上可以快速变现。

③ 所卖收入足以补偿因出售车辆导致的附加支出总额。

【例4-3】

一辆旧富康轿车，经调查在二手车市场上成交价为4万元，根据销售情况调查，折价20%可以当即出售。则该车辆清算价格为4×（1−20%）=3.2（万元）。

17. 折旧法评估二手车

折旧是指企业的固定资产在预计的使用年限内由于磨损和损耗而逐渐转移的价值。机动车作为固定资产，按现行财务制度规定应计提固定资产折旧。所谓机动车的折旧是指机动车随着时间的推移或在使用过程中，由于损耗而转移到产品中去的那部分价值。

二手车折旧额是二手车所有者已经得到的价值补偿，剩下的价值即重置成本全价减去二手车已使用年数的累计折旧额，才是二手车现有的价值，评估时应以这个价值作为评估价。车辆鉴定评估时，如果发现车辆有某些功能完全丧失，需要维修和换件的，还应考虑扣减相应的维修费用。计算公式为

被评估二手车的评估值=重置成本全价−累计折旧额−维修费用

【例4-4】

2014年2月，成都某二手车中介欲收购一辆伊兰特轿车，车辆基本情况如下。车型：北京现代伊兰特。型号：BH7162MY。注册登记日期：2011年3月。行驶里程：68000km。车辆基本配置：排量1.599L，发动机型号G4ED，直列4缸16气门多点电喷发动机，5速手动变速器，发动机最大功率82kW，转向助力，ABS+EBD，前后门电动窗、防眩目后视镜，中控锁（无遥控装置），发动机防盗，手动空调系统，单碟CD及调频收音机，6喇叭音响系统，铝合金轮圈。

经核对相关税费票据、证件（照）齐全有效。该车目前市场行情价为7.8万元，试确定其收购价格（残值忽略不计）。

解：根据题意可知以下内容。

（1）采用折旧法计算收购价格。

（2）已使用年限t=3年；规定使用年限N=15年。

（3）重置成本K_0=78000元，残值忽略不计，即S_v=0。

（4）分别以等速折旧法、年份数求和折旧法和双倍余额递减折旧法计算累计折旧额。

① 等速折旧法计算二手车的累计折旧额。

年折旧额为

$$D_t=\frac{K_0-S_v}{N}=\frac{78000}{15}=5200\text{（元）}$$

累计折旧额计算结果如表4-2所示。

表4-2　等速折旧法计算累计折旧额

时间	重置成本K_0/元	折旧率	年折旧额/元	累计折旧额/元
2011年3月～2012年2月	78000	1/15	5200	5200
2012年3月～2013年2月		1/15	5200	10400
2013年3月～2014年2月		1/15	5200	15600

② 年份数求和折旧法计算二手车的累计折旧额。

递减系数为$\dfrac{N+1-t}{\frac{N(N+1)}{2}}=\dfrac{16-t}{120}$，年折旧额$D_t=(K_0-S_v)\dfrac{N+1-t}{\frac{N(N+1)}{2}}$，计算结果如表4-3所示。

表4-3　年份数求和折旧法计算累计折旧额

时间	重置成本K_0/元	递减系数	年折旧额/元	累计折旧额/元
2011年3月～2012年2月	78000	15/120	9750	9750
2012年3月～2013年2月		14/120	9100	18850
2013年3月～2014年2月		13/120	8450	27300

③ 双倍余额递减折旧法计算二手车的累计折旧额。

年折旧率=2/15。

年折旧额$D_t=K_0a(1-a)^{t-1}$，计算结果如表4-4所示。

表4-4　双倍余额递减折旧法计算累计折旧额

时间	重置成本K_0/元	年折旧率	年折旧额/元	累计折旧额/元
2011年3月～2012年2月	78000	2/15	10400	10400
2012年3月～2013年2月	67600	2/15	9013	19413
2013年3月～2014年2月	58587	2/15	7812	27225

（5）计算二手车收购价格。

二手车收购价格计算公式为

$$P=B-\sum D_t-F_s$$

题目没有给出需要修理的项目及费用，因此，本例中F_s=0。二手车收购价格按剩余价值最小（或按累计折旧额最大）的收购。从表4-2～表4-4可知，等速折旧法、年份数求和折旧法和双倍余额递减折旧法三种折旧方法计算的累计折旧额中，年份数求和折旧法计算的累计折旧额最大，因此，该二手车的收购价格为

$$P=B-\sum D_t=78000-27300=50700\text{（元）}$$

【例4-5】

某公司转让一辆斯柯达晶锐轿车，经与二手车交易中心洽谈，由此中心收购该车。该车初次登记日期为2011年2月，转让日期为2014年8月，已使用3年6个月，该型号车辆现行市价为8万元，规定使用年限15年，残值忽略不计。试用年份数求和法计算收购价。

解：根据题意可得以下内容。

① 已知该晶锐轿车已使用年限为3年6个月，Y=48个月，Y_g=120月。

② 递减系数为 $\dfrac{N+1-t}{\dfrac{N(N+1)}{2}}=\dfrac{16-t}{120}$。

③ 年折旧额$D_t=(K_0-S_v)\dfrac{N+1-t}{\dfrac{N(N+1)}{2}}$，计算结果如表4-5所示。

表4-5 年份数求和折旧法计算累计折旧额

时间	重置成本K_0/元	递减系数	年折旧额/元	累计折旧额/元
2011年2月～2012年1月	80000	15/120	10000	10000
2012年2月～2013年1月		14/120	9333	19333
2013年2月～2014年1月		13/120	8667	28000
2014年2月～2015年1月		12/120	8000	36000

表4-5是按4年计算的累计折旧额，但车辆实际使用年限只有3年6个月，因此，计算得到的累计折旧额应减去第4年的半年折旧额。

年份数求和折旧法计算累计折旧额为

$$\sum D_t=28000+8000/2=32000\text{（元）}$$

④ 计算二手车收购价格。

$$P=B-\sum D_t-F_s$$

题目没有给出需要修理的项目及费用，因此，本例中F_s=0。

计算公式为

$$P=B-\sum D_t=80000-32000=48000\text{（元）}$$

18. 如何选购进口二手车？

近年来，随着各种政策的变化，二手车市场也在发生转变，进口二手高档车开始受到人们的关注，也有部分消费者倾向于购买二手进口车。

（1）进口车“出身”不同，价格差异大

有人说：看了很多进口二手车，心仪的车型也不少，可许多同年份、同款型的车价格却相差很大，这是为什么呢？

这是由于汽车的进口渠道不同造成的。目前在二手车市场上的进口车来源大体分为四类。

① 按照合法手续进口的汽车，也就是俗称的“大贸车”。

② 境外自带车，这类车是由在华外资公司或外籍工作人员从国外直接购买到国内的车辆。

③ 归国留学人员按照国家有关优惠政策从国外购置的车辆。

④ 海关、公安边防、工商等执法部门罚没，后经合法手续可以交易的车辆。

对于四种不同来源的车辆，经销商的收购成本差异很大，因此导致售价上的差异。其中，“大贸车”是完全按照正规渠道进口的，所谓“根正苗红”，这类车一般在4S店都保留着完整的使用记录，因此车况是有保证的，收购价最高，售价也高；而②、③类属于从国外直接进口的车辆，收购价格受到进口国当地市场行情的影响，在总体收购行情上要比“大贸车”的成本低。但由于进口过程环节多，车辆使用信息很难留存，因此车况相对复杂。④类主要是通过法院拍卖而获得的，这类车车况更为复杂，因此收购价格更低。

在选购进口二手车时，首先要弄清楚它们的“出身”，然后区别对待。若是“大贸车”，虽然价格高一点儿，但车况有保证，是可以放心购买的；若是后三类车就要特别注意了，不能贪图便宜，尤其是罚没车辆，车况很难辨别，而且带着“罚没”的帽子等到再换车的时候是很难有好价格出手的。辨别这四类车的方法很简单，只要仔细察看《车辆产权登记证》中的来源一项就可以区分。

（2）认清“出厂年份”

给二手车定价首先是要依据车辆的出厂年份，不同年份的车辆价格有很大差别，因此在选购二手车时先要确定“出厂年份”。车辆从生产到售出是有间隔的，因此出厂年份与登记年份不一定一致。对于进口车来说，上述年份不一致的现象是很正常的，许多进口车商为了规避风险都采取有订单才完税提车的做法，致使保税区内有大量积压车，等到登记上牌时，车辆可能已存放了几年，其车况是无法与新车相比的，因此售价也会低许多。这类车在二手车市场上常见，经销商一般会“避重就轻”，按照登记日期来销售，因此在选购时要特别注意，以免造成经济损失。

（3）配置与价格紧密联系

高档车为什么贵呢？除了品牌、技术、做工以外，贵就贵在豪华的配置上。虽说按摩座椅、电子巡航、蓝牙耳机、大灯自动清洗、DVD导航等，一年下来用不上几回，但在车辆总价中占到很大比例。往往一些消费者在选购时只注意车架、发动机等主要部件，而忽略了对配置功能的检查，建议消费者在相中车辆后别急于出手，先核对好款型，按照厂家提供的配置单一一检查，确认能够正常使用后再交易也不迟。

（4）选购时应多偏向于“亚规版”车型

在二手车市场上经常能见到一些稀奇古怪、不常见的进口车，也经常能听到经销商喊出“美规版”“中东版”“绝版车”等吆喝声，你听起来有些陌生，在这里有必要给读者解释一下。所谓的“美规版”就是国外生产厂同一流水线上的计算机显示该车销往美洲地区，是按照美国标准生产的车辆；“中规车”是专为中国地区设计的，更适合我国的油品、道路、气候等；“欧规车”对燃油质量要求很高，国内大部分地区油品质量达不到“欧规车”的使用要求，使用时易造成油路堵塞，严重的会导致发动机大修。

“美规车”一般情况下不能享受和“中规车”一样的免费保修服务，因此有必要提醒车主注意。另外，不同版本的车有些配件是不通用的，如果你对进口车情有独钟，建议尽量选择“中规车”，不仅在日后维修保养有保障，而且偏大众化的车型保值率更高。

19. 选购二手车时要小心的环节

（1）交易要合法

要到正规的旧车交易市场，与合法的二手车经营公司交易，买卖二手车要签订合同。

（2）注意车况

如果自己不懂车，可以找个内行人随行指点。

（3）熟悉行情

买车前多到二手车市场逛逛，准备纸和笔，把相中的车型记下来，多比较。

（4）手续要正规

为避免出现假手续的情况，应与合法的二手车经营公司交易或选择有保障的二手车品牌经销商。

（5）谈妥价格

买车价格应尽量贴近自己的期望值，适当做些让步也未尝不可。

（6）及时过户

与二手车商家成交后，要及时过户，这样你才能真正成为车辆所有人。

（7）手续变更

有了过户手续，请在1个月内及时办理行驶证、登记证、购置税的变更。

（8）保险手续

买二手车要重视车辆保险手续。

（9）车船税

购买二手车谨防原车主偷漏车船税。

20. 购买二手车的必验手续

（1）机动车来历凭证

也就是车辆的获得凭证。其中，我们最常见的就是机动车销售发票和二手车交易发票。而机动车来历凭证是在车辆发生产权归属变更或买卖时的重要凭证，所以在车务手续中至关重要。

（2）机动车登记证书

机动车登记证书是车辆管理机关核发的车辆权属证明，类似于房产证书。车辆在用期间，变更、转移产权、抵押等全部手续都会详尽地记载在登记证书上，是二手车交易过程中了解该车历史的重要凭证。

（3）机动车行驶证

行驶证是指车辆登记机关（即车管所）核发的允许车辆上路行驶的重要凭证。同时，行驶证也是接受公安机关、交管部门道路安全检查时必须出示的证件。上面记载车辆所有者的信息、车辆信息和车辆检查信息。

（4）车辆购置税完税凭证

购买、进口、资产、受赠、获奖或者以其他方式取得并自用的应税车辆行为称为车辆购置，也就是这些所说的车辆，一律需要缴纳车辆购置税。同时，车辆购置税的完税凭证也成了车辆登记、产权转移及车辆移动中车辆手续的重要组成部分。而车辆购置税完税凭证上面记载了车辆所有人信息、车辆信息以及缴税信息。

（5）车船使用税凭证

这是缴纳车船使用税的完税凭证，是车辆合法使用的必需税种之一。

（6）车辆保险单

也就是财产保险公司为该车提供保险的凭证单据。我国自2009年7月开始实施机动车交通事故责任强制保险，车辆过户原则上必须具备交强险。

（7）车辆保养维修手续

车辆自首次登记投入使用开始，使用期间需要按期进行保养维修，需要有一个对每次保养维修进行记录的载体。车辆生产商都会随车交给车主一些车辆使用、保养方面的手册，将这类手续称为车辆保养维修手续。

（8）车辆使用说明书

又称车辆使用手册，记载车辆使用方面的全面说明。

（9）保养手册

独立成册或与车辆使用说明书同册记录，是记载车辆正常保养的连续性记录，应记载车辆历次保养的时间、里程、保养项目。目前网络应用发达，所以有的车辆保养机构会将车辆的保养记录上传到网络，保养手册上就不再记载。或者使用年份较长的车辆由于保养没有始终在厂家指定的商家处进行，也会使保养记录产生断档。

（10）车辆附加配置使用说明和保修卡

很多汽车生产厂商会在自己的产品上配置其他品牌的设备，例如马自达6轿车使用博世的音响，这样的设备都会有独立的使用说明和一些保修卡之类的文件，同样也是车辆必备的附件。

21. 这些旧车坚决不要买

（1）证照不全的旧车不能买

所谓证照，是指车主身份证、车辆原始发票、车辆购置税完税证明、机动车行驶证、年检证明及保险单等。证照不全，买进后在办理相关手续时非常麻烦。

（2）经过改装的旧车不能买

车主未经车辆管理部门许可，随意更换发动机、底盘，更改外形尺寸、车身形状颜色等行为，都是不允许的。

（3）走私、免税或赠与的车不能买

免税和赠与的车辆是国家扶持某种事业采取的优惠政策，特别批准免除一定海关的关税，它们的使用必须受海关监督。未经完税，不能销售和转让。

（4）分期付款的车不能买

在车款没有完全付清之前，该车在法律上并不归车主所有，买这样的车后患无穷。

（5）车主有问题的车不能买

车主有问题是指代替买卖车辆的车主、严重违章的车主和有诉讼在身的车主，这类旧车往往价格便宜，但一不小心沾上官司，得不偿失。

（6）异地交易的旧车不能买

异地交易往往会受到当地政策法规的限制，日后在行驶过程中很不方便。

22. 二手车的静态检查

（1）车辆的身份鉴别

车辆的身份鉴别又称识伪检查或车辆合法性检查，主要鉴别车辆的身份是否合法，可分为两大类：一类针对进口汽车，检查其是通过正规渠道进口的车辆，还是非法走私车辆、旧车拼装或者走私散件组装车辆等；另一类针对国产车，检查其是否是套牌车或拼装车等。

进行车辆身份鉴别时，要求检查评估人员凭借专业知识和丰富的市场及社会经验，结合相关部门提供的信息资料，对车辆进行详细的鉴别，特别是有些车辆由于某些原因资料不全或者不同部门提供的资料不吻合的情况，应严格鉴定。

① 进口车的身份鉴别　正规的进口汽车都是通过正规渠道并符合我国的相关汽车质量标准要求和道路使用条件的，并且带有中文的使用手册和维护保养手册各一本，在前挡风玻璃上贴有黄色的商检标志（换过挡风玻璃的车辆可能丢失了商检标志），海关对进口汽车签发进口证明书。

走私汽车指不是通过国家正常的进口渠道进口、偷逃税收的车辆。拼装车是指不法厂商为了谋取高额利润，采取非法组织生产、拼装的方法，生产假冒伪劣汽车，常见的非法手段有整车走私；境外切割、境内焊接拼装；进口散件国内拼装的外国品牌整车；利用旧车的零部件进行拼装；也有些是利用进口散件和国产零部件共同拼装的汽车等。

被假冒的生产厂家不承认这些走私车辆，致使这些车辆的性能没有保障，售后服务也无法保障，给以后的汽车使用留下了极大的安全隐患。

评估人员在进行评估前，应将非法走私的车辆以及非法拼装的车辆予以识别，并禁止进行交易。关于进口车的鉴别可以从以下几个方面进行。

a.检查车辆的产品合格证、维护保养手册是否齐全，并检查是否有商检证明书和商检标志。

b.检查汽车的车辆VIN编码是否正确，同时确定该车是否在我国进口汽车的产品目录上；通过公安部门的车辆档案资料，查找该车辆的相关信息，确定车辆的合法性。

c.检查车辆的外观。若是通过境外切割、境内焊接而拼装的车辆，一些小的曲线部位不可能处理得天衣无缝，总会留下一些加工痕迹，通过眼睛观察和用手触摸会发现车辆不是非常平整光滑。检查车身与发动机盖之间的缝隙是否一致整齐，间隙是否过大等。

d.检查发动机室。首先检查发动机型号是否与该品牌汽车型号相符。其次检查各种管线布置是否有条理，是否有重新装配或者改装的痕迹，或者有新旧程度不一的零部件等。

e.检查变速器，特别是自动变速器，由于我国的交通规则是“靠右行驶”，汽车的转向盘都在左边（中国香港和澳门地区除外），而有些国家和地区的汽车都是右驾车，走私进来的右驾车要改为左驾车很容易，但是为了降低成本获取更高的利润，走私者一般不换自动变速器。这样通过检查变速杆的保险按钮就可以发现——右驾车的变速杆的保险按钮在右侧，而左驾车变速杆的保险按钮在左侧。

② 国产车的身份鉴别　相对进口车来说，国产车的身份容易鉴别。按照《机动车登记规定》第九条的规定，申请改变机动车车身颜色、更换车身或车架的，应当填写《机动车变更登记申请表》，提交法定证明、凭证。按照《机动车登记规定》第十条的规定，更换发动机的，机动车所有人应当于变更后十日内向车辆管理所申请变更登记，填写《机动车变更登记申请表》，提交法定证明、凭证，并交验机动车。

在鉴别国产车的身份时，首先检查汽车铭牌以及车辆VIN编码是否一致。其次检查发动机号、车架号与行驶证上的内容是否一致，初步判别车辆是否是组装车或套牌车。如果发现有不一致的地方，或者发动机号、车架号有被改动的痕迹，如焊接、凿痕、切割痕迹等，该车有可能是非法车辆，应进一步核实。由于汽车维修厂或改装厂一般弄不到国产车的车身，仿制也比较难，常采用切割、焊接等一系列方法，进行组装或改装车辆，评估人员只要仔细观察和触摸，就会发现改装的痕迹，从而鉴别车辆的假身份。

（2）车辆的外观检查

汽车在使用过程中难免会出现各种事故，车身的磕碰和剐蹭也是比较普遍的。所以，在用车辆有一些做漆处理的地方也不足为奇（若发现新车有“做漆处理”的现象，则该车有可能是送车或试驾等过程中出过事故，应仔细检查），因为它对二手车的价格不会造成多大影响。

车辆在进行外观检查之前通常都要进行外部清洗。外观检查过程中，对于底盘相关项目的检查，应该在设有检测地沟或有汽车举升器的工位上进行。

① 检查车辆各种标牌　车辆标牌包括商标、铭牌、发动机型号和出厂编号、底盘型号和出厂编号等。检查车辆的发动机型号和出厂编号、底盘型号和出厂编号是否与行车执照上的记载相吻合；检查有无铭牌，是否标明了厂牌、型号、发动机功率、总重量、载重量或载客人数、出厂编号、出厂年、月、日及厂名。

② 车身的外观检查　通过对车身的检查，特别是轿车和客车的车身，检查是否有严重的碰撞痕迹，可以判断是否曾经发生过严重事故。由于轿车和客车的车身在整车价值中权重较大，维修费用也比较高，故车身检查是技术状况鉴定的重要环节。检查顺序一般从车的前部开始，可以按以下方法进行。

a.检查车身各处的缝隙。分别站在车的左前部和右前部，从车头往车尾观察车身各处接缝，如出现接缝不直、缝隙不一、线条弯曲、装饰条有脱落痕迹或新旧不一，说明该车的车身可能修理过，如图4-9所示。

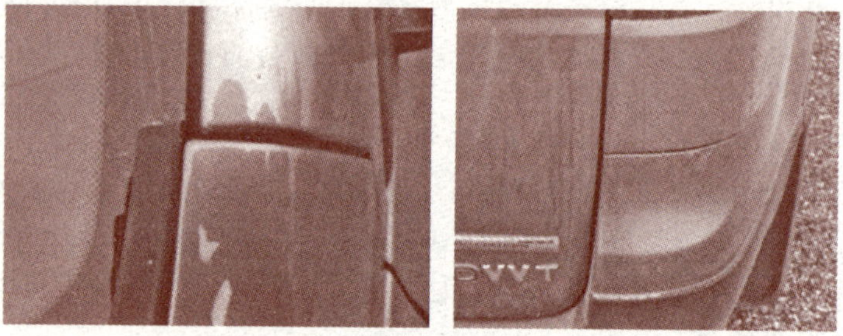

图4-9　车身各处缝隙不一、接缝不直

b.站在车前观察车漆的颜色和车身平整度。后补的油漆色彩往往不同于原车漆色，如果汽车补过漆，观察整个车身各个部位漆的颜色，如图4-10所示，通过车身反射光的明暗对比可以判断是否做过漆，一般做漆的地方反射光较暗，可以检查是否出过事故。至于车身平整度，特别是有较大面积撞伤的部位，工人在补腻子、打磨腻子时往往磨不平，导致车身漆面看上去有波浪感，漆面凹凸不平。用漆面厚度仪，对车辆的某些部件进行漆面厚度检查（图4-11），也可以用一磁铁沿车身四周移动（图4-12），如果移到某处，感觉磁力突然减小，说明该处打过腻子、补过漆，用手敲击此处，声音较别处发闷。

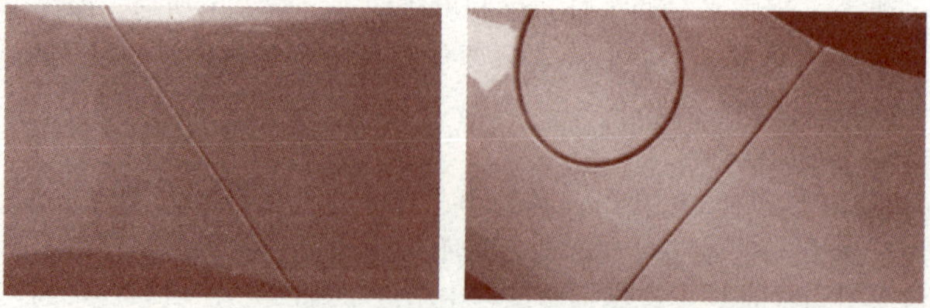

图4-10　车身不同位置色差明显

图4-11 用漆面厚度仪检查是否打过腻子

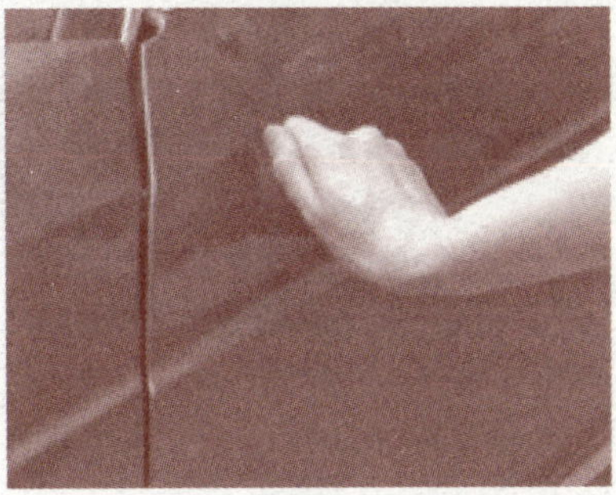

图4-12 用小磁铁的吸力检验何处打过腻子

c.检查保险杠。在交通事故中，保险杠是最易、最先被撞坏的易损件，通过检查保险杠是否变形、损坏、重新补漆等痕迹，可以判断汽车是否发生过碰撞事故。

d.检查车门。站在车门前，观察B柱是否呈一条直线以及接缝的平整度，若B柱不呈一条直线或者接缝不平整，说明车门经过整形工艺处理过；打开车门，观察门框是否呈一个平面，若不平整，则说明进行过钣金处理；另外，可以观看车门附近是否有铆钉痕迹（原车结合时留下的），没有铆钉痕迹说明车辆重新烤过漆。

e.观察车窗、车门的关闭。车窗、车门应关闭灵活、密封严实，锁止可靠，缝隙均匀，胶条无老化现象，若车门关闭不严（图4-13），要仔细检查是否发生过事故，用手指按压胶条，检查胶条是否老化（图4-14）。检查前挡风玻璃是否有国家安全认证标志，没有则表明前挡风玻璃已经更换过。

图4-13 车门关闭不严

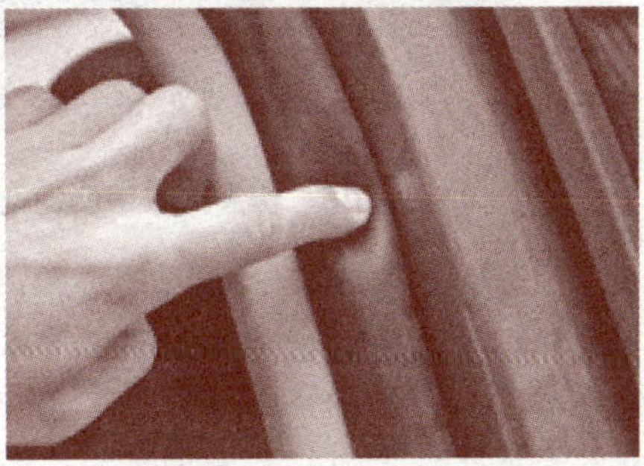

图4-14 检查胶条是否老化

f.检查后视镜、下视镜。汽车必须在左右各设一面后视镜，安装、调节及其视野范围要符合相关规定。车长大于6m的平头客车、平头货车应在车前设置一面下视镜。

g.检查灯光。主要检查灯光是否齐全、有效，光色、光强、光照角度等是否符合国家标准的相关规定。

h.检查车身金属件的锈蚀情况。随着汽车使用年限的增加，以及各种事故的损害，车身金属零部件逐渐锈蚀（图4-15），通过锈蚀的严重程度可以判断该车的使用年限。检查的零部件主要是车门、车窗、排水槽、底板及各接缝处等。

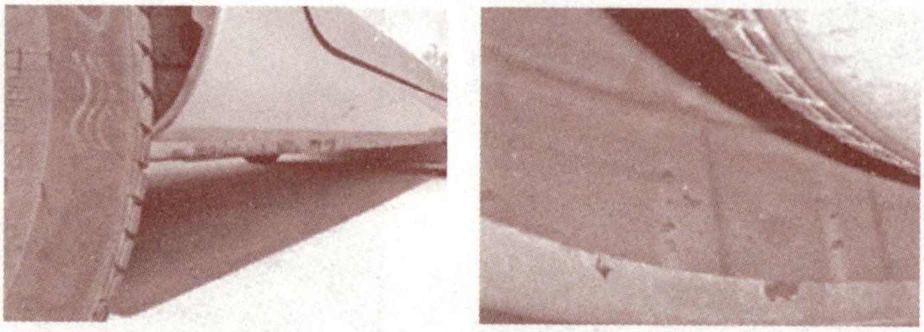

图4-15　车身锈蚀

【例4-6】检查车身的周正情况

如何检查一辆二手车是否发生过碰撞以及碰撞的位置、力度大小、修复状况？

方法一：如图4-16所示，在汽车的正前方5～6m远的地方蹲下，沿着轮胎和汽车的外表面向下看汽车的两侧，前、后车轮应排成一线；然后走到汽车后面进行同样的观察，前轮和后轮应该仍然成一条直线。如果不是这样，则说明车架或整体车身弯了。即使左侧前、后轮和右侧前、后轮互相成一条直线，但如果一侧车轮比另一侧车轮更突出车身，则表明汽车曾碰撞过。

图4-16　检查汽车两侧的前后轮是否在同一直线上

方法二：如图4-17所示，蹲在前车轮附近，检查车轮后面的空间，即车轮后面与车轮罩后缘之间的距离，用卷尺测量这段距离；再转到另一个前轮，测量车轮后面和车轮罩后缘之间的距离：该距离应该和另一个前轮大致相同。在后轮测量同一间隙，如果左前轮或左后轮和它们轮罩之间的距离与右前或右后轮的相应距离差别很大，则说明车架或整体车身弯了。

图4-17　测量每个车轮后面与轮罩后缘之间的距离

③ 驾驶室和车厢内部检查。

a.检查座椅。所有座椅的安装都应牢固可靠。驾驶员座椅、副驾驶员座椅及长途客车和旅游客车前面设有座椅或护栏的座椅的安全带应齐全、有效。

b.查看座椅的新旧程度。座椅表面应平整、清洁、无破损。若座椅松动或严重磨损，表面凹陷，说明该车经常载人，长时间在较高的负荷下运行，如图4-18所示。

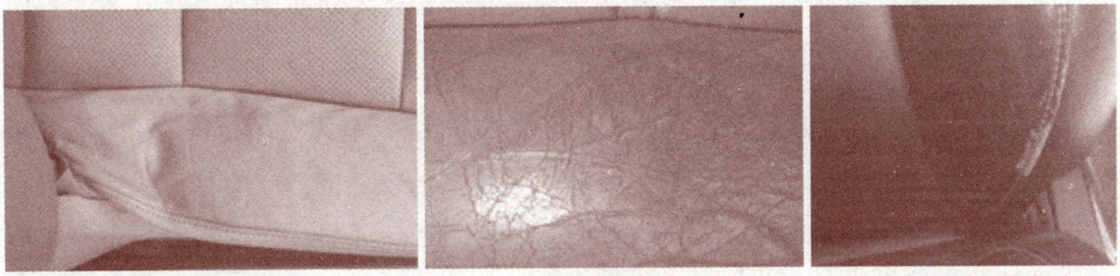
(a) 座椅凹陷　(b) 座椅磨损（一）　(c) 座椅磨损（二）

图4-18　座椅凹陷、磨损

c.查看车顶的内篷是否破裂，车辆内部是否污秽发霉，地毡或地板胶是否破损残旧，从地毯的磨痕情况可以推断车辆的使用频率。如图4-19所示，揭开地毡或地板胶，查看车厢底板是否有潮湿或生锈的痕迹，是否有烧焊的痕迹，如果有，说明该车下雨时可能漏水。

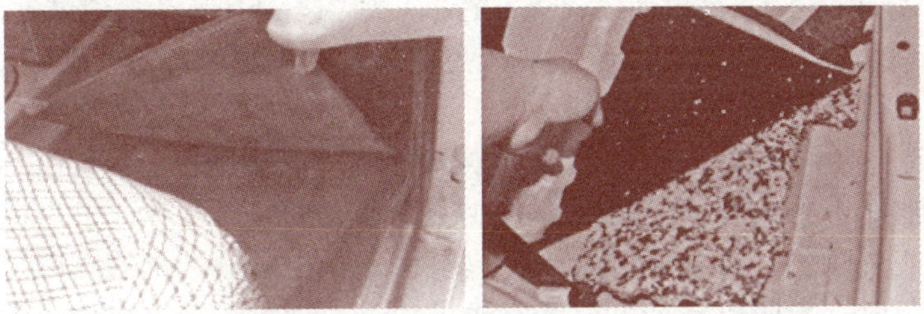
图4-19　掀开地毡或地板胶，检查是否有潮湿或锈迹

d.查看车窗玻璃升降是否灵活。

e.检查后备厢。打开后备厢，如图4-20所示，检查厢盖防水胶条是否完好；检

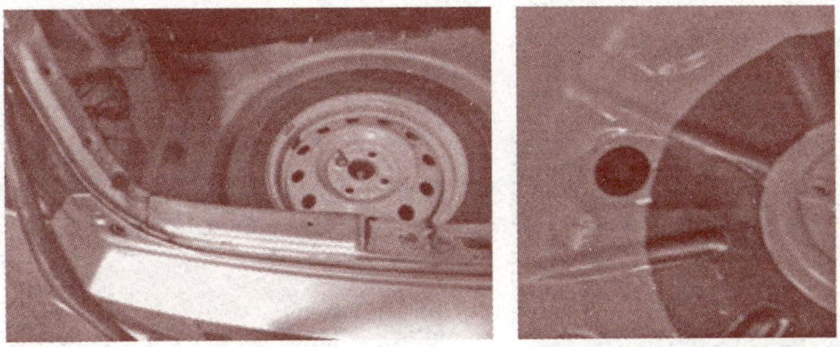
(a) 后备厢锈蚀　(b) 密封不好，后备厢进水

图4-20　后备厢的检查

查后备厢是否锈蚀；检查后备厢两边的钣金件以及与后保险杠的接合处是否有烧焊的痕迹。

f.查看仪表盘。检查仪表盘底部有没有更改线束的痕迹，要求安装汽车行驶记录仪的车辆是否按要求安装，能否正常工作。

g.检查各踏板。检查离合器踏板、制动踏板、加速踏板有无弯曲变形及干涉现象，各踏板胶条是否磨损过度；坐在车上试试所有踏板有没有弹性。离合器踏板应该有少许空间，同时留心听听踏下踏板时有无异常声响。

④ 发动机舱的检查

a.检查发动机罩　首先看外观，仔细查看与翼子板的密合度或发动机留有的缝隙是否一致，是否有大小不一的情形，发动机与挡风玻璃之间的间隙是否一致或留有原车的胶漆，这些都是检查的重点。其次检查内部，发动机罩内的检查是重点中的重点，打开发动机罩时，先检查一下其内侧，如果有烤过漆（或喷漆）的痕迹，表明这片盖板碰撞过，维修时喷过漆；然后检查发动机前部的端框，该部件往往是固定水箱和冷凝器的，同时它还是前大灯定位和调整的基准，所以非常重要。

b.检查发动机外部清洗状况　使用中车辆的发动机外部表面有少量的油迹和灰尘是正常现象，但是，如果发动机表面满是油污，说明发动机可能存在漏油现象，并且该车日常维护不到位；如果发动机表面满是灰尘，说明车主日常维护欠佳或者车辆使用环境恶劣；如果发动机表面一尘不染，则说明发动机刚进行过清洁处理，要特别注意卖主可能用蒸汽清洗发动机后才让买方看车，如图4-21所示为蒸汽清洗发动机。

c.检查蓄电池　现在汽车用蓄电池多为免维护蓄电池，寿命一般在3～4年，维护得好，寿命可以更长一些。如图4-22所示，消费者在检查蓄电池时，可先注意蓄电池上的制造日期，如果已经超过2年，则表示这个蓄电池已经快要报废了。大多数免维护蓄电池在盖上设有一个孔形液体（温度补偿型）比重计，它会根据电解液密度的变化而改变颜色，指示蓄电池的存放电状态和电解液液位的高度。当比重计的指示眼呈绿色时，表明已充足电，蓄电池正常；当指示眼绿点很少或为黑色，表明蓄电池需要充电；当指示眼显示淡黄色，表明蓄电池内部有故障，需要修理或进行更换。检查蓄电池在车上是否固定好，外壳表面是否有磕碰伤；检查蓄电池电缆是否连接可靠，排气孔是否有灰尘；通过蓄电池上的指示眼检查充电情况和质量状态，绿色表示合格，黑色表示亏电，淡黄色或白色表示电池损坏需要更换。

图4-21　蒸汽清洗发动机

图4-22　蓄电池的检查

d.检查发动机机油状况　正常情况下，车辆换过机油使用一段时间后，机油颜色会慢慢变黑。检查时，抽出机油尺，观察机油品质及油量，如图4-23所示。在白纸上擦一下，如果发现机油的颜色发灰、浑浊或有乳化现象（起水泡），说明机油中混入了水，可能是冷却系统和燃烧系统有连通的状况，致使冷却水进入了曲轴箱。机油尺上一般都有高低油位的指示孔，如果机油高度在两油位之间，表示正常。如果机油量的高度过低，而换机油的时间和里程正常，说明气缸可能密封不良，导致机油进入气缸与汽油一同燃烧，发生发动机“烧机油”现象；若机油量的高度过高，而加入量正常，说明发动机窜气或漏水。

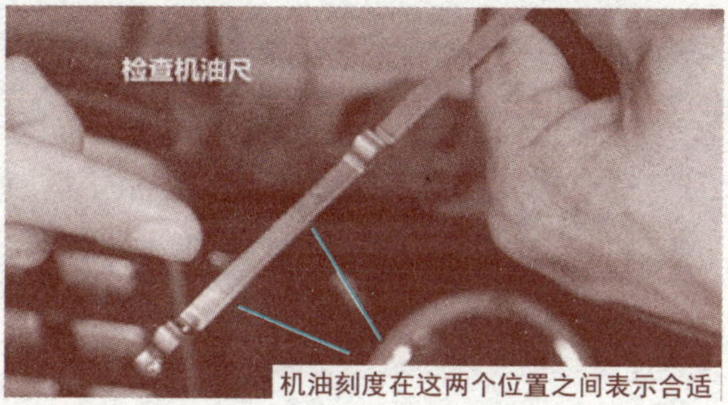

图4-23　检查机油尺

按照如图4-24所示机油加注口的位置，拧下盖子，反过来检查，从加油口盖的底部看到旧油迹很正常；但是，如果看到如图4-25所示出现的具有黏稠的浅棕色乳状物，或者有小水滴，这说明冷却液已经通过损坏的衬垫或气缸盖、缸体裂纹等地方进入机油中。这种情况很严重，被冷却液污染的机油会对零部件造成危害，如果买了这种二手车，会花掉你一大笔维修费。

图4-24　机油口盖的位置

图4-25　机油口盖的反面

e.检查冷却液状况　注意一定要在冷车状态进行检查，防止温度很高的冷却液溅出烫伤人。打开水箱盖，如果水箱内的水是黄色的铁锈水，或水箱外有锈水漏出，说明水箱内锈蚀或水箱有渗漏现象；如果发现冷却液表面有油污漂浮，表明有机油渗入，可能是气缸垫漏气。应用力捏一下水箱的上下两条软管，看看有没有裂痕。检查水箱盖关闭后是否紧密，胶垫是否有松脱。检查水箱是否有撞过的迹象，散热片是否有烧焊现象。

常见的冷却液有蓝色和红色两种。图4-26中显示为红色，如果发现冷却液的颜色看上去更像水一样，可能是某处有泄漏情况，而车主发现冷却液少了就加水使其保持正常刻度，这就使冷却液的沸点降低，冷却系统就会沸腾，甚至溢出更多的冷却液。

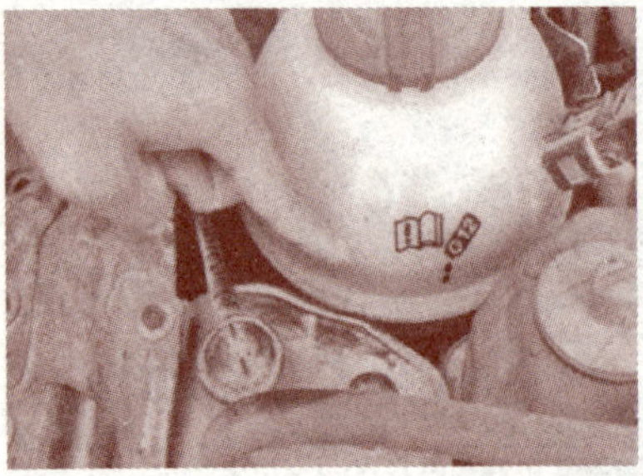

图4-26 检查冷却液

f.检查变速箱油 变速箱油的油位应在MIN和MAX之间。变速箱油应该呈红色，如果颜色变为棕色，说明变速箱可能发生故障；如果闻到焦煳味，说明变速箱磨损严重。

g.检查软管、传动带、电缆导线 如图4-27所示，检查进气管、暖风管、水泵管、散热管等有无老化、变硬、变脆迹象；高档汽车还有很多软管连接到空调器、巡航控制器、真空控制器等，检查时用手挤压，看是否富有弹性，不应有硬和脆的感觉。传动带用来带动曲轴、凸轮轴、水泵、动力转向泵、发电机、空调压缩机、风扇等，检查各传动带是否有皮带层脱落、严重开裂等迹象，另外，还要检查皮带轮是否被磨光亮，皮带轮被磨光会引起打滑，表现为启动、怠速时有刺耳的响声。检查电缆线、导线等是否有老化、外皮剥落现象。有的车主购车后加装了防盗器、低音炮、雾灯等，会用绝缘胶带包裹，这些线路应该有条理。

(a) 良好的软管

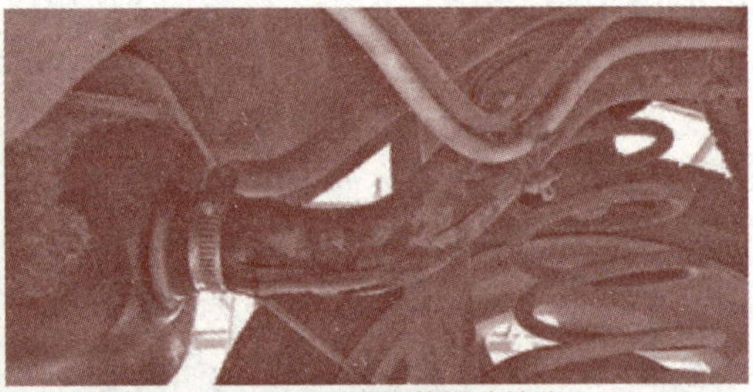

(b) 老化的燃油管路

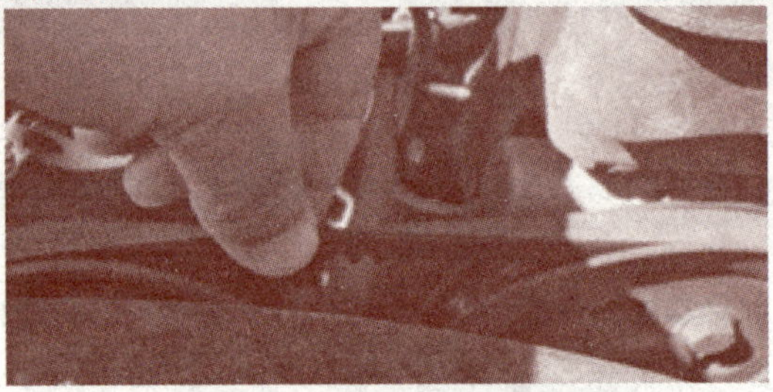

(c) 老化的发动机皮带

图4-27 检查各种软管、皮带

⑤ 车辆底盘检查 汽车底盘由传动系统、行驶系统、转向系统和制动系统四部分组成。底盘检查工作主要就是对这四部分进行检查，通常在地沟或车辆举升器上进行。

a.检查离合器踏板的自由行程是否符合整车技术条件的要求、离合器的摩擦片磨损状况、铆钉是否松动；弹簧是否发生疲劳折断/开裂；分离拨叉的支点磨损是否严重；分离轴承的磨损情状；若是液压操纵控制的离合器，还要检查液压系统是否漏油等。

b.检查变速箱壳体四周、加油口、放油口等处是否存在漏油或渗油现象；换挡控制机构是否顺畅、各连接处磨损是否严重等。

c. 检查传动轴、中间轴、万向节等处是否有裂痕或者松旷现象；传动轴是否发生弯曲；轴承是否因磨损而松动；连接螺栓是否松动或有裂痕等。

d. 检查桥壳是否有裂痕；检查桥壳各连接处是否有漏油或渗油迹象。

23. 二手车的动态检查

汽车技术状况的动态检查是指汽车在工作状态下进行的各项检查，又称车辆路试检查。动态检查的主要目的是，在一定条件下，通过对汽车的各种工况，如发动机启动、怠速、起步、加速、匀速、滑行、强制减速、紧急制动，从低速挡升到高速挡，从高速挡减到低速挡的行驶，检查汽车的操纵性能、制动性能、滑行性能、加速性能、噪声和废气排放情况，以鉴定车辆的技术状况。

检查可分为发动机无负荷检查和汽车路试检查。

（1）发动机无负荷检查

发动机无负荷检查就是车辆在原地，检查发动机的性能状况，包括发动机启动、怠速、声响、急加速性、曲轴箱窜油和窜气量、尾气颜色、发动机熄火等项目。

① 发动机的启动状况检查　正常情况下，用起动机启动发动机时，一般启动不应超过3次，每次启动时间不超过5 ～ 10s；若需再次启动，应间隔15s以上，启动时，应无异常响声。如果发动机不能正常启动，表明发动机的启动性能不好。

影响发动机启动性能的原因有很多，主要有油路、电路、气路和机械四个方面。如供油不畅、电动汽油泵没有保压功能、点火系统漏电、蓄电池接线柱锈蚀、空气滤清器堵塞、气缸磨损使气缸压力过低、气门关闭不严等。发动机启动困难应综合分析各种原因，引起发动机启动困难的原因不同，对车辆价值的影响也不同，并且差别很大。

② 发动机怠速运转检查　发动机启动后，使其怠速运转，此时发动机应在规定的怠速范围内平稳地运转，转速波动应小于50r/min。发动机怠速时，若出现转速过高、过低、发动机抖动严重等现象，均表明发动机怠速不良，引起发动机怠速不良的原因很多。

对于汽油机，怠速不良的原因主要有点火正时、气门间隙、配气正时、怠速阀调整不当；真空漏气；曲轴箱通风系统（单向阀不密封或卡阻、怠速时不能关闭等）、废气再循环系统、点火系统、供油系统等均可能引起怠速不良，有的汽车怠速不良是“顽症”，可能生产厂家都无法解决，鉴定评估人员应引起重视。

对于柴油机，怠速不良的原因主要有供油正时、气门间隙、配气正时或怠速调整不当；燃油中有水、空气或黏度不符合要求；各缸的柱塞、出油阀偶件、喷油器工况不一致，或者是调速器松旷、锈蚀、弹簧疲劳失效等因素导致各缸的喷油量不一样；或者各缸的压缩力不一致等。

发动机怠速运转时，同时检查各仪表工作状况，检查电源系统充电情况。

③ 检查发动机声响　让发动机怠速运转，检查人员站在车头旁边听发动机有无异响以及响声大小。然后，用手拨动节气门，适当增加发动机转速，倾听发动机的

异响是否加大，或是否有新的异响出现。

技术状况良好的发动机，零部件之间的配合间隙适当、润滑良好、工作温度正常、燃油供给充分、点火正时，无论转速和负荷怎样变化，都发出平稳而有节奏、协调而又平滑的排气声音和运转声。

运转过程中，如果发动机发出一些不协调的声响，如类似金属敲击的声音、咔嗒声、摩擦声等，这些声音统称为异响，说明发动机的某个零部件的技术状况发生变化，导致工作异常；如果听到低频的轰隆声或爆燃声，表明发动机受损严重，需要进行大修。

④ 检查发动机的急加速性（加速灵敏性） 待水温、油温都正常后，通过改变节气门的开度，检查发动机在各种转速下运转是否平稳，转速变化时应过渡顺畅。迅速踏下加速踏板，发动机由怠速状态猛加速，观察发动机转速由低到高能否灵活反应，此过程中发动机应无“回火”“放炮”现象。发动机加速运转过程中，检查发动机有无“敲缸”和气门运动噪声。把加速踏板踩到底，然后迅速释放，观察发动机的转速能否由高速迅速降到低速，且灵活反应，发动机是否怠速熄火。在规定转速下，发动机机油压力应符合相关规定。

⑤ 检查曲轴箱窜油、窜气情况 打开润滑油加注口，慢慢踩踏加速踏板，如果窜气严重，肉眼就能观察到油雾气；若窜气不是很严重，可将一张白纸，平放在润滑油加注口上方5cm左右处，然后踩下加速踏板，若白纸上有油迹，则表明有窜油状况发生，严重时油迹面积会更大。

⑥ 检查尾气颜色 如果发动机技术状况良好，气缸内的混合气体能够充分燃烧，汽油发动机排出的尾气应该是无色的，在冬季能够看见白色的水汽；柴油机工作时排出的气体一般是淡灰色的，当负荷较大时，灰色加深。无论是汽油机还是柴油机，如果排气颜色呈现蓝色，说明机油窜入了燃烧室；最常见的原因是活塞、活塞环与气缸之间的密封不良，即因活塞、活塞环与气缸磨损严重导致间隙过大。如果排气管冒黑烟，说明混合气过浓，发动机技术状况欠佳。如果排气管冒白烟，可能是气缸垫损坏或者缸体有裂缝等原因造成冷却液进入气缸。

⑦ 检查发动机熄火情况 对于汽油机，关闭点火开关后，发动机正常熄火；对于柴油机，停机装置应灵活有效。

（2）汽车路试检查

汽车路试检查就是通过一定的行驶里程，检查汽车的工况。路试检查应在平坦、硬实、干燥、清洁的道路上进行。检查的内容主要包括以下几个方面。

① 检查离合器 检查时，检测人员按照正确的汽车起步方法操作，挂低挡平稳起步。正常情况下，离合器应该接合平稳，分离彻底，工作时不得有异响、抖动和不正常打滑现象。踏板自由行程应符合汽车技术条件的有关规定。若自由行程过小，一般说明离合器摩擦片严重。

② 检查变速器 从车辆起步加速升至高速挡，再减速至低速挡，整个过程中检查换挡是否灵活自如；是否有异响；互锁和自锁装置是否有效，是否有乱挡、掉挡现象；换挡操作时，变速杆是否与其他部件干涉。

③ 检查汽车的动力性 汽车动力性的好坏直接影响汽车性能的高低，动力性是汽车使用的最重要的基本性能。汽车在使用一段时期后，技术状况会发生某些变化，动力性也会变化。汽车技术状况不良，首要表现为动力性不足，燃料消耗增大。

检测汽车动力性的项目一般有高挡加速时间、起步加速时间、最高车速、陡坡爬坡车速、长坡爬坡车速，有时也检测牵引力。

乘用车的动力性能最常见的指标是从静止状态加速至100km/h所需时间和最高车速，其中前者是最具意义的动力性能指标，也是国际流行的轿车动力性能指标。

检测时，汽车起步后，猛踩加速踏板，发动机发出强劲的轰鸣声，车速迅速提高，以此检查汽车的加速性能，各种汽车设计的加速性能不尽相同。有经验的人员，熟悉各种常见车型的加速性能，通过如此检测就可以检查出被检汽车的加速性能与正常的该型号汽车加速性能之间的差距。

检查汽车的爬坡能力。将被检汽车停在相应的坡道上，使用相应的挡位时的动力性能与经验值相比较，检查人员可以感觉车辆的爬坡能力的高低。检查汽车是否能够达到设计车速，如果达不到，可以估计一下差距大小。如果爬坡没劲、最高车速与设计的最高车速相差太大，说明该车辆动力性能差。

④ 检查制动性能 制动性能的检查内容如下。

a.检查行车制动。如果汽车制动时跑偏，很可能是同一车桥上左右两个车轮的制动力不等；或者是制动力相同但制动时刻不一致导致的。其原因有轮胎气压不一致、制动鼓（盘）与摩擦片间隙不均匀或是摩擦片上有油污、制动蹄片弹簧损坏等。

汽车起步后，先踩一下制动踏板（俗称点刹），检查是否有制动；然后加速至20km/h进行紧急制动，检查紧急制动是否可靠，有无跑偏、甩尾等现象；再加速至50 km/h，先用点刹检查汽车是否能够立即减速、跑偏，再紧急制动检查制动距离和跑偏量。

b.检查制动效能。如果在行车过程中进行制动，减速度很小，制动距离很长，说明该车的制动效能欠佳。导致制动效能欠佳的原因有摩擦片与制动鼓（盘）的间隙较大、制动踏板自由行程过大、制动油管内有空气、制动总泵或分泵有故障、制动油管漏油等。

制动时，如果踏下制动踏板时有海绵感觉，说明制动管路内有空气或制动系统某处有泄漏，应立即停止路试；如果踩下制动踏板时制动踏板或制动鼓发出尖叫声，说明摩擦片可能磨损，路试结束后应检查摩擦片的厚度是否符合技术要求。

c.检查驻车制动（手刹）。检查驻车制动时，应选择一坡路。在坡路上，拉紧手刹后观察汽车能否停稳。若发现有溜车现象，说明驻车制动有故障。其原因可能是摩擦片与制动鼓（盘）间隙过大或者有油污、摩擦片磨损严重或打滑等。一般情况下，驻车制动力应不小于整车重量的20%。

⑤ 检查行驶稳定性和操纵性 使检查车辆保持50km/h（中速）左右的速度直线行驶，或空挡滑行，双手松开转向盘，观察汽车行驶状况。无论汽车转向哪一边，都说明该车的转向轮定位不准，或车身、悬架变形、一侧的减振器漏油、两边的轴距不准确、两侧胎压不等。

使检查车辆保持90km/h（高速）以上的速度行驶，观察转向盘有无摆振现象（俗称汽车摆头）。如果发现汽车有高速摆头现象，则表明可能存在车轮不平衡或不对中、横拉杆球头松旷、轮毂轴承松旷、前束过大等故障。

在比较宽敞的路面上，左右转动转向盘（或做转弯测试），检查转向是否灵活、轻便。若转向沉重，则说明可能存在下列状况：转向节轴承缺润滑油；轮胎气压过低；横拉杆、前桥、车架弯曲变形；前轮定位不准。对于带助力转向的汽车，转向沉重可能是助力转向泵和齿轮齿条磨损严重，或是油路中有空气、驱动皮带打滑、安全阀漏油等原因。

转向时如果发出“嘎吱”的声音，可能是转向油储油罐的液面过低、油路堵塞、油泵噪声等原因。

转向盘最大自由转动量不允许大于20°（最高设计车速不小于100km/h的机动车）。若转向盘的自由转动量过大，意味着转向机构磨损严重，导致转向盘的游动间隙过大，转向不灵。

⑥ 检查汽车行驶平顺性　驾驶汽车通过粗糙、凹凸不平的路面，或通过公铁路口，感觉汽车通过的平顺性和乘坐舒适性。

当汽车转弯或通过坑洼不平的路面时，仔细听汽车前端是否发出“嘎吱”的声音。若有，则可能是减振器紧固装置松旷，或轴承磨损严重。汽车转弯时，若车身侧倾过大，则可能是横向稳定杆衬套或减振器磨损严重。

⑦ 检查汽车传动效率　通过做汽车滑行试验，可以检查汽车传动效率。做法是在平坦的路面上，将汽车加速至50km/h左右，踏下离合器踏板，将变速器挡杆挂空挡滑行。根据经验，通过滑行距离估计汽车传动效率的高低。汽车越重，其滑行距离越远；初始车速越高，其滑行距离越远。

⑧ 检查风噪声　汽车行驶过程中，逐渐提高车速至高速行驶，倾听车外风噪声。风噪声过大，说明车门密封不严，原因为密封条变质损坏，或车门变形，特别是事故车在整形后，密封问题较难解决。

正常情况下，车速越快，风噪声越大。对于空气动力学性能好的汽车，其密封和隔音性能较好，噪声较小。而对于空气动力学性能较差或整形后的事故车，风噪声一般较大。

（3）汽车动态试验后的检查

① 检查各部件的温度　动态试验结束后，检查人员还要检查润滑油、冷却液的温度，冷却液温度不应高于90℃，发动机润滑油温度不应高于95℃，齿轮油温度不应高于85℃。

检查运动机件是否存在过热情况。查看轮毂、制动鼓、传动轴、变速器壳、中间轴承、驱动桥壳等的温度，不应有过热现象。

② 检查渗漏现象　在发动机运转及停车时，水箱、水泵、缸体、缸盖、暖风装置以及所有连接部位皆不得有明显的渗水、漏水现象。汽车连续行驶距离不小于10km，停车5min后观察，不得有明显的渗油、漏油现象。气压制动汽车，在气压升至600kPa且不使用制动的情况下，停止空气压缩机3min后，气压的降低值不应大

于10kPa。在气压为600kPa的情况下，将制动踏板踩到底，待气压稳定后观察3min，气压的降低值不应大于20kPa。液压制动的汽车，保持踏板力700N，1min以内不允许有缓慢向前移动的现象。

24. 怎样查看车身变形？

所谓检查车身变形，也就是检查车辆是否是事故车。

（1）观察车体左右是否对称

要点：查看车身侧面，有无碰撞修复痕迹。看车门是否与车身密合，有无翘曲，门缝是否均匀一致，若修理或换过就一定会出现这类的某些缺陷。

（2）检查车辆左侧A柱、B柱

要点：有无变形、切割、钣金修复及喷涂状况，车门铰链螺栓有无拧动痕迹，封胶状况，是否有烧焊的痕迹，这可从车内侧扒开装饰物查看，或看油漆是否平整，有无涂抹腻子。检查底板、横梁有无敲击过和烧焊痕迹。

（3）检查车头部分

要点：检查前纵梁、前减振器悬挂；检查纵梁有无变形、切割、吸能孔变形情况；检查减振器悬挂螺钉有无拧动痕迹；检查封胶、焊点状况；查看水箱支架和水箱，看是否有碰撞变形后修复或更换过的痕迹。若有，水箱一定修理或更换过。水箱支架损坏后，碰撞有可能殃及发动机或车架，要注意有关零、部件的检查。

（4）检查右侧A柱、B柱

要点：同左侧A柱、B柱的检查要点。

（5）检查右B柱、C柱

要点：若车后部被严重碰撞，那车身的翼子板肯定会损坏，看翼子板是否被切割更换过。翼子板与车厢及车体的连接处应平整，其上的焊点应略呈圆形及微凹陷，若焊点是凸出状，则为重新烧焊的痕迹。

（6）后部检查

要点：除上述检查要点外，可打开后备厢盖，查看其内板是否有烧焊的痕迹。

（7）检查左C柱、B柱

要点：同检查左侧A柱、B柱，以及检查右B柱、C柱的检查要点。

（8）查看汽车底盘和路试

要点：看脏污的程度是否大致相同，若发现有的地方特别干净，该处有可能被修理过和擦拭过，而此处大梁应平直，并无敲打的痕迹。若发现有敲打或烧焊的痕迹，则大梁肯定发生过弯曲变形，甚至断裂或有裂纹。目前大部分轿车采用“承载式车身”结构，车架受到撞击变形后在行驶中会出现一些不良反应，可以通过试车来判断。比如转向不均与不稳定；执行过程中有车轮的异响；轮胎有偏磨痕迹；制动时跑偏等现象。

绕车一周后，完成二手车的全部检查部分。事故车辆的检查遵循由外到内、由表及里的原则，通过车身各个部分的异常情况发现骨架部分的损伤，综合上述的检查结果，可对骨架部分的受损和变形，做出全面评价，确认该车是否为事故车。

25. 怎样检查二手车发动机的技术状况?

（1）人工检测

① 在发动机非运转状态，主要检查发动机外部是否有渗油现象；水箱是否有漏水迹象；仔细检查发动机缸体是否有细微裂痕；检查转动皮带是否老化；风扇是否松动；检查机油尺是否有较重的缺油现象，如果缺油，发动机可能有串油迹象；电线排列是否整齐，杂而不乱，各种管线有无老化开裂现象，这些现象都需要仔细观察。

② 车辆是否容易启动，如启动声音沉重，说明电动机、蓄电池或相关机械有问题。

③ 在发动机运转时，要检查转速是否稳定；外部转动部分是否有异响；同时检查车内有关仪表是否正常；排气管是否有明显冒黑烟和蓝烟现象，如果冒黑烟，则说明该车油耗高，供油系统有问题；冒蓝烟说明此车发动机烧机油，则隐患比较严重；再听发动机噪声是否较大；另外要仔细辨听发动机声音，特别注意是否有细微而短促的碰击声或低沉的轰鸣声，这样的旧车发动机问题很大。

（2）设备检测

这部分检测需要专业人员使用专业设备检测。

① 发动机缸压检测　使用气缸压力表查看各个气缸压缩压力值。气缸密封性与气缸、气缸盖、气缸衬垫、活塞、活塞环和进排气门等气缸组零件的技术状况有关。气缸组技术状况的好坏，不但严重影响发动机的动力性、燃油性和排放净化性，而且决定了发动机的使用寿命。在发动机使用过程中，由于气缸组零件磨损、烧蚀、积炭、开裂等原因，引起气缸密封性下降。

② 发动机内窥镜检测　利用光导纤维内窥镜深入观察发动机燃烧室的内部技术状况，活塞顶是否有积炭、烧蚀等情况；气缸壁是否有拉缸、开裂和严重磨损等情况；进排气门是否有积炭、结胶、烧损和工作面有麻点等情况；燃烧室壁是否有积炭和开裂情况等。

③ 发动机综合性能检测　以测功机的滚筒代替路面，对驱动车轮组进行模拟行驶。检测车辆驱动车轮的输出功率、转速、扭矩功率值等。通过计算机得出车辆动力性能评比报告，确定发动机的综合技术性能状况。

人工检测要求看车人熟悉汽车结构，对汽车维修等相关方面的知识都要很了解，操作难度较大。普通消费者可以到机动车检测中心做发动机项目的检测，检测中心会出具详细的检测报告。

26. 怎样检查二手车的传动系统?

选购二手车，检查传动系统，离合器间隙应符合说明书的要求，汽车行驶中换挡应轻便、无噪声，否则说明离合器分离有问题。为了进一步检查离合器是否完好，可挂上二挡，拉驻车制动，然后松开离合器，如果发动机不熄火，则表明离合器在打滑或磨损过甚；如果离合器分离无问题，而在汽车行驶中换挡时出现击齿噪声，说明同步器有问题。

27. 怎样检查二手车的制动系统？

在购买二手车的时候，试车是购买时必不可少的步骤，而检查车辆的制动系统则是重中之重。

挑选二手车时，要对制动系统进行仔细的检查。其实，制动系统的故障是很容易被发现的，例如制动跑偏、制动踏板偏软等，只要细心检查，就可以发现。

（1）检查制动时车辆是否跑偏

如果制动时车辆跑偏，很可能是同一车桥上的两个车轮制动力相差太大；或者是制动力不能同时作用在两个车轮上导致的。

（2）检查制动效能

如果在行车时进行制动，减速度很小，制动距离又很长，说明该车的制动效能不佳。其原因可能是摩擦片与制动鼓（盘）的间隙很大；制动踏板自由行程过大；制动油管内有空气；制动总泵或分泵有故障；或是制动油管漏油等造成的。买了这样的二手车需要立即进维修厂，会需要一笔不小的费用。

（3）检查是否制动失效

在行车中出现制动失效，不能有效地使车辆减速或停止，该车一定需要大修。其原因可能是制动液渗漏、制动总泵和分泵有严重故障。遇到这样的车，想都不用想，马上放弃。

（4）检查驻车制动（手刹）

检查驻车制动时，可以在坡路上拉紧手刹，如果此时出现溜车，说明驻车制动有故障。可能是手制动器拉杆调整过长；或是摩擦片与制动鼓（盘）间隙过大或有油污；摩擦片磨损严重或打滑；制动鼓（盘）与摩擦片接触不良等造成的，这些故障也是需要去修理厂解决的。

28. 怎样检查二手车的转向系统？

（1）静止时检测

① 将车辆停放在平坦路面上，不启动发动机，左右转动转向盘，从中间位置向左或向右转时，转向盘游动间隙不应该超过15°。如果是带助力的车辆，最好在启动发动机后做检查。

② 两手握住转向盘，上、下、左、右摇动，此时应该没有松旷之感，如果感到松旷，可能是转向轴承、横拉杆、直拉杆等问题。

（2）路试

① 路试时，做几次转弯测试，在转动转向盘时是否感到很沉重。如果感到沉重，则可能是横拉杆、前车轴、车架有弯曲变形；前轮的定位不准确；轮胎气压不足；转向节轴承缺油造成的。

② 现在的车一般都有助力，在行进中如果感到转向沉重，有可能是油路中有空气；或是油泵压力不足；或是驱动皮带打滑。

③ 路试时，感觉前轮摆动、转向盘抖动，这种现象称为摆震，可能的原因是转

向系统的轴承过松；横拉杆球头磨损松旷；轮毂轴承松旷；车架变形；或者是前束过大。

④ 路试中，挂空挡，松开转向盘，如果发生跑偏现象，有可能是以下原因导致的：悬挂系统故障，其中一侧的减振器漏油，或是螺旋弹簧故障；前轮定位不好，或是两边的轴距不准确；还可能是车架受过碰撞事故而变形。

⑤ 转向时如果动力转向系统出现噪声，很可能是以下故障造成的：油路中有空气；储油罐油面过低，需要补充；油路堵塞；或是油泵噪声。

29. 如何检查二手车的悬挂系统？

① 检查二手车悬挂系统时，可采取按压汽车的方式，对于四轮独立悬挂系统，分别在车辆的四个角进行按压。用力按下后松开，观察回弹次数，如果超过2次，则表明液压减振器有故障，可能是油液渗漏造成的。

② 将车开到平整路面上，观看四个车轮位置有无明显下沉造成车辆倾斜。SUV等车型其弹性元件多采用钢板弹簧，应观察叶片是否折断，如果有叶片折断，应仔细检查其他叶片。

③ 车辆每次上下振动时，若悬挂系统发出“咯吱、咯吱”的响声，而且每到不平整路面时响声加剧，说明悬挂系统出现故障了。可能是减振器损坏，或是减振器胶套破损。这时可以停车，对有故障一侧的减振器进行检查，正常情况下，减振器工作时会发热，如果不发热说明减振器漏油了。

④ 在转弯时感觉应该稳定可靠，特别是在急转弯时，如果车身侧倾过大，说明减振器或稳定杆损坏了。

30. 如何选择自动挡二手车？

对自动挡车型，消费者可开着空调挂D挡，同时踩刹车10多秒钟，观察车辆有没明显振动。另外，采取来回打转向盘并提速的方法观察，只要不熄火，有些振动也属正常。消费者可在挂挡同时，踩着刹车踏板一阵，让发动机满负荷运作，如出现轻微振动，对于中低档车型来说，还算情有可原，但对于高档车的二手车而言，则是故障现象，建议慎重考虑。

在试驾自动挡二手车时要注意，汽车启动后在不踩油门时，怠速转速一般会在600 ～ 800r/min之间，如出现一踩油门转速就提升，而行车速度并没同步提升或感到无明显动力，可能是自动变速箱出现打滑或其他故障。起步后，发动机转速提升至2000 ～ 2500r/min间应自动跳挡（部分车型起步后要2500 ～ 3000r/min以上才有顿挫感）。如果转速到了2500 ～ 3000r/min才觉察到动力，很可能会是油路阻塞或自动变速箱打滑，如果消费者购买该车，可能需要换油路板或大修自动变速箱，很不划算。

自动挡二手车试驾要注意的细节如下。

踩住刹车踏板打火-将挡柄推至D挡-放手刹-怠速移动-给油加速（根据情况给不给油）。

倒车：踩住刹车踏板打火-将挡柄推至R挡-放手刹-怠速移动-给油倒车（根据

情况给不给油）。

停车：踩住刹车踏板-将挡位推至P挡-拉手刹车-熄火拔钥匙。另外，必须在车辆停稳的时候换挡，否则会损伤变速箱，自动挡的变速箱十分精密。

试驾过程中，千万别用N挡（N挡一般拖车用）。

31. 如何鉴别盗抢车辆?

（1）查发动机号码

发动起是汽车的“心脏”，每个发动机都有自己的号码。为了隐瞒汽车原来的身份，不法分子经常会通过将原号码打磨掉后在基座上重新烙印新号码的手段偷偷修改发动机号码。如果在发动机号基座上看到弧形磨痕，就要多留心了。

（2）查车架号码

汽车在出厂前，打印车架号码时用力均匀、力度大、背面凸印匀称。检查时要看车架号码处是否比正常的印字要凸出一些，再用手试试车架号码处铁皮的厚度与附近处厚度是否一致。不法分子会将车架号码处的铁皮部分或整体切下，再焊接上假的车架号码，对此，要仔细看有无焊接的痕迹。

（3）查VIN代码

VIN代码是由17位字母、数字组成的编码，一辆车只有一个号码，30年内不会重复。VIN代码的标牌不损坏则不能拆掉，且字码在任何情况下都应是字迹清楚、坚固耐久和不易替换的。车辆指示部分由8位字码组成，其最后4位字码应是数字，车辆识别代号中的英文字母无I、O、Q，如果发现VIN字码字迹不清、有手工打刻痕迹或出现I、O、Q等英文字母，就说明这辆车有问题。

（4）到交管部门咨询查挡

正规车辆在当地交管部门都有备案，无论这辆汽车多么旧还是多么新，出没出过重大交通事故，是不是盗抢车辆，在交管部门都会有相关备案的。如果对方推诿不让查阅档案，这时购车者要小心了。

（5）参考4S店保养记录

很多汽车在4S店都有保养记录。特别是中上等价位的车辆，车主一般会到4S店做保养。如果车辆特别豪华、特别新，价格又特别低，而又没有4S店保养记录，这就要当心了。

32. 如何鉴别事故车辆?

（1）检查外观

① 检查车身面漆是否有色差，两侧表面弧度是否平滑，以30°～45°角看漆面反光，如有不同，车辆必然修复过，而且修复水平很差。

② 将车辆停在平地上，消费者站在距车3～5m的正前方，观察车的肩部是否一样高，如果不同，就说明车身钢架修复过或悬挂、减振没有修复好。

③ 观察发动机盖和两侧翼子板之间的接缝是否均匀，车门边缘的缝隙是否一致；前大灯、后尾部组合灯与金属连接的缝隙是否一样，新旧程度是否一样；只要

不一致，就说明进行过钣金整形修复。

④ 查验每一块玻璃的标识是否是同一品牌。

⑤ 开关所有车门，将车门开启到45°～60°，并以正常力度关门，观察车门是否能够关严，声音大小是否相同。

⑥ 最后观察轮胎磨损的程度，品牌是否一样，花纹是否一致，如果有异，买完车后必须要更换，以保证行车安全。另外，由于靠边停时车轮毂侧面容易被马路牙子碰坏，尤其轮毂、轮胎结合处破损严重，动平衡很难修复。

（2）检查内室

① 检查座椅、内衬是否整洁、干净，有没有更换过或拆装过；车内自带的头枕、饰件是否齐全；各个开关操控是否顺手，有无问题。如果对方将座椅、内饰进行过翻新，消费者要特别小心，此车很有可能有重大问题。

② 着车前先将钥匙扭到“ON”位置，观察仪表灯的显示是否正常，有无缺少显示的现象。现行电喷车大都有故障警告灯提示功能，在钥匙打到“ON”时，各个提示灯都应亮，如果有提示灯没亮，很有可能因此项故障没有排除，车主故意拆掉仪表灯的灯泡，以混淆视听。

（3）试驾

① 启动时，发动机是否容易启动，这可以参照消费者开车的经验。如果发动机启动的声音沉重，说明电动机、蓄电池或相关机械部分有问题。

② 启动后，首先检查转向盘（带助力）左右打轮时的力度是否一致，转向角度是否合理，转向或掉头时，转向盘打死后，前轮如果有“吃胎”的现象，此车有可能出过比较严重的交通事故。

③ 对于手动变速箱，首先通过行驶里程和离合器踏板的高低程度来判断离合器片是否需要更换，再体验行驶过程中换挡是否平顺。判断自动变箱的好坏主要是通过感觉换挡时自动变箱换挡是否平顺，“闯”的感觉是否强烈。如果挂挡不顺畅，说明同步器磨损严重，应该进行大修；观察换挡时发动机的转速和车速是否在厂家规定的范围区间，一般的规定是一挡变二挡的转速应在2000r/min，二挡变三挡的转速应在2000～3000r/min之间，三挡变四挡的转速也应在2000～3000r/min之间。

④ 在行驶过程中，注意车的噪声的发生处和声音的大小，判断此车的密封程度和隔音效果，如出现哨音，说明车辆修复质量不好，有空气回旋的地方。另外还要注意发动机、变速器、差速器和悬挂系统是否有异响，如发动机发出“当当当”或“哐哐哐”的声音，变速器、差速器发出“哗啦啦”的声音时，说明此部件应该进行大修。

⑤ 有经验的驾驶员可以通过观察发动机的怠速平稳状况，以及加速时是否有力，来判断发动机的好坏。如果有条件，还可以通过车辆爬坡时的挡位来判断发动机的动力性能。

⑥ 制动系统主要看车辆的刹车距离和刹车是否跑偏，我国规定载乘一人的乘用车，在每小时50km紧急制动的距离小于19m，载乘四人时紧急制动的距离小于20m。另外，还要注意的是ABS防抱死装置是否会出现拖带的现象，停车制动要选择在坡

道上进行，并且车头向上和车头向下分别进行测试。

⑦ 悬挂系统的好坏直接影响到车辆的行车安全。前轮前侧的附着力不同，会在车辆转弯时出现侧滑现象；后轮后侧的附着力不同，使车辆在转弯刹车时容易出现侧滑，会比较严重地影响行车安全。减振的测试需要根据不同厂家设计标准和车辆自重等不同情况的变化来选择不同的检测标准。一般常规的方法是选择一个车轮，尽量用力向下按汽车，然后放开，看它的复位情况，如果上下波动比较大，就说明减振器有问题；一次复位没有波动，则说明减振器的状态还是比较好的。如果过坎时，车像船似的晃晃荡荡，说明减振器出了问题。

33. 二手车交易流程

二手车交易程序的主要环节有车辆查验、车辆评估、车辆交易、初审受理、材料传送、过户制证、转出调档、材料送回、收费发还。

（1）车辆查验

在驻场警官的监督下，由交易市场委派经过验车培训的工作人员，协助警官展开交易车辆的查验工作。在车辆年检期有效的时段内，查验车辆识别代码、发动机号的钢印是否改动，与其拓印是否一致；查验车辆颜色与车身装置是否与《机动车行驶证》上的一致。同时按交易类别对车辆的主要行驶性进行检测，确保交易车辆的正常安全性能。如果一切正常，则在《机动车登记业务流程记录单》上盖章，并在发动机号、车架号的拓印上加盖骑缝章。

（2）车辆评估

二手车评估人员将根据车辆的使用年限（已使用年限）、行驶里程、总体车况和事故记录等进行系统的勘查及评估，综合计算出车辆的成新率。再按该车的市场销售状况等，提出基本参考价格，通过计算机系统的运算，打印“车辆评估书”，由评估机构的二手车评估师签章后生效，作为车辆交易的参考和依法纳税的依据之一。

（3）车辆交易

二手车经过查验和评估后，其车辆的真实性和基本价格就有了基本保障，同时，需要原车主对其车辆的一些其他事宜（使用年限、行驶里程、安全隐患、有无违章记录等）做出书面承诺。二手车经营（经纪）公司可以对该车进行出售或寄售，与客户谈妥后，收取相应的证件和材料，开具相应的发票，签署经营（经纪）合同，整理后送至办证初审窗口。

（4）初审受理

由二手车交易市场派驻各个交易市场的专业业务受理工作人员，对各经营（经纪）公司或客户送达的车辆牌证和手续材料，初审其真实性、有效性，以及单据填写的准确性。确认合格后，打印操作流水号和代办单，经工商行政管理部门验证盖章，将有关材料整理装袋，准备送达相应的办证地点。

（5）材料传送

由二手车交易市场指定的专业跑（送）单人员，经核对材料的份数后，贴上封条，填写“材料交接表”，并签章，将办证材料及时、安全地送达相应的办证地点。

（6）过户制证

由驻场警官对送达的办证材料经实时计算机车档库进行对比查询，并对纸质材料进行复核，复核无误，在《机动车登记业务流程记录单》上录入复核人员的姓名，签注《机动车登记证书》，由市场工作人员按规定的程序进行《机动车行驶证》的打印、切割、塑封，并录入相应操作岗位的人员姓名，然后将纸质材料整理、装订后，送车辆管理所档案科。相关证件和《机动车行驶证》《机动车注册/转入登记表》（副表）等，由跑（送）单人员回送相应的代理交易市场。

（7）转出调档

跑（送）单人员将转出（转籍）的有关证件、材料和号牌送达各地车辆管理所档案科，由警官对送达的转出材料和证件进行复核。确认无误后，收缴机动车号牌，相应地在《机动车登记业务流程记录单》上录入复核警官的姓名，并签注《机动车登记证书》，将送至的纸质材料整理后装袋封口，并在计算机中设置成“转出”状态，传递至全国公安交通管理信息系统中，其“机动车档案”和“机动车临时号牌”将由跑（送）单人员返送至各代理交易市场。

（8）材料送回

经驻场警官复核后，换发《机动车行驶证》及《机动车注册/转入登记表》（副表）和有关证件；或将经车辆管理所档案科警官复核后调出的“机动车档案”和“机动车临时号牌”以及相关的证件整理后送各代理交易市场的办证窗口，并经驻场牌证、材料接收人员签好《材料交接表》。

（9）收费发还

各交易市场的办证窗口收到材料并核对无误后，对所需支付的费用逐一进行汇总计算，打印发票，向委托办理的经营（经纪）公司和客户收取费用，核对“代办单”后，发还证照和材料。

这些交易程序适用于各交易市场的过户类、转出（转籍）类的二手车交易行为。

注意：北京地区的二手车过户为特例，买方需要先具备车辆购买指标。现有的指标为两种：配置指标，即摇号取得的购车指标；更新指标，即购买方原本有的车牌。

34. 机动车过户需要提供的资料及费用

机动车过户是指已注册登记的机动车辆的所有权发生转移，且原机动车辆所有人和现机动车辆所有人的住所在车辆管理所同一管辖区的，现机动车所有人应当于车辆所有权转移之日起30日内，到机动车辆管辖地车辆管理所申请办理过户登记手续。

（1）机动车过户所需材料

机动车过户登记所需的主要证明材料如下。

①《机动车转移登记申请表》（表格内容用钢笔或签字笔填写，不得涂改）。

② 机动车登记证书。

③ 机动车行驶证。

④ 交验机动车。

⑤ 机动车所有人的身份证明原件和复印件。

⑥ 机动车所有权转移的证明、凭证。

⑦ 委托代理人办理，还应提交代理人身份证明原件及复印件，并且在《机动车转移登记申请表》上与机动车所有人共同签字。

⑧ 属于海关解除监管的机动车，还应提交海关出具的《中华人民共和国海关管理车辆解除监管证明书》。

⑨ 超过检验有效期的机动车，应当进行安全技术检验。

⑩ 提供一张符合要求的车辆照片。

⑪ 特殊情况还需提供以下材料。

a. 需现机动车所有人提交购置税税单的情况。

ⓐ 香港、澳门特别行政区的居民，台湾居民的“Z”字号牌车辆和外国人的外籍号牌车辆及使领馆号牌车辆办理转移登记的。

ⓑ 公务车自初次登记之日起未满3年办理转移登记的。

ⓒ 留学回国人员和特批的自备车、摩托车，自初次登记之日起未满5年办理转移登记的。

ⓓ 单位车辆自初次登记之日起未满2年办理转移登记给个人的。

b. 部队改挂车辆办理转移登记，由档案管理科经办人审核相关资料无误后，计算机操作人员在计算机中消除“不准过户”信息，并分别在《机动车转移登记申请表》上方签注意见并盖章。再到机动车管理科检验岗确认车辆、旧车交易市场交易，凭相关资料到机动车管理科在用车受理窗口办理转移登记，经计算机选号后核发新号牌，相关资料存档。

c. 特种车、施工车、环卫车、邮电车办理转移登记需经综合科审批；教练车办理转移登记时需驾驶员管理科审批。

（2）过户登记注意事项

现机动车辆所有人的姓名或者单位名称、身份证号码或者单位代码，过户登记的日期，其他事项与注册登记时的基本相同。需要特别注意的是，并不是所有机动车都能办理过户手续。车辆有下列情形之一的，不予办理过户手续。

① 已经达到国家《机动车强制报废标准规定》以及各地制定的有关报废规定、报废标准的机动车，或者属于利用报废车辆的零部件拼（组）装的车辆。

② 机动车与该车的机动车档案记载的事项不一致的。

③ 机动车未解除海关监管的。

④ 机动车办理了抵押登记的。

⑤ 机动车或者机动车档案被人民法院、人民检察院、行政执法部门依法查封扣押的。

⑥ 机动车所有人提交的资料无效的。

⑦ 机动车所有人的身份证明记载的姓名或者单位名称与机动车来历凭证记载的姓名或者单位名称不一致的。

⑧ 机动车所有人的机动车来历凭证（海关监管车辆除外）、车辆购置税的完税证明或者免税证明记载的内容与机动车不一致的。

⑨ 机动车所有人的住所不在车辆管理所管辖区内的。

⑩ 机动车环保或安全检验不符合强制性国家标准规定的。

⑪ 机动车属于被盗抢的。

（3）机动车过户的费用

车辆过户费主要按排量、年份进行收取，根据轿车、越野车、客车、货车等车辆类型以及不同排量范围、载重量范围等类别的不同，采取不同的收费标准，最低过户费用200元，最高过户费用800元，其中1.0L以下排量收费200元，1.0～1.9L排量收费400元，2.0～2.9L排量收费600元，3.0L及以上排量收费800元。随相关政策文件会有所波动，但波动不大。

35. 机动车转籍所需要提供的资料

凡是涉及两个城市之间的二手车交易，交易完成后，都要办理二手车的转出转入登记，统称二手车的转移登记。二手车的转移登记必须符合《机动车登记规定》的相关要求，并按照规定的程序办理。

已办理转出登记的机动车，机动车所有人应当自办结转出登记之日起90日内，填写《机动车过户、转出、转入登记申请表》，持下列资料，向转入地车辆管理所申请登记，并交验车辆。

（1）个人车辆转入登记所需材料。

① 机动车档案。

②《机动车登记证书》。

③ 身份证明。

a.常住人口：《居民身份证》或《居民户口簿》。

b.暂住人口：《居民身份证》和有效期1年以上的《暂住证》（暂住人口只能购买9座以下的小客车、轿车、摩托车）。

c.军人：军人身份证件和团以上单位出具的本人住所地址的证明（军人只能购买9座以下的小客车、轿车、摩托车）。

d.香港、澳门特别行政区的居民、台湾居民和外国人：公安机关核发的居留证件。

④ 填写或打印的《机动车注册登记/转入申请表》（车主可从网上直接填写打印，也可打印空白表格，手工填写，填写时只准采用蓝、黑钢笔或碳素笔）。

（2）单位车辆转入登记所需材料。

① 机动车档案。

②《机动车登记证书》。

③ 身份证明：《组织机构代码证书》和经办人的《居民身份证》。

④ 省政府采购车辆统一购置单（仅限于国家机关、实行预算管理的事业单位和社会团体，其他单位不必办理，地点：各市财政局政府采购中心）。

⑤ 填写或打印的《机动车注册登记/转入申请表》。

具体办理流程与新车注册登记相似。

36. 个人二手车过户给个人过户所需证件

① 动车登记证书。
② 机动车行驶证。
③ 发票。
④ 身份证原件（买卖双方）。
⑤ 车辆购置税完税证明。
⑥ 保险单。
⑦ 旧机动车买卖合同（过户大厅填写）。
⑧ 机动车到场。

37. 个人二手车过户给单位所需证件

（1）卖方个人需要的手续或证件
① 原车主身份证原件及复印件。
② 车辆的机动车登记证书。
③ 车辆行驶证。
④ 车辆到场。
（2）买方单位需要的手续或证件
① 单位组织机构代码证。
② 公章。
③ 经办人身份证（外地户口需要有效期内的暂住证或居住证）。

38. 单位二手车过户给个人所需证件

（1）卖方单位需要的材料或证件
① 单位的组织机构代码证（正本副本皆可）IC卡原件。
② 车辆行驶证原件（必须有有效的年检）。
③ 机动车登记证书原件（没有的必须先补）。
④ 车辆副表（也称底卡所在区的交通队）。
⑤ 车船使用税凭证（自购买年份起有每年的交费凭证）。
（2）买方个人需要的手续或证件
身份证原件，外地户口挂当地牌照需要提供有效期内的暂住证或居住证。

39. 二手车保单过户的方法

一般来说办理汽车保险过户有两种方式。
（1）批单
也就是进行保单要素的一些批改，关键是批改被保险人与车主。所需要的资料比较简单，带上保单和车辆过户证明，由原来的车主到原来买保险的保险公司营销网点去办理即可。

（2）申请退保

即把原来那份车险退掉，终止以前的合同。这时只需要缴纳从投保开始到退保这期间的保费，其他的保费保险公司会相应退还。然后，新车主就可以到任何一家保险公司去重新办理一份车险。这种情况下，退保时所需要的资料，除了保单外还需要身份证。重新投保的时候，只需提供新的行驶证或者车辆过户的证明就可以投保了。

另外，对于外地牌照的车辆，最好选择在主要的行驶地投保，因为异地投保，一旦出现事故，在查勘定损、理赔处理、客户服务等方面可能会遇到诸多不便。

第五篇

贷款购车

1. 什么是汽车消费信贷?

汽车消费信贷就是对申请购买汽车的借款人发放的人民币担保贷款；是银行与汽车销售商向购车者一次性支付车款所需的资金提供担保贷款，并联合保险、公证机构为购车者提供保险和公证。

2. 什么是抵押贷款？哪些财产可以做抵押物?

（1）抵押贷款

抵押贷款指借款人在法律上把自己的财产所有权作为抵押而取得的银行贷款。它是银行的一种放款形式。抵押品通常包括有价证券、国债券、各种股票、房地产，以及货物的提单、栈单或其他各种证明物品所有权的单据。贷款到期，借款者必须如数归还，否则银行有权处理抵押品，作为一种补偿。

（2）可做抵押物的财产

① 抵押人有权自主支配的房产和其他土地定着物。

② 抵押人依法取得的国家土地使用权。

③ 贷款人认可的其他财产。

贷款人与抵押人签订抵押合同后，双方必须依照有关法律规定办理抵押物登记。抵押合同自抵押物登记之日起生效，到借款人还清全部贷款本息时终止。抵押权设定后，所有能够证明抵押物权属的证明文件（原件）及抵押物的保险单证（正本）等，均由贷款人保管并承担保管责任。

3. 可否用房产或有价证券做抵押?

可以，房产证须为国家专门管理机构出具的房屋所有权证书，用户提供原件正本且签订抵押合同，进行抵押登记和公证后即可。如用户提供国库券或其他有价证券作为抵押，只需提供所欠款的60%，即可办理。

4. 什么是质押？哪些东西可以做质押物?

（1）质押

质押也称质权，就是债务人或第三人将其动产移交债权人占有，将该动产作为债权的担保，当债务人不履行债务时，债权人有权依法就该动产卖得价金优先受偿。

按质物不同，质押可分为动产质押、不动产质押和权利质押，我国担保法只规定了动产质押和权利质押。

该财产称为质物，提供财产的人称为出质人，享有质权的人称为质权人。质押担保应当签订书面合同，质押合同自质物或质权移交于质权人占有时生效，质押合同的内容与抵押合同的内容基本相同。

质权分为动产质权和权利质权两种。动产质权是指可移动并因此不损害其效标的物的质权；权利质权是指以可转让的权利为标的物的质权。

动产质押的质权人因保管质物不善使其灭失或毁损的，应承担民事责任，在可能造成灭失或毁损质物时，出质人可以要求质权人将质物提存或提前清偿债务而返还质物，而质权人则可以要求出质人提供相应的担保，出质人不提供的，质权人可以对质物拍卖或变卖后用于优先受偿或者与出质人约定的第三人提存。

（2）可作为质押的质物

国库券（国家有特殊规定的除外）、国家重点建设债券、金融债券、AAA级企业债券、储蓄存单等有价证券。出质人应将权利凭证交于贷款人。《质押合同》自权利凭证交付之日起生效。以个人储蓄存单出质的，应提供开户行的鉴定证明及停止支付证明。

5. 什么是保证贷款？保证人应负什么责任？

（1）保证贷款

保证贷款就是指按《担保法》规定的保证方式以第三人承诺在借款人不能按期偿还贷款时，按贷款合同承担连带责任而发放的贷款。

为借款提供的贷款担保为不可撤销的全额连带责任保证，也就是指贷款合同内规定的贷款本息和由贷款合同引起的相关费用。保证人还必须承担由贷款合同引发的所有连带民事责任。

（2）保证贷款的特点

手续简便，一般不需办理有关登记评估等手续；保证人可选择一个或多个；保证人愿意长期（1年）作保的，可签订最高额保证借款合同，在最高额保证期限内，不再办理相关的保证手续。

（3）保证人的责任

保证人的主要职责是在借款人不能按期偿还贷款时，要按合同的规定承担连带的还款责任。

（4）保证人的条件

① 企业单位担保。

a. 具有合法的资格。

b. 经营效益好、资金周转正常。

c. 为他方提供担保的额度在本身保证能力之内。

d. 自愿为借款人担保。

e. 没有影响经营的诉讼案件。

② 个人担保

a. 有固定职业、有稳定收入、品行端正、信用度良好的工薪阶层或公务员，家庭无债务、担保措施得到落实。

b. 具有完全民事行为能力，身体健康，年龄在25～65岁。

c. 诚信度高、担保能力较强。

d. 出于自愿为借款人担保。

e. 本人无恶习、无不良记录。

（5）消费信贷购车申请人的条件

① 具有市城镇户口，固定住所。

② 具有完全民事行为能力的25周岁以上至60周岁以下的自然人。

③ 信用度良好，且具备按期偿付本息的能力。

④ 愿意接受销售商认为必要的其他条件。

6. 消费信贷购车申请人必须具备哪些条件？

时下，贷款购车越来越普遍，并且随着商家不断推出新的促销手段，例如“0利率”贷款购车、无息贷款买车等策略的吸引，不少有打算购车但又手头资金不足的消费者会选择贷款买车。那贷款买车又需要准备什么呢？对于贷款者有什么要求呢？贷款购车人需要具备的条件如下。

① 具有有效身份证明且具有完全民事行为能力。

② 能提供固定和详细住址证明。

③ 具有稳定的职业和按期偿还贷款本息的能力。

④ 个人社会信用良好。

⑤ 持有贷款人认可的购车合同或协议。

⑥ 合作机构规定的其他条件。

7. 贷款购车人需要提交哪些材料？

① 贷款买车人的身份证。

② 贷款买车人的户口簿或其他有效居留证件原件，并提供其复印件。

③ 贷款买车人的职业和经济收入证明。

④ 贷款买车人与经销商签订的购车协议、合同或者购车意向书。

⑤ 银行或贷款机构要求的其他资料。

8. 贷款购车的流程

银行贷款买车流程（在顺序上各银行的要求可能略有不同）：咨询→决定购买→准备资料、填写表格→提交资料→初审→交银行复审批准→交首付款→选车→签购车合同→提车→办理相关手续→开车回家→每月还款。

（1）提出申请

看好拟购车辆后，填写汽车消费贷款申请书，提出申请主要有两种方式：一种是个人直接到银行提出申请；另一种是经过车贷担保公司提出申请。一般情况下，第一种情况对个人要求较高，要求客户具备比较优秀的个人条件，而第二种模式对个人要求相对较低，因此第二种成为市场的主流模式。

（2）资料初审

当客户提出申请并递交申请书以及相关资料以后，银行或担保机构会对申请者的个人资料进行第一次审查，经过初审以后，经办人应将申请书及资料交到贷前调查人员手里进行贷前调查，审查内容主要包括申请人的贷款资格，提交资料的完整性、规范性、申请者的个人征信情况以及还款能力、贷款人的经济状况和贷款用途等。

初审通过以后，调查者会对申请人资料的相关情况进行说明，同时给予贷款额度、贷款利率、担保方式、还款方式等方面的建议。

（3）车贷审查审批

贷款审查人负责对车贷申请人提交的材料进行合规性审查，对符合贷款条件的，银行会及时通知借款人填写各种表格。审查完毕后，对调查人的意见进行审批或修改，最终决定贷款方案。

（4）签署合同

经过审查同意的贷款，银行会通知借款人签订借款合同、担保合同、抵押合同，并办理抵押登记和保险等手续。

（5）银行发放贷款

合同审核签订完成后，放贷方便应该根据合同规定内容发放贷款了，由银行直接转到约定的账户中。

所以，借款人在申请个人购车贷款前，可以提前做好准备工作，清楚了购车贷款的流程，也可以节省办理贷款的时间。

9. 如何计算车贷利息？

我国的利率由中国人民银行统一管理。银行贷款利率参照中国人民银行制定的基准利率，实际合同利率可在基准利率基础上下一定范围内浮动。以银行等金融机构为出借人的借款合同的利率确定，当事人只能在中国人民银行规定的利率上下限的范围内进行协商。贷款利率高，则借款期限后借款方还款金额提高；反之，则降低。

车贷利息则以初期贷款额为基数，按签约时银行同期贷款利率计算，在还款期间如银行利率有变化，则随利率调整，一年一定。

10. 贷款购车如何办理保险？

根据《汽车消费贷款管理办法》的规定，“借款人应当根据贷款人的要求办理所购车辆保险，保险期限不得短于贷款期限”。

不管是银行贷款买车、汽车金融公司贷款还是信用卡分期的方式，经销商都有自己合作的保险公司，因此在购车的时候就已经把与他们合作的保险公司定了，像汽车金融公司贷款的，甚至在合同上就把所有的保险种类都规定好了，你只能选则同意或放弃，选择余地很小。

11. 消费信贷购车是否需要担保？

对通过消费信贷购车的车主来说需要提供担保，但担保形式灵活多样。第一，购车人配偶必须作为共同购车人同时来办理购车手续；第二，所购车辆须作为抵押物；第三，如必要，可要求客户提供房产证或其他有效证件及有价证券作抵押；第四，由经销商认定的自然人或法人作担保。

一般来说，银行汽车按揭贷款期限最长不超过3年，一般根据用户情况及车型和用途确定。所购车辆用于出租营运、汽车租贷等经营用途的，最长期限不超过12个月。在贷款期限内车主提前还款也是可以的，但要提前通知贷款银行，自付清之月的下一个月以后的利息不再收取。

如任意一期到期未付，且经甲方二次书面催促仍无反应的，甲方有权按合同就用户未偿还的全部欠款，向有管辖权的人民法院申请强制执行，将车辆扣回拍卖，拍卖款额不足以偿付欠款及必要费用的，用户须补足欠款，如超出欠款和费用总和的，超出部分可返还给乙方。

12. 何谓担保公司?

个人或企业在向银行借款的时候，银行为了降低风险，不直接放款给个人，而是要求借款人找到第三方（担保公司或资质好的个人）为其做信用担保。担保公司会根据银行的要求，让借款人出具相关的资质证明进行审核，之后将审核好的资料交到银行，银行复核后放款，担保公司收取相应的服务费用。

经营范围主要为中小企业提供贷款、融资租赁及其他经济合同的担保；个人消费信贷担保、汽车消费信贷担保、项目投资、投资管理等。

13. 汽车贷款期限一般多长时间?

在生活中，我们难免会遇到资金不足的时候，而很多有着大额资金需求的人为了能筹集资金周转，通常都会选择抵押贷款来获得资金，如汽车抵押贷款、房产抵押贷款等，所以了解汽车抵押贷款的期限也是必要的。

汽车贷款的期限，有6期、12期、24期、36期、48期和60期六种期限，最长的为60期，1期为1个月，60期也就是5年。汽车贷款的方式主要有三种，即信用卡分期购车、银行汽车消费贷款、汽车金融公司贷款。不同的贷款方式，对于贷款期限的规定也不同。

信用卡分期购车，最长只可以分36期，也就是3年。银行汽车消费贷款，最长可以贷5年。汽车金融公司贷款最长也可以贷5年。

汽车属于消耗品，和房产等抵押物相比，贬值较快，为此，贷款机构为了能控制贷款风险，通常规定的贷款期限也并不太长，一般只有1年左右，比较适合短期借贷的借贷人。

需要注意，由于汽车抵押贷款风险较高，银行为了降低风险，通常是不会接受汽车抵押贷款的，为此，借贷人想要办理汽车抵押贷款的话，还需通过当地的担保公司或汽车金融机构办理。因此，汽车贷款可以申请的贷款期限是与很多因素相关的，每个地区的政策都不一样，建议咨询当地的4S店或者银行。

14. 是否可以提前还款?

提前还款是指借款方在还款期未到之前即先行偿还贷款的行为。提前还款在某些情况下对借款人有利而对贷款人不利，所以是否允许提前还款以及提前还款的条件应予明确规定。

（1）提前还款需预约

并非贷款人去到银行就能提前还款。提前还款需要预约，一般银行须提前15天到1个月左右预约，不同银行有不同规定，具体可针对申请行进行相关了解。

（2）提前还款需携带好相关材料

汽车贷款提前还款需准备好相关资料，具体包括申请人身份证（主申请人及车辆所有人）、与银行签订的贷款合同、到银行填写的还贷申请表、上月还款账单和提前还贷协议、机动车登记证原件、暂住证（车辆所有人非上牌地户籍）以及银行规定的其他资料。

（3）提前还款或需缴纳部分违约金

一般来说，对于贷款不满1年的，大部分银行都要收取违约金，而且支付的违约金还是比较高的。因此就需要对违约金和利息等资金的支出进行比量，然后再做出是否将贷款提前还款的决定。

（4）一次性还款最低数额有限定

银行通常对一次性还款的数额有最低限额的规定，如有的银行规定满1年后，提前还款额下限为正常每月还款额的6倍。如果没有一次还清，贷款人可根据银行规定和自己财务状况选择处理方式。

所以车主在决定提前还款时，一定要看清当初与银行签订的贷款合同上，是否有收取违约金的相关规定。如有相关规定，切记准备好相关违约金款项。

15. 贷款未付清期间，车辆发生质量问题怎么办？

如果在贷款未付清期间，车辆出现质量问题，用户应自行到厂家特约维修服务中心进行交涉处理。在此期间，用户不得以此为借口停止或延期支付每期应偿还的钱款和其他所欠费用。

16. 什么是共同购车人？共同购车人应负什么责任？

共同购车人指与购车人具有配偶关系或直系亲属关系的自然人，其愿意在购车人的消费信贷购车活动中共同承担风险责任，共同认可合同条款，共同偿付欠款。

在购车人出现问题不能偿还车款时，其具有不可推卸的偿付欠款的责任。

17. 私营领导欲贷款购车程序如何？

私营领导同其他购车人办理程序和要求是一样的，只是工作单位出证明一栏可要求其提供其他方面的材料来作证明或担保，如房产证等。

① 客户到各经销点或服务处咨询，并将应提供的资料交付经销商。

② 经销商初审并与客户签订购车合同。

③ 经销商向银行推荐客户。

④ 客户在银行开户并存入首付款。

⑤ 银行对客户审定并办理贷款有关手续。

⑥ 银行将款划拨汽车经销商账户。

⑦ 汽车经销商与客户办理抵押登记手续及各类保险。

⑧ 购车客户与经销商到公证处对合同协议进行公证。

⑨ 提车，办理车辆上牌手续，给客户交车。

⑩ 客户按期缴纳款项。

18. 贷款购车，还款期间车型价格进行调整怎么办?

借款人在还贷期间车辆出现价格调整，并不影响贷款时汽车的价格，借款人应按照合同规定定期偿还所付金额。

贷款买车还贷期间遇到车辆降价，借款人会觉得自己吃亏了，希望能降低还款金额，其实汽车贷款，是银行与借款人签订汽车贷款合同后，全额放款给经销商，借款人才能办理提车手续的，所以银行是按照签订合同时车辆的价格支付的。

借款人后期还贷，需要按照合同规定的借款金额偿还余款，但是，贷款利息会随着利率的变更1年调整1次。所以，无论车辆后期价格上调还是下调，与原定的价格是没有关系的，借款人必须按购车时所签合同的价格付款。

19. 除保险外，取得经销商的担保还需哪些条件?

在贷款购车合同中会约定经销商担保条款，约定经销商在消费者购车时根据消费者提供的个人信用资质而担保申请贷款，由于经销商担保贷款是存在一定风险的，因此需要消费者提供担保材料。

经销商担保汽车贷款需要的条件如下。

① 消费者没有不良信用记录。

② 必须在提供担保的经销商处购车。

③ 签订购车合同前，须一次性交纳担保费，金额为贷款额的20%～50%不等。

④ 以贷款所购车辆作抵押的，在贷款人发生意外且无力偿还债务时，按3年折旧比例作价给担保经销商。

⑤ 签订“购车合同（代担保合同）”时，借款人还需提供一个共同购车人和一个共同承担债务人即第二债务人。

经销商担保汽车贷款所需要的条件会根据消费者的实际情况会有变化，目前市场有些经销商为了促销，提高销量，提出了无担保、免息车贷，消费者在申请贷款时要认真对待。

20. 分期付款购车是否可以当场提车?

分期付款购车，经销商和银行需要有个信用调查的过程，因此，一般不能当场提车。只有在客户付过首付款并且银行也将贷款付给汽车公司后，才可以提车，这中间还需要一系列的手续，而且需要几个要素齐全之后才能提车。

所以，分期付款买车一般经过以下几个步骤。

① 买车人符合分期付款条件，并出示相关证明。

② 银行审核后同意贷款，签订车辆贷款抵押合同。

③ 签汽车销售合同，车商一份，客户一份，银行也要一份。

④ 办理公证、抵押等手续。

⑤ 贷款人（银行）办理放款。

⑥ 车款到账后就可以提车了。

⑦ 贷款还清后，贷款人（银行）注销质押凭证，并退还给客户。

一般在提出申请后需要7个工作日可完成。

21. 分期付款客户住址迁移，是否要通知经销商?

用户实行分期付款买车，在车贷没还清之前，只有车的使用权，而并没有车的所有权。只有当车贷还清后车辆才会正属于用户，而在还款期间，车的所有权是归银行和经销商的，所以，他们有权知道车辆的实际使用地址。因此，分期付款客户住址迁移，要立即通知经销商。

22. 贷款购车中常见的陷阱

现在随着生活条件越来越好，很多家庭都配备了一辆甚至两辆家庭用车，这对于一个中等收入的家庭来说不是难事，在新车的购买中有相当一部分人会选择贷款买车，特别是第二辆车的购买，家庭会充分利用经济政策，采用贷款购车，在此提醒一下贷款购车的朋友要小心那些看似优惠却隐藏的陷阱。

（1）设定多项收费项目

一些汽车4S店为贷款买车的消费者设定了多个收费项目。由于贷款买车的消费者对于车贷行业了解得不多，再加上车贷行业发展的不规范，所以很多经销商按自己的意愿制定多项收费标准。

遇到商家收取过高费用时，可与商家平等协商议价，力争达成共识。如协商不成，可拒绝由车行代办，自己前往银行办理车贷并拒付车行索要的代办服务费。如果车行强制收费，可向工商部门、车辆管理部门提出申诉或举报。

（2）贷款购车没有选择权

购车者在相中车后，决意以贷款方式购买时，有时会遇到商家的强势要求，即必须到卖家指定贷款公司或合作银行进行购车。

根据《消费者权益保护法》规定，销售公司指定贷款公司的做法侵犯了购车者自主选择服务的权利，属于强制交易行为。消费者应主张自己的权利，应了解贷款程序和相关政策，当然也可以换一家经销商。

（3）购车不成预付订金不予退还

先看一个案例：广州的刘先生在某4S店交了2000元订金，准备贷款按揭购买一辆某品牌轿车。刘先生当时明确告知4S店的销售人员，自己之前在佛山一家4S店按揭购车的时候银行没有批下他的贷款。这时，销售人员口头承诺如果贷款办不下来可以退还全部订金。于是刘先生便与该4S店签订了一份按揭购车的汽车销售订单。1周后，刘先生因为信用问题银行没有批准他的贷款申请。而当刘先生要求4S店退还2000元订金时，销售人员却说要作为按揭服务费不予退还。经多次交涉，销售人员给刘先生看了当时他签名的汽车销售订单，上面相关条款约定“购车不成预付订金不予退还”。

销售人员只有口头承诺，没有明确的书面协议，刘先生又不能提供其他证据。建议消费者在贷款买车之前，最好先到银行查一下自己的信用评价，对自己的信用记录做出预估。在确认自己信用良好的情况下，再到4S店按揭购车，以避免不必要的麻烦。

（4）手续费

不同的4S店都会推出不同的贷款政策，有些商家甚至提出无息贷款或“零利率”贷款买车的旗号吸引购车者的目光。然而利息虽然免了，在贷款购车款中却多出了一项手续费，也是按车款的百分之几算，当然这部分费用是不会写在促销广告里的，而手续费里的“猫腻”便是陷阱所在。

零利率只是一种促销策略，基本上所有宣称零利率的车贷服务都是要收取手续费的，毕竟贷款机构及车商也是要赚取利润的，收费本无可厚非，关键是收多少。如果手续费占车款百分比同银行车贷利率基本相同倒还可以；而如果超出银行利率太多，则要谨防自己是否有上当之虞，一旦防不胜防等于自己背上了“变相高利贷”，会给家庭带来额外负担。

（5）“低月供”的陷阱

我们经常能听到看到这样的广告：“一天只需还贷18元”“月供2000元，××开回家”。其实只要您算一下贷款利率，这些所谓的“低月供”方式可能会让您每个月多花不少钱（比银行贷款利率还高）。

（6）一元车险

除了“零利率”优惠活动以外，一些4S店还会推出“一元车险”的优惠活动。实际上“一元车险”只是一个噱头，购车者还得自行购买其他险种，所以参加此优惠活动的时候一定要了解清楚，以免增加购车成本。

（7）签订贷款合同

经销商喜欢在购车合同里做手脚。粗心的顾客在购买汽车的时候，往往都不喜欢看合同细则，经销商们正是抓住了顾客这一特点，将合同中一些细则做细微修改。因此。顾客在贷款买车的时候，需要仔细阅读购车协议，不要一时慌乱造成日后的麻烦。

不要以为签订贷款合同是很简单、随便的事情，一定要看清楚内容再下笔，谨防合同中出现重复收费或是“暗藏”附加条件的情况。

由于贷款购车涉及较多环节，稍有不慎就容易“吃亏”，其实贷款购车只要双方信息都充分交流，这种方式是完全可以让你受益的。最后再次提醒消费者：请务必确认合同的整体内容，尤其对于利息、月供金额、偿还期限等问题争取做到明察秋毫。不明白的地方一定要问清楚，如果发现不合理的地方要及时进行协商，同时也多比较几家经销商和金融机构，为自己争取最大利益。

23. 贷款购车方法有哪些？

如今，越来越多的人想要买辆车，而购车费用也是不小的一笔支出，并非所有人都能全款购车或者有些消费者自己的资金有其他安排，那么车贷就成了相当一部分人的选择。但车贷方式有不少，不同的车贷方式有不同贷款利率、额度等，需要精挑细选，选择最合适自己的车贷渠道。

（1）银行车贷

实际上，银行能够提供的车贷主要有两种：一是直客式，即个人主动向银行申请贷款，用于个人消费贷款；二是间客式，即购车者选择与4S店合作的银行申请贷款，一般可以通过专项购车贷款或者信用卡车贷。此类贷款主要适用于个人信用好，工作和收入稳定且有担保及抵押物的借款人。

通过银行进行车贷，对于新车一般最高贷款额不超过车价的80%。如果是银行车贷或者个人消费贷款则会要求提供借款人收入、抵押物等资产证明。贷款期限最长5年。除了信用卡车贷外，通常银行对贷款车型没有要求，支持多种车型和多种品牌贷款。

通过银行消费贷款买车与专项购车贷款利率基本相同，大多在央行个人贷款基准利率的基础上浮动，一般在0～30%之间。而信用卡车贷则属于纯信用，不用担保，贷款手续简便，但有合作的车型限制，信用卡车贷通常不需贷款利息，但要缴纳相当一笔手续费。

（2）汽车金融公司贷款

汽车金融公司贷款是近年来兴起的车贷方式，汽车金融公司大多由汽车厂家和金融机构合作设立。一般汽车销售商都会给客户提供汽车金融公司贷款服务。贷款往往在4S店就能办理，十分便利，放款速度也比较快，一般情况下可以提供车价80%的贷款。

汽车金融公司有多种还款方式，适合不同的人群，同时还有比较弹性的信贷方式以及分段式还款等灵活的还款方式。但由于汽车金融公司是汽车厂家发起设立的，大多局限于单一的汽车品牌。

（3）其他途径车贷

除以上两种方式外，还有其他途径贷款，包括小额贷款公司、担保公司、典当行、P2P借款等。一般是购车人在遇到以下三种情况下会使用。

① 小品牌汽车没有汽车金融公司。

② 个人资信达不到银行或者汽车金融公司的申请条件。

③ 购车人没有足够首付款。

但是这几种方式都有渠道手续费，并且贷款利率比上述两种主要方式要高。

24. 汽车金融公司车贷与银行车贷的比较

（1）银行车贷

银行车贷产品包括个贷中心做的汽车消费贷款和汽车按揭贷款以及信用卡中心的汽车分期贷款。

① 汽车消费贷款的好处是无抵押、利率低；缺点是额度低，一般10万～15万之间。

② 汽车按揭贷款的好处是利率低；缺点需要将机动车登记证抵押，并添加商业

险保单第三方受益人为银行，且有要求强制购买险种。

以上两种都要根据你的财力证明（房产、银行流水、负债、征信等）最后得到额度，资质相对较好的客户比较容易获批，一般15天左右出结果，中西部地区会慢一点儿。

③ 信用卡汽车分期额度不是每个人都有的，且需要到银行指定的4S店购买汽车。

（2）汽车金融公司车贷

① 汽车金融公司的汽车按揭产品都是有抵押的，即机动车登记证必须质押，且保险单上添加第三方受益人为汽车金融公司。

② 汽车厂家的汽车金融公司只能购买该汽车厂家的品牌汽车，比如你买奔驰有奔驰金融公司，购买雪铁龙有东风雪铁龙金融公司。厂家有时会有零利率或者免息贷款，各家4S店会强制其他服务，比如保险必须在4S店里购买，强制装潢、出库费、PDI检测费、上牌费等费用。目前厂商类的汽车金融利率相对较低，贷款所需的客户资质相对比银行要求松一些。

③ 经销商下的汽车金融服务，如易汇资本、广汇等，各种费用比较少，但是利率会高一些，一般高于银行2～3个百分点不等，客户资质要求同样较低，且申批效率高，3天左右就可到款。

④ 第三方的汽车金融公司，比如上实、创富等，号称是低利率，但是要求有保证金，一般在贷款额的20%左右，算下来如果车价较高则可能比经销商下的汽车金融产品还要付更多的利息。

25. 在银行办理个人汽车贷款所需要的资料

借款人可以委托经销商向银行提出借款申请，也可以直接向银行汽车消费信贷中心提出借款申请。借款申请人提出借款申请时应提供以下资料。

① 借款申请书。

② 借款申请人住所地证明，提供房屋“三证”复印件，无“三证”的可以村委（社区）居住证明代替。

③ 借款人固定职业证明。

④ 借款人家庭情况证明，主要为婚姻证明和户籍情况证明。

⑤ 有效身份证件证明。

⑥ 购车合同或购车凭证。

⑦ 借款人首付款证明凭证；如借款人向汽车经销商交纳首付款，持交纳凭证；如向银行交纳首付款的，需提供银行的交款凭证。

⑧ 借款人有其他担保措施的，提供落实担保措施的相应证明资料。

⑨ 购车用途用于营运的，提供营运许可证明，如经营权证、线路证等；用于工程项目的，提供承揽工程项目证明资料。

⑩ 购车上公牌的，需提供上牌单位的法人代表身份证、营业执照、企业代码证、税务登记证、公司章程及近期财务报表，并要求上牌单位提供担保，出具股东会决议及承诺函。

⑪ 银行要求借款人提供的其他文件或资料。

26. 贷款买车时，经常遇到哪些问题?

（1）汽车贷款的方式

汽车贷款的方式目前有汽车金融公司贷款、信用卡分期、银行贷款和担保公司贷款等。

（2）汽车贷款的利率

按央行规定，汽车贷款执行贷款基准利率，但各金融机构可在基准利率上下一定范围内进行浮动。当前1～3年期的利率约为6.40%，3～5年期则为6.65%。

（3）汽车贷款申请的一般条件

年龄在18～60周岁；具有中国国籍；良好的信用记录；有一定的收入能力及证明等。

（4）汽车贷款首付费

新车保险费、公正抵押费、履约保证金（借款人偿还贷款后再退还给借款人）、资信担保费等。

27. 银行对贷款人的资信审查吗?

在银行申请贷款，银行要对贷款申请人的资信做审查。

银行会根据贷款人提供的月收入证明、职业、学历和过去的贷款记录等多方面情况来衡量贷款申请人的还贷能力。房产证明固然重要，但同时银行也很看重贷款人的职业、所在单位的信誉。

28. 办理个人汽车贷款时，哪类人容易通过审批?

（1）银行的优质客户。

一般来说，公务员、教师、知名企业员工等被银行视为优质客户，容易通过审核。

（2）信用良好的人士

信用良好的人士主要是指在央行的征信系统里有信用记录，并且信用记录良好的客户。

（3）收入较高且稳定的人士

收入较高且稳定的人士还款能力较强，所以比较获得贷款。

（4）能提供房产证明

在贷款本地有商品房产，并能提供相关证明，一般要求为房产证。

29. 贷款购车的贷款额度

个人申请车贷，可以申请的车贷额度，一般不能多于汽车净车价的70%，最高可达购车价格的80%，贷款期限最长5年。这种额度的车贷要求申请人准备不低于30%的汽车首付款。

信用卡购车贷款额度区间为2万～60万元，根据合作品牌不同，贷款额度区间也不尽相同，持卡人可以在本人汽车分期额度内任意选择分期总金额。贷款额度由持卡人信用卡使用情况和个人征信情况经银行综合判定。

不过也有一些汽车商家为了吸引客户，提高了车贷额度。而个人要提高车贷额度的方法主要有以下几种。

（1）申请首付较低的车贷

首付款越低，可以申请的车贷额度就越高，现在一些汽车商家会有10%～20%的首付就可以贷款买车的活动，这样一来，个人车贷的额度就大大提高了。

（2）选择零首付车贷

现在也有零首付的车贷，这种车贷不需要首付款就可以申请车贷。车贷额度自然比传统的车贷要高一些。不过大家要注意，一般首付款会要求在一年内就交清。

所以，申请贷款买车前，借款人想要提高贷款额度，就要先确定自己的个人资质条件是否符合贷款条件，并且，一定要有良好的个人信用记录和较强的还款能力。

30. 银行车贷还款方式

银行个人贷款还款方式有先息后本法、等额本息还款法、等额本金还款法、等比累进还款法、等额累进还款法、组合还款法。

要选择最佳的还款方式需从还款利率、贷款期限、担保方式、贷款额度等几个方面考虑。

贷款期限指从具体贷款产品发放到约定的最后还款或清偿的期限。不同产品其贷款期限也不同。借款期限越长，每月还款越少，但总还款额上升，合理的贷款期限应是15～20年。

利息是借入货币的代价或贷出货币的报酬，是借贷资金的“价格”。利息水平的高低通过利率表示。利率指一定时期内利息额与借贷货币额或储蓄存款额之间的比率，即利率=利息额/本金。利率一般可分为年利率、月利率和日利率。中国人民银行制定的各种利率为法定利率。贷款银行根据法定贷款利率和中国人民银行规定的浮动幅度，与借款人共同商定，并在借款合同中载明的某一笔具体贷款的利率称为合同利率。个人贷款利率可根据贷款产品的特性，在一定区间内浮动。一般来说，贷款期限在1年以内（含1年）的实行合同利率，遇法定利率调整时，执行原合同利率；贷款期限在1年以上的，合同期内遇法定利率调整时，借贷双方可按商业原则调整。

（1）先息后本法

又称期末清偿法，指借款人在贷款到期日还清贷款本息，每月偿还利息。一般适用于期限在1年以内（含1年）的贷款。案例：借款金额10万元，期限1年，年利率为10%。按照先息后本法，利息一共1万元，每期还款金额见表5-1。

（2）等额本息还款法

等额本息还款法，即借款人每月按相等的金额偿还贷款本息，其中每月贷款利息按月初剩余贷款本金计算并逐月结清。由于每月的还款额相等，因此，在贷款初期每月的还款中，剔除按月结清的利息后，所还的贷款本金就较少；在贷款末期每月的还款中，剔除按月结清的利息后，所还的贷款本金就较多。

表5-1 先息后本法还款息额度

期数	1	2	3	4	5	6	7	8	9	10	11	12
金额/元	833.33	833.33	833.33	833.33	833.33	833.33	833.33	833.33	833.33	833.33	833.33	833.33

这种还款方式，实际占用银行贷款的数量更多、时间更长，同时它还便于借款人合理安排每月的生活和进行理财，对于精通投资、擅长于“以钱生钱”的人来说，无疑是最好的选择。

计算公式为

$$每月还款额=\frac{月利率\times(1+月利率)^{还款期数}}{(1+月利率)^{还款期数}-1}\times 贷款本金$$

遇到利率调整及提前还款时，应根据未偿还贷款余额和剩余还款期数调整公式，并计算每期还款额。

案例：借款金额10万元，期限为1年，年利率为10%。等额本息还款法还款数据见表5-2和表5-3。

表5-2 等额本息还款法还款总览

等额本息	每期还款数额	等额本息	每期还款数额
贷款总额	10万元	支付利息	5499.06元
贷款期限	12期	还款总额	10.549906万元
每期还款	8791.59元		

表5-3 每期的还款详细数据 单位：元

期次	等额本息还款		
	每期还款		剩余本金
	偿还利息	偿还本金	
1	833.33	7958.26	92041.74
2	767.01	8024.57	84017.17
3	700.14	8091.45	75925.72
4	632.71	8158.87	67766.85
5	564.72	8226.86	59539.99
6	496.17	8295.42	51244.56
7	427.04	8364.55	42880.01
8	357.33	8434.26	34445.76
9	287.05	8504.54	25941.22
10	216.18	8575.41	17365.80
11	144.72	8646.87	8718.93
12	72.66	8718.93	0.00

（3）等额本金还款法

指在贷款期内每月等额偿还贷款本金，贷款利息随本金逐月递减。特点是定期、定额还本，每月付款及每月贷款余额定额减少。计算公式为

$$每月还款额=\frac{贷款本金}{还款期数}+（贷款本金-已归还贷款本金累计额）\times 月利率$$

案例：借款金额10万元，期限为1年，利率为10%。等额本金还款法还款数据见表5-4和表5-5。

表5-4　等额本金还款法还款总览

等额本金还款	每期还款数额	等额本金还款	每期还款数额
贷款总额	10万元	支付利息	5416.67元
贷款期限	12期	还款总额	10.541667万元
首期还款	9166.67元		

表5-5　每期的还款详细数据　　单位：元

期次	等额本金还款		
	偿还利息	每期还款	剩余本金
1	833.33	9166.67	91666.67
2	763.89	9097.22	83333.33
3	694.44	9027.78	75000.00
4	625.00	8958.33	66666.67
5	555.56	8888.89	58333.33
6	486.11	8819.44	50000.00
7	416.67	8750.00	41666.67
8	347.22	8680.56	33333.33
9	277.78	8611.11	25000.00
10	208.33	8541.67	16666.67
11	138.89	8472.22	8333.33
12	69.44	8402.78	0.00

（4）等比累进还款法

等比累进还款法指借款人在每个时间段以一定比例累进的金额（分期还款额）偿还贷款，其中每个时间段归还的金额包括该时间段应还利息和本金，按还款间隔逐期归还，在贷款截止日期前全部还清本息。

此种方法又分为等比递增还款法和等比递减还款法，如果预期未来收入呈递增趋势，则可选择等比递增法，减少提前还款的麻烦；如果预期未来收入呈递减趋势，则可选择等比递减法，减少利息支出。

（5）等额累进还款法

与等比累进还款法类似，不同之处就是将在每个时间段约定还款的“固定比例”改为“固定额度”。分为等额递增还款法和等额递减还款法：收入增加的客户可采取增大累进额、缩短间隔期等办法，减少利息负担；收入水平下降的客户可采取减少累进额、扩大累进间隔期等办法减轻还款压力。

（6）组合还款法

一种将贷款本金分段偿还，根据资金的实际占用时间计算利息的还款方式。即根据借款人未来的收支情况，首先将整个贷款本金按比例分成若干偿还阶段，然后确定每个阶段的还款年限。还款期间，每个阶段约定偿还的本金在规定的年限中按等额本息的方式计算每月偿还额，未归还的本金部分按月计息，两部分相加即形成每月的还款金额。

31. 信用卡分期购车的流程

① 提出申请。看好拟购车辆后，填写汽车消费贷款申请书、资信情况调查表，连同个人情况的相关证明一并提交贷款银行。

② 银行进行贷前调查和审批。银行对符合贷款条件的，会及时通知借款人填写各种表格。

③ 通知借款人签订借款合同、担保合同、抵押合同，并办理抵押登记和保险等手续。

④ 银行发放贷款（由银行直接转到汽车商的账户中）。

⑤ 借款人将首付款交给汽车商，并凭存折和银行开具的提车单办理提车手续。

32. 信用卡分期购车方式的特点

随着信用卡消费的普及，信用卡分期付款买车也变得越来越普遍，但对初次接触这种贷款买车方式的人来说，心中仍有诸多疑问，比如信用卡分期付款买车有哪些优点？缺点又是什么？现在我们就来了解一下，信用卡分期付款买车的优缺点。

（1）信用卡分期付款买车优点

① 手续简便　申请信用卡分期付款买车，只需提交个人有效身份证明、工作证明和收入证明，相比手续烦琐的银行汽车贷款来说要方便很多。

② 审批快　信用卡分期付款买车最大的优势就是审批快，有些银行的信用卡贷款购车最快40min就可以审批完成，最长也不会超过3天；不过，由于汽车需要办理保险、出证及验车上牌等手续，一般都需要在提出申请后需要7个工作日才能提车。

③ 贷款成本低　相比银行贷款购车和汽车金融机构贷款购车，信用卡分期购车是没有利息的，但是会收取相应的分期手续费。相比其他两种贷款方式的利息，信用卡的费用相对较低。一般来说，12个月手续费在3%～5%之间，24个月在4%～7%，3个月的则一般要超过9%。

信用卡分期贷款购车除了缴纳部分手续费之外，完全同现金购车相同，购车者可有机会享受到车价优惠活动。此外，多数信用卡银行均有刷卡积分活动，购车刷卡后还能在银行换取相应积分礼品，可以说是一举三得。

（2）信用卡分期付款买车的缺点

① 车型有限制　一般信用卡分期付款只针对指定车型，所以购车者在车型的选择上会受到限制。

② 额度受限，车价受限　相对银行汽车贷款来说，信用卡分期购车业务属于信用贷款，额度较小，一般只能用来购买中低挡车型，所以想买高档车的人，只能从银行或汽车金融公司贷款了。

③ 首付有要求　对于选择信用卡分期购车的用户来说，贷款买车首付至少要车价的三成以上，同时由于前期需要贷款买车手续费，建议准备四成以上的首付。

33. “零利率”车贷可信吗？

所谓零利率车贷就是消费者购车只需要支付一定的首付款，余款可以分期付给贷款方而不用支付任何利息。

“零利率”车贷在国外早已出现，这是汽车生产商为了争取更多的消费者，允许经销商采取的一种促销手段。随着目前车市销售压力的增大，各种免息车贷在市场上呈现出百花齐放之势，也刺激了消费者的购车神经。

目前，某些零利率车贷看起来比较合算，但实际上在目前国内有些汽车厂商执行得并不理想，其间存在许多的消费陷阱与噱头。

虽然很多厂商主推零利率，但也有一定的限制条件，如果零利率购车就享受不到更大幅度的现金优惠。以某高档车品牌为例，其一款2.0L左右的车型目前优惠幅度在3万元左右，如果消费者申请零利率贷款，优惠幅度只有3%。换句话说，零利率贷款买车只能优惠1万元左右，这比全额付款多了近2万元。

对此，有汽车4S店销售负责人表示，零利率贷款买车实际上就是为了满足那些目前资金紧张，但又具有较好资信的客户。表面上看起来不用支付任何利息，但实际上这些利息由厂家和经销商来承担了。在汽车优惠幅度加大的时候，经销商也不可能将各类优惠都打包给消费者，无论是零利率还是市场优惠，鱼与熊掌两者不可兼得。

另据介绍，零利率的申请也并非消费者想象得那么容易，其需要申请人提供更完整的资信证明。

此外，一些银行信用卡中心与经销商合作推出的分期免息车贷，虽然也不需要支付利息，但其收取的3.5%～7%的手续费也得好好计算一下。

34.《汽车贷款管理方法》的内容

《汽车贷款管理方法》主要条款的内容如下。

第八条　本办法所称个人汽车贷款，是指贷款人向个人借款人发放的用于购买汽车的贷款。

第九条　借款人申请个人汽车贷款，应当同时符合以下条件。

（一）是中华人民共和国公民，或在中华人民共和国境内连续居住1年以上（含

1年）的港、澳、台居民及外国人。

（二）具有有效身份证明、固定和详细住址且具有完全民事行为能力。

（三）具有稳定的合法收入或足够偿还贷款本息的个人合法资产。

（四）个人信用良好。

（五）能够支付本办法规定的首期付款。

（六）贷款人要求的其他条件。

第十条　贷款人发放个人汽车贷款，应综合考虑以下因素，确定贷款金额、期限、利率和还本付息方式等贷款条件。

（一）贷款人对借款人的资信评级情况。

（二）贷款担保情况。

（三）所购汽车的性能及用途。

（四）汽车行业发展和汽车市场供求情况。

第十一条　贷款人应当建立借款人信贷档案。借款人信贷档案应载明以下内容。

（一）借款人姓名、住址、有效身份证明及有效联系方式。

（二）借款人的收入水平及资信状况证明。

（三）所购汽车的购车协议、汽车型号、发动机号、车架号、价格与购车用途。

（四）贷款的金额、期限、利率、还款方式和担保情况。

（五）贷款催收记录。

（六）防范贷款风险所需的其他资料。

第十二条　贷款人发放个人商用车贷款，除本办法第十一条规定的内容外，应在借款人信贷档案中增加商用车运营资格证年检情况、商用车折旧、保险情况等内容。

第三章　经销商汽车贷款

第十三条　本办法所称经销商汽车贷款，是指贷款人向汽车经销商发放的用于采购车辆和（或）零配件的贷款。

第十四条　借款人申请经销商汽车贷款，应当同时符合以下条件。

（一）具有工商行政主管部门核发的企业法人营业执照及年检证明。

（二）具有汽车生产商出具的代理销售汽车证明。

（三）资产负债率不超过80%。

（四）具有稳定的合法收入或足够偿还贷款本息的合法资产。

（五）经销商、经销商高级管理人员及经销商代为受理贷款申请的客户无重大违约行为或信用不良记录。

（六）贷款人要求的其他条件。

第四章　机构汽车贷款

第十八条　本办法所称机构汽车贷款，是指贷款人对除经销商以外的法人、其他经济组织（以下简称机构借款人）发放的用于购买汽车的贷款。

第十九条　借款人申请机构汽车贷款，必须同时符合以下条件。

（一）具有企业或事业单位登记管理机关核发的企业法人营业执照或事业单位法人证书等证明借款人具有法人资格的法定文件。

（二）具有合法、稳定的收入或足够偿还贷款本息的合法资产。

（三）能够支付本办法规定的首期付款。

（四）无重大违约行为或信用不良记录。

（五）贷款人要求的其他条件。

35. 汽车消费贷款保证保险是如何规定的?

汽车消费贷款保证保险是指贷款人或购买机动车辆的借款人（购车人）向保险人支付保险费，当借款人未按照汽车消费贷款合同约定向贷款人归还贷款本息致使贷款人遭受损失时，由保险人承担赔偿责任的一种确实保证保险。

在汽车消费贷款保证保险中，投保人是贷款人或借款人，被保险人是向借款人发放汽车消费贷款的贷款人，保险人是经有权机关批准开办保证保险业务的保险公司。

36. 中国工商银行“幸福快车”个人汽车消费贷款介绍

（1）中国工商银行车贷通申请人条件

在中国境内有固定住所，有当地常住户口或有效居住身份，具有完全民事行为能力，并且符合以下条件的中国公民均可申请工商银行车贷通。

① 有正当的职业和稳定的收入来源，具有按期偿还贷款本息的能力。

② 遵纪守法，没有违法行为及不良信用记录。

③ 能够提供银行认可的有效权利质押物或抵押物或具有代偿能力的第三方保证。

④ 若为“间客式”贷款，还需持有与特约经销商签订的购车协议或购车合同。

⑤ 在中国工商银行开立个人结算账户，并同意银行从其指定的个人结算账户扣收贷款本息。

⑥ 银行要求的其他条件。

（2）中国工商银行车贷通申请资料

① 贷款申请审批表。

② 本人有效身份证件及复印件。

③ 配偶的有效身份证件原件及复印件以及同意抵押的书面证明。

④ 居住地址证明（户口簿或近3个月的房租、水费、电费、煤气费等收据）。

⑤ 职业和收入证明（工作证件原件及复印件，银行代发工资存折等）。

⑥ 有效联系方式及联系电话。

⑦ 提供不低于规定比例的首付款凭证。

⑧ 贷款担保证明资料；贷款担保可采用权利质押担保、抵押担保或第三方保证。

⑨ 在工行开立的个人结算账户凭证。

⑩ 银行规定的其他资料。

（3）中国工商银行车贷通申请流程

① 借款人向银行提交以上申请资料。

② 银行对借款人提交的申请资料审核通过后，双方签订借款合同、担保合同，并办理相关公证、抵押登记手续等。

③ 汽车贷款由银行以转账方式直接划入汽车经销商的账户。

37. 中国建设银行个人汽车贷款介绍

（1）贷款对象

年龄在18周岁（含）至60周岁（含），具有完全民事行为能力的自然人。

（2）贷款额度

所购车辆为自用车的，贷款金额不超过所购汽车价格的80%；所购车辆为商用车的，贷款金额不超过所购汽车价格的70%。其中，商用载货车贷款金额不得超过所购汽车价格的60%。

（3）贷款期限

所购车辆为自用车，最长贷款期限不超过5年；所购车辆为商用车，最长贷款期限不超过3年。

（4）贷款利率

按照中国建设银行的贷款利率规定执行。

（5）担保方式

申请个人汽车贷款，借款人须提供一定的担保措施，包括纯车辆抵押、车辆抵押+担保机构、车辆抵押+自然人担保和车辆抵押+履约保证保险。

（6）还款方式

贷款期限在1年以内的，可以采取按月还息任意还本法、等额本息还款法、等额本金还款法、一次性还本付息还款法等方式；贷款期限在1年以上的，可采取等额本息、等额本金还款法。具体还款方式由经办行与借款人协商并在借款合同中约定。

38. 中国银行个人汽车贷款介绍

中国银行个人消费类汽车贷款是指借款人在购买消费类自用车（不含二手车）时已支付一定比例金额的首期款项、不足部分由银行向其发放并直接支付给汽车经销商的人民币贷款。

个人消费类汽车贷款条件如下。

① 具有完全民事行为能力的自然人。

② 个人身份有效证明。

③ 具有合法的足够偿还贷款本息的能力。

④ 个人信用良好。

⑤ 持有经办行认可的购车合同、协议或购车意向书。

⑥ 提供经办行认可的抵/质押物或有足够代偿能力的个人或单位提供第三方不可撤销的连带责任保证；或提供满足《中国银行个人信用循环贷款额度暂行管理办法》客户准入条件的相应资料。

⑦ 能够支付《中国银行个人信用循环贷款额度暂行管理办法》规定限额的首期购车款能力证明。

⑧ 经办行规定的其他条件。

39. 招商银行汽车消费贷款介绍

招商银行个人汽车消费贷款是招商银行向申请购买本人名下全新非营运小汽车的借款人发放的，用于支付所购车辆车款的贷款，个人汽车消费贷款须用于购买在经办行当地登记上牌的新车。

（1）申请条件

① 借款人必须是贷款行所在地常住户口居民，具有完全民事行为能力。

② 借款人具有还款能力，没有不良贷款记录。

（2）办理流程

① 申请贷款　借款人申请汽车消费贷款应提出书面申请，填写有关申请表，并提供有关资料。借款人应提供以下资料。

a. 借款人身份证件、婚姻状况证明。

b. 贷款人认可的部门出具的借款人职业和经济收入证明。

c. 与贷款人指定的经销商签订的购车协议或合同。

d. 不低于首期款的存款凭证或首期款收据。

e. 以财产抵押或质押的，应提供抵押物或质押物清单、权属证明及有权处分人（包括财产共有人）同意抵押或质押的证明，有权部门出具的抵押物估价证明。

f. 由第三方提供保证的，应出具保证人同意担保的书面文件，有关资信证明材料及一定比例的保证金。

g. 贷款人要求提供的其他资料。

② 审贷　招商银行自收到借款人申请及符合要求的资料后，按规定对借款人和保证人的资信情况、偿还能力、材料的真实性进行审查，并在审查后做出答复。

③ 签约　招商银行审查同意贷款后，借款人办理如下手续。

a. 借款人办理汽车消费贷款保证保险。

b. 银行与借款人签订借款合同和担保合同，办理公证、抵押登记和保险等有关手续。

④ 发放贷款　招商银行在借款人办妥相关手续后，将贷款发放至借款人个人账户并根据借款人的委托将贷款划付相关的收款方账户。

40. 中国农业银行个人汽车贷款介绍

中国农业银行个人汽车贷款申请相关内容如下。

（1）车贷需要的资料

① 身份证、户口簿或其他有效居留证件原件，并提供其复印件。

② 职业和经济收入证明，个人账户过去6个月的流水清单。

③ 与经销商签订的购车协议、合同或者购车意向书。

④ 合作机构要求提供的其他文件资料。

（2）车贷的办理流程

① 首先，需要贷款者准备好身份证、居住证明、工作证明、贷款用途证明等证

明材料，到银行填写一张申请表，填一份合同。

② 然后，等待银行的贷前资格调查与审批。如果贷款者符合银行规定的贷款条件，银行便会通知贷款者填写一些贷款表格材料。如果贷款者申请的贷款需要抵押或担保，还需要签订担保合同、抵押合同，并办理抵押登记手续等；如果办理的是无抵押贷款，则无需签订此类合同。

41. 中国交通银行个人汽车贷款介绍

（1）贷款对象

具有完全民事行为能力，持有当地合法、有效身份证件，资信情况良好，具备稳定收入来源和按期还本付息能力的自然人。

（2）贷款额度

贷款额度不超过所购车辆价格的80%。

（3）贷款期限

贷款期限最长不超过5年。

（4）申请材料

① 个人住房贷款申请表。

② 借款人及配偶身份证明（居民身份证、护照、户口簿等）、婚姻证明。

③ 车辆购销合同或协议。

④ 车辆首期付款证明。

⑤ 借款人还款能力证明材料（如收入证明、工资单、个人税单、其他资产情况等）。

⑥ 借款抵押担保的权属证明，有处分权人同意抵押的证明。

⑦ 贷款人要求提供的其他证明文件或资料。

（5）办理指南

① 提出申请。借款人持上述申请材料到贷款经办网点填写申请表。

② 贷款审批。银行对借款人担保、信用等情况进行调查，按程序进行审批，并将审批结果通知借款人。

③ 贷款签约。借款人的申请获得批准后，银行与借款人签订个人借款合同及担保合同，办理公证、保险、抵押登记等手续。

④ 贷款发放。银行在借款人办妥相关手续后，经审核确认后发放贷款。

42. 招商银行“车购易”信用卡购车业务介绍

（1）“车购易”汽车分期服务

“车购易”即招商银行根据信用卡持卡人的资信状况提升其信用卡的分期额度，以满足持卡人在指定经销商分期购买指定品牌汽车的需求。持卡人只需承担一定手续费即可按月分期偿还购车款项，充分减轻还款压力的一种新型的车贷模式。

“车购易”合作品牌如图5-1所示。

图5-1 “车购易”合作品牌

（2）“车购易”的6大优势

① 超低手续费率　合作商户贴息，充分降低持卡人分期成本。

② 超长还款期限　最长24个月分期付款，轻松成为“有车一族”。

③ 超优分期方案　招商银行视个人信用情况灵活调整信用额度，满足汽车分期需求。

④ 超快申请流程　现场申请办理，手续简便，享受招商银行“一站式”服务。

⑤ 超值积分累计　汽车分期付款金额享受招商银行信用卡积分累计。

⑥ 超强品质保证　国内知名汽车厂商倾力打造。

（3）“车购易”的几个常见问题

① 问：办理“车购易”需要支付利息吗？

答：我行推出的是免息贷款，不需要支付额外利息。

② 问：办理“车购易”需要支付多少手续费？

答：目前招商银行标准费率为12期（月）服务手续费为3.5%；24期（月）服务手续费为7.0%两种方式。

③ 问：为什么分期付款需要额外支付手续费？手续费怎样收取？

答：银行向您提供的分期付款服务含有资金成本和运作成本，目前招商银行和汽车厂商也为您提供了不同于其他银行的最全面最优质的服务。手续费将会在您分期购车后的第一期账单中予以体现。

④ 问：我的“车购易”贷款额度是多少？

答：车购易贷款额度由系统根据持卡人本人的资信状况及信用卡使用情况而设定，且动态变化，建议持卡人以申请“车购易”业务当天查询结果为准。一般贷款额度在3万～20万之间（根据不同的车型，分期金额区间不同）。持卡人致电××××××××××查询自己可用贷款额度。

⑤ 问：办理“车购易”需要首付吗？首付金额是多少？

答：首付比例不得低于您购车价格的40%（部分车型首付金额不得低于30%），且首付金额需以非招商银行信用卡方式支付。对于每款汽车不同的还款期数，每期的分期还款本金金额是固定不变的。根据汽车的市场价格，首付金额=市场价格－每期还款金额×还款期数。

⑥ 问：分期总金额不能被还款期数整除怎么办？

答：若分期总金额不能被分期数整除，系统会自动对每期还款金额进行四舍五入和金额拆分，还款总金额将保持不变。

⑦ 问：使用“车购易”，购车价格还可以洽谈吗？

答：车辆具体购买价格由持卡人至指定经销商店面按照正常购车流程直接洽谈确定。

⑧ 问：使用“车购易”购买车辆后，能否独立上牌或办理车险？

答：不可以。由招商银行商务人员和经销商直接为您办理。

⑨ 问：需要签订抵押登记手续吗？

答：因您通过招商银行“车购易”贷款购买汽车，在您全部结清贷款金额之前，需要将车抵押给招商银行。

⑩ 问：如何签订抵押登记手续？

答：由招商银行商务人员负责为您办理。

⑪ 问：我还清“车购易”金额之后，如何办理解除抵押手续呢？

答：如您已还清招商银行“车购易”所有款项，可致电招商银行“车购易”服务热线××××××××××申请解除抵押手续。由招商银行帮您办理解除抵押手续，并帮您出示还款证明，更改保险受益人。

⑫ 问：使用分期付款，可以享受与现金支付的客户同等待遇吗？

答：分期付款只是一种支付方式，您可以享受与其他顾客相同的产品价格和折扣优惠。

⑬ 问：使用分期付款之后因退货需要退回银行的资金部分，银行是否退回相应的手续费？

答：是的，银行会按照标准手续费率退回相应的手续费。

⑭ 问：使用分期付款后如果退货，退款需要多长时间才能退回到信用卡上？

答：2周。

⑮ 问：使用“车购易”也享有消费积分吗？

答：是的，使用汽车分期付款方式同样享有消费积分，根据每月分期入账金额计算，逐月累计。

43. 中国建设银行龙卡购车分期付

（1）龙卡购车分期付

指持卡人同意支付首付款（首付款为净车价减去审批通过金额）的情况下，向中国建设银行申请用其龙卡信用卡（不包括商务卡、学生卡、附属卡和担保办卡），在中国建设银行指定经销商购买家用汽车。中国建设银行核准后，将实际分期金额平均分成若干期，由持卡人在约定期限内按月还款，并支付一定手续费的业务。

（2）龙卡购车分期付的特点

① 手续便捷　不用办理烦琐的手续，不影响异地上牌。

② 优惠费率　合作汽车厂商贴息，零利息，优惠手续费率。

③ 专业服务　专业团队支持，新办卡客户也可申请，尊享周到服务。

④ 灵活期限　最长24个月分期还款，提前享受车生活。

（3）合作车型

中国建设银行龙卡合作商标如图5-2所示。

图5-2　中国建设银行龙卡分期付合作商标

（4）常见问题

① 问：只要有龙卡信用卡就能申请龙卡购车分期付吗？

答：是的。只要你有龙卡信用卡（商务卡、学生卡、附属卡和担保办卡除外）都可以申请。我行将根据你的信用记录和消费行为，决定审批是否通过及审批通过金额。

② 问：龙卡购车分期付除了手续费之外，是否还要收取利息？

答：无需支付任何利息。根据分期期数的不同，我行将收取相应手续费或免除手续费。

③ 问：使用龙卡购车分期付买车，是否会比一次性付款价格高？

答：不会，我行和汽车经销商有价格公平待遇约定，你可同时享受与一次性付款无差异的购车价格及售后服务待遇。

④ 问：需要携带哪些材料才能办理龙卡购车分期付？

答：需要携带本人身份证、龙卡信用卡以及工作证明或房产证明。

⑤ 问：首付款是否可用龙卡信用卡刷卡支付？

答：不可以。你可用现金或借记卡的方式支付。

⑥ 问：办理龙卡购车分期付时，我需要投保哪些险种？保险的第一受益人必须是建行吗？

答：需要投保机动车辆全车盗抢险和车辆损失险，保险期限与分期期限一致，保险的第一受益人为车主本人。

⑦ 问：手续费怎么计算？如何收取？

答：持卡人手续费=分期金额×持卡人手续费率，手续费一次性收取。

⑧ 问：每月分期还款金额如何计算？

答：首月分期还款金额=持卡人手续费+分期金额/期数；第二个月起每月还款金额=分期金额/期数。

⑨ 问：客户在申请购车分期业务后，改变购买汽车的型号或车款，是否需要重新填写购车分期申请表？

答：是的，需要重新填写提交购车分期申请表。

⑩ 问：使用购车分期买车后如何还款？如何对账？

答：你办理龙卡购车分期付后，每月还款金额均计入你的对账单，你只需按对账单列示金额还款即可，还款方式与一般消费还款相同。建行信用卡中心每月定期为你寄送对账单，如果你在账单日过后10～15日内未收到对账单，请尽快致电24小时服务热线××××××××××查询你当月的账款。

⑪ 问：分期付款期间如遇到同类车型价格调整怎么办？

答：在办理分期付款业务期间或后续还款期间，如遇所购车型价格调整，无论调高或调低，持卡人均只需按签购单上载明的分期付款金额还款。

⑫ 问：龙卡购车分期付可以申请提前还款吗？手续费能否退还？

答：你可以拨打龙卡信用卡客服电话××××××××××申请提前还款，但已收取的手续费不再退还。

44. 中国民生银行“购车通”信用卡分期购车

（1）“购车通”信用卡分期购车方案

“购车通”信用卡分期购车方案是指中国民生银行根据客户资信状况为其提供的专用信用卡分期额度，以满足客户短期内购车的分期付款需求。客户仅需支付部分首付款，即可享受剩余购车款项按月分期偿还。客户无需支付利息，仅需承担一定手续费，更有“直客式”购车方案，不受中国民生银行签约经销商品牌车型限制，爱车随心选，无压力轻松购车。

（2）“购车通”的优势

① 超优分期方案　根据客户个人信用状况弹性调升分期信用额度，充分满足客户购车的分期付款需求。

② 超低手续费率　在同行业中具有竞争力的超低手续费率，充分降低客户的分期购车成本。

③ 多种还款期限　还款期限最长48个月分期付款，减轻客户压力，使其轻松购车。

④ 超快申请流程　专享购车绿色通道，现场专人服务，即时申请，手续简便。

⑤ 品牌车型丰富　指定合作经销商与“直客式”购车方案覆盖多品牌车型，让客户从容选择中意的爱车。

（3）分期产品

中国民生银行“购车通”信用卡分期购车产品类别见表5-6。

表5-6　中国民生银行“购车通”信用卡分期购车产品类型

产品类型	最低首付款比例/%	分期金额区间/万元	分期期数/月	年化手续费率	还款方式
标准产品	20	5～150	12	以客户与本行签署的个人信用卡汽车分期付款相关的借款抵押保证合同为准	等额还款
			24		
			36		
			48		

45. 汽车金融公司贷款

在海外，通过汽车金融公司贷款购车是最为普遍的汽车贷款方式。国内也有多家汽车金融公司可以提供购车贷款服务。国内市场上各大汽车公司也有很多汽车金融公司，各公司所提供的金融产品既有相同又各有特色，分别适用于不同的车型。通常情况下，这种公司具有门槛低、首付比例低、贷款时间长、审批灵活、速度快等特点，可以说汽车金融公司贷款逐渐成为许多消费者选择购车贷款的主要渠道之一。

（1）几种贷款方式比较

① 信用卡贷款　信用卡贷款买车申请流程较为简单，根据持卡人消费、信用记录等状况，资质良好的客户均可申请分期购车，目前银行信用卡分期一般不收取利息，手续费在账单确立后首月一次性收取，但信用卡分期一般最长为2～3年，分期额度最高达20万元。

② 汽车商业贷款　汽车商业贷款门槛较高，申请商业银行的汽车贷款，程序较为复杂，门槛也比较高，需要贷款者提交的资料和审核过程也较为严格。

③ 汽车金融公司贷款　汽车金融公司贷款在审核上比商业银行要宽松，贷款方式灵活，服务方面更为迅捷。但是汽车金融服务公司一般都是由汽车公司“自卖自车”，所以在车型上选择机会并不多。汽车金融公司最大的劣势在于贷款的利率比较高，据悉平均水平在9%以上。

（2）汽车金融公司的贷款流程

① 到汽车4S店选择车型。

② 填写汽车金融公司贷款申请表，提供相关证明材料。

③ 等待汽车金融公司的审批。

④ 汽车金融公司“家访”，收集相关补充材料。

⑤ 签署购车合同和汽车贷款合同。

⑥ 付清首付和车辆购置税。

⑦ 办理新车登记和抵押登记手续等相关手续。

⑧ 提车并按照贷款合同按期还款。

（3）申请提交材料

① 身份证明材料 申请人身份证复印件与配偶身份证复印件（如单身则无需提供）。

② 房产证明材料 如无房产，可提供朋友房产证复印件做担保或找担保公司做担保。

③ 户口本或暂住证

④ 收入证明材料 包括申请人收入证明原件、配偶收入证明原件。

46. 新能源汽车贷款有无国家补贴？

近年来，为鼓励和支持新能源汽车的消费，我国对入围补贴目录的新能源汽车实行了国家加地方等多层补贴机制，对此不少专家认为，随着新能源日益深入人们的生活，新能源汽车不能再大势依仗国家来补贴销售。

财政部、科技部、工业和信息化部、发展改革委联合发布的《关于2016～2020年新能源汽车推广应用财政支持政策的通知》（后简称《通知》）中明确，市民可最高获得的新能源汽车补贴为5.5万元，随后将逐年递减。

根据《通知》，纯电动乘用车其续航里程数在100～150km以内的，每辆补贴2.5万元；续航里程为150～250km的，每辆补贴4.5万元；续航里程在250km以上的，每辆补贴5.5万元。此外，根据续航里程不同，纯电动客车补助为12万元/辆至50万元/辆不等，燃料电池乘用车、轻型客货车、大中型客车和中重型货车的补贴标准则分别为20万元/辆、30万元/辆和50万元/辆。

这意味着消费者如果购买续航里程在250km以上的纯电动轿车，最高的补贴额度可达到5.5万元。不过，根据《通知》，2017～2018年补贴标准在2016年基础上下降20%，2019～2020年补贴标准在2016年基础上下降40%。目前国内大部分新能源汽车的续航里程集中在150～250km这个区间，大部分消费者可在2016年获4.5万元补贴，而到2019年这个补贴金额就将降到2.7万元。

此外，享受补贴的车型必须在工信部公布的“新能源汽车推广应用工程推荐车型目录”中，并且明确新能源汽车生产企业在销售新能源汽车产品时，按照扣减补助后的价格与消费者进行结算，中央财政按程序将企业垫付的补助资金再拨付给生产企业。

47. 新能源汽车贷款有无政策优惠？

2016年2月14日，人民银行、发改委、工信部、财政部等八部委联合印发了《关于金融支持工业稳增长调结构增效益的若干意见》，鼓励银行业金融机构在风险可控前提下，适当降低新能源汽车、二手车的贷款首付比例，合理扩大汽车消费信贷，支持新能源汽车生产、消费及相关产业发展。

意见还明确，将深入推进首台（套）重大技术装备保险补偿机制试点工作，研究将新材料、关键零部件纳入首批次应用保险保费补偿机制实施范围。推动保险公司尽快开发出更符合新能源汽车风险特征的专属保险产品。

人民银行、银监会2016年3月24日联合印发的《关于加大对新消费领域金融支持的指导意见》中，提出对新能源汽车贷款首付下限调整至15%，这将极大地削减消费者在购车、信贷方面的成本。

48. 哪些新能源汽车能免购置税？

2016年11月25日，工信部发布了第九批《免征车辆购置税的新能源汽车车型目录》，共有1102款车型进入目录。其中纯电动车型944款，包括73款纯电动乘用车、487款纯电动客车、15款纯电动货车、367款纯电动专用车和2款纯电动牵引车；插电式混合动力车型151款，其中乘用车20款、客车130款及专用车1款；燃料电池车型共7款，其中乘用车1款，客车、专用车各3款。

在乘用车型中，2016年备受关注的纯电动乘用车江淮iEV6S、北汽EU260、比亚迪宋EV、腾势、知豆D2、长安奔奔EV；插电式混合动力乘用车比亚迪秦、唐、宋，荣威eRX5、e950，宝马之诺60H等车型纷纷进入目录。

免征车辆购置税的新能源汽车车型目录（第九批）见表5-7。

表5-7 免征车辆购置税的新能源汽车车型目录（第九批）（摘录）

一、纯电动汽车

（一）乘用车

序号	汽车生产企业名称	车辆型号	通用名称	纯电动续驶里程/km	整车整备质量/kg	动力蓄电池组总质量/kg	动力蓄电池组总能量/kW·h	备注
1	安徽江淮汽车股份有限公司	HFC7001EA1EV	江淮iEV6S	205	1310	230	29	
2	北京汽车股份有限公司	BJ7000C5E2-BEV	EU260	252	1613	395	38	
3		BJ7000C5E4-BEV	EU400	360	1683	469	54	
4		BJ7000C5E5-BEV	EU260	252	1613	390	38	
5		BJ7000U3D1-BEV	EX260	220	1384	315	35	
6		BJ7000U3D3-BEV	EX300	300	1468	400	46	
7		BJ7000U3D2-BEV	EX260	250	1410	340	39	
8		BJ7000C5E3-BEV	EU300	300	1613	400	45	
9	北京新能源汽车股份有限公司	BJ7001BPH2-BEV	EC180	156	1058	199	20	
10		BJ7000BRDB-BEV	E150EV	150	1295	245	24	
11		BJ7001BPH1-BEV	EC180	156	1050	198	20	
12	北汽（广州）汽车有限公司	BJ7000C5E2G-BEV	EU260	252	1613	395	38	
13		BJ7000B3D5G-BEV	EV160	150	1295	285	25	

续表

序号	汽车生产企业名称	车辆型号	通用名称	纯电动续驶里程/km	整车整备质量/kg	动力蓄电池组总质量/kg	动力蓄电池组总能量/kW・h	备注
14	北汽（镇江）汽车有限公司	BJ6410UC4EV	EX260	250	1410	340	39	
15	比亚迪汽车工业有限公司	BYD6450VBEV	比亚迪e3	250	1940/2000	460	48	
16		QCJ7007BEV2	腾势	352	2160	580	62	
17		QCJ7007BEV1	腾势	352	2160	580	62	
18	比亚迪汽车有限公司	BYD6460SBEV1	比亚迪宋EV	300	2050	430	48	
19	东风小康汽车有限公司	DXK6450ECBEV	东风小康EC36	235	1710	400	42	
20		DXK6450EC1BEV	东风小康EC36	200	1710	400	38	
21		DXK6442EFBEV	东风风光360EV	155	1570	300	33	
22		DXK6452EFBEV	东风风光360EV	180	1585	355±5	38	
23	东南（福建）汽车工业有限公司	DN7004MBEV	电咖EV10	155	1050	226	21	
24		DN7005MBEV	电咖EV10	155	1050	224	21	
25	合肥长安汽车有限公司	SC7003ABBEV	EADO	200	1610	310	30	
26	河北御捷车业有限公司	YGM6370BEV	E行	153	1100	252	25	
27	湖南江南汽车制造有限公司	JNJ7000EVC1	Z500EV	250	1675	410	39	
28		JNJ7000EVE6	芝麻E30	150	810	171	17	
29		JNJ7000EVX12	云100S	155	1040	255±5	20	
30		JNJ7000EVX10	云100S	155	1040	240±5	20	
31		JNJ7000EVX11	云100S	155	1040	230±5	20	
32		JNJ7000EVA7	T11	150	850	230	19	
33		JNJ7000EVA8	T11	150	850	230	18	
34		JNJ6455EV	SR7 EV	202	1656	345	40	
35		JNJ7000EVX15	云100S	155	1040/1120	216±5	20	
36		JNJ7000EVX13	云100S	155	1040/1120	230±5	20	
37	江苏九龙汽车制造有限公司	HKL6490BEV	纯电动多用途乘用车	165	2480	500	53/55	

续表

序号	汽车生产企业名称	车辆型号	通用名称	纯电动续驶里程/km	整车整备质量/kg	动力蓄电池组总质量/kg	动力蓄电池组总能量/kW·h	备注
38	江苏卡威汽车工业集团有限公司	JNQ6460BEV3	纯电动多用途乘用车	255	1850	340	49	
39		JNQ6320BEV1	纯电动运动型乘用车	200	940	160	24	
40		JNQ6320BEV	纯电动运动型乘用车	160	1080	300	23	
41		JNQ6460BEV2	纯电动多用途乘用车	255	1850	400	53	
42	江西昌河汽车有限责任公司	CH7005BEVA2CB	北斗星E	165	980	199	21	
43	金华青年汽车制造有限公司	JNP7006BEV1	迈迪C3R	160	1195	230	24	
44	奇瑞汽车股份有限公司	SQR7000BEVJ72	奇瑞eQ1	151	855	176/170/168	18/17	
45		SQR7001BEVJ50	追梦C3REV	150	1247	260	23	
46		SQR7000BEVJ60	Arrizo5 e	152	1475	288	26	
47		SQR7000BEVJ50	凯翼C3REV	150	1255	256	22	
48		SQR7001BEVJ51	凯翼C3EV	150	1270	256	22	
49	荣成华泰汽车有限公司	SDH6450BEVSL	华泰圣达菲SEV170	200	1775	378	35	
50		SDH6460BEVDL	华泰宝利格SEV160	160	1830	378	35	
51	荣成华泰汽车有限公司	SDH7000BEVYL	华泰EV150	160	910	240	20	
52		SDH7000BEVZL	华泰EV160	155	1040	265	21	
53	陕西通家汽车股份有限公司	STJ6407EV	纯电动多用途乘用车	220	1400	340	37	
54	四川野马汽车股份有限公司	SQJ6460B1BEV	纯电动乘用车	250	1875	420	55	
55	一汽海马汽车有限公司	HMC6440BM0BEV	普力马纯电动	165	1520	315	29	
56	长城汽车股份有限公司	CC7000CE03BEV	长城C30EV	250	1385	280	34	
57		CC7000CE02BEV	长城C30EV	160	1330	245	21	
58		CC7000CE01BEV	长城C30EV	260	1385	280	38	

续表

序号	汽车生产企业名称	车辆型号	通用名称	纯电动续驶里程/km	整车整备质量/kg	动力蓄电池组总质量/kg	动力蓄电池组总能量/kW·h	备注
59	浙江豪情汽车制造有限公司	JL7001BEV39	知豆D1	161	755	180	17	
60		JL7001BEV38	知豆D2	155	775	180	17	
61		JL7001BEV36	知豆D2	155	775	176	15	
62		JL7001BEV44	知豆D1	161	755	180	17	
63	浙江吉利汽车有限公司	SMA7001BEV69	知豆D1	105	755	178	12	
64		SMA7001BEV63	知豆D1	161	755	180	17	
65		SMA7001BEV66	知豆D2	155	775	180	17	
66		SMA7001BEV70	知豆D1	161	755	180	17	
67		SMA7001BEV73	知豆D2	155	775	180	17	
68	郑州日产汽车有限公司	ZN6450V1YBEV	纯电动多用途乘用车	190	1770	420	43	
69	重庆力帆乘用车有限公司	LF7002FEV	620 EV	250	1295	236	33	
70		LF7004FEV	330 EV	200	995	158	22	
71	重庆力帆汽车有限公司	LF6401DEV	纯电动多用途乘用车	150	1295	265	26	
72	重庆长安汽车股份有限公司	SC7001ADBEV	奔奔EV	180	1240	249	23	
73		SC7001AEBEV	奔奔EV	210	1240	255	28	

二、插电式混合动力汽车

（一）乘用车

序号	汽车生产企业名称	车辆型号	通用名称	纯电动续驶里程/km	燃料消耗量/（L/100km）	发动机排量/mL	整车整备质量/kg	动力蓄电池总质量/kg	动力蓄电池总能量/kW·h	备注
1	比亚迪汽车工业有限公司	BYD6480STHEV3	比亚迪唐	100	1.8	1999	2390	235	23	
2		BYD6450VHEV7	比亚迪M3	80	1.4	1497	1820	160	15	
3	比亚迪汽车有限公司	BYD6460STHEV4	比亚迪宋	80	1.4	1497	2120	184	15	
4		BYD6460STHEV5	比亚迪宋	80	1.4	1497	2120	200	17	
5		BYD7150WT5HEV4	比亚迪秦	80	1.4	1497	1760	177	15	
6	华晨宝马汽车有限公司	BMW6462AAHEV（BMWX1）	BMW X1 xDrive 25Le	60	1.8	1499	1900	169	15	
7		BBA6461AAHEV（ZINORO60H）	之诺60H	60	1.8	1499	1900	169	15	

续表

序号	汽车生产企业名称	车辆型号	通用名称	纯电动续驶里程/km	燃料消耗量/（L/100km）	发动机排量/mL	整车整备质量/kg	动力蓄电池总质量/kg	动力蓄电池总能量/kW·h	备注
8	广州汽车集团乘用车有限公司	GAC6450CHEVA5A	插电式混合动力多用途乘用车	63/80	1.7	1495	1760	125	13	
9		GAC6450CHEVA5	插电式混合动力多用途乘用车	63/80	1.8	1495	1760	125	13	
10	上海汽车集团股份有限公司	CSA6454NDPHEV1	荣威eRX5	60	1.6	1490	1730	141	12	
11		CSA6454NDPHEV	荣威eRX5	60	1.6	1490	1730	141	12	
12		CSA7144CDPHEV1	荣威e950	60	1.7	1399	1835	141	12	
13		CSA7104SDPHEV1	荣威ei6	53	1.5	999	1430	108	9	
14		CSA7104SDPHEV2	荣威ei6	53	1.5	999	1430	108	9	
15	上汽通用汽车有限公司	SGM7158DACHEV	Velite 5	116	0.9	1490	1610	183	18	
16	一汽-大众汽车有限公司	FV7201FAABHEV	奥迪A6L e-tron	50	2.3	1984	2035	142	14	
17	浙江吉利汽车有限公司	MR7152PHEV01	帝豪PHEV	61	1.5	1498	1538	127	11	
18		MR7182PHEV01	帝豪PHEV	61	1.5	1799	1538	127	11	
19	中国第一汽车集团公司	CA7200PHEVA	红旗H7PHEV	50	2.4	1995	2010	117	13	
20	宝马（中国）汽车贸易有限公司	i3 1Z81	纯电动BMW i3升级款 增程型	246	0.6	647	1430	256	33	

注：插电式混合动力汽车燃料消耗量仅包括传统燃料，不含电能折算。

三、燃料电池汽车

（一）乘用车

序号	汽车生产企业名称	车辆型号	产品名称	续驶里程/km	整车整备质量/kg	燃料电池系统额定功率/kW	驱动电机额定功率/kW	备注
1	上海汽车集团股份有限公司	CSA7004FCEV	荣威950燃料电池轿车	350	2094	36	50	

从本次入选的车型来看，纯电动车方面，像比亚迪腾势、比亚迪e3、比亚迪宋EV、东风小康EC36、奇瑞 eQ1、华泰圣达菲SEV170、长城C30EV、知豆D1/D2、奔奔EV等熟知车型都正式入选，要是购买以上车型都可以免征购置税。而插电式混合动力车则有宝马i3/X1 xDriver、奥迪A6L、红旗等车型。另外，第九批名录还新增燃料电池汽车名单，只有上汽集团的荣威950一款车型入选。

参考文献

[1] 赵培全.汽车营销敲门点点通.北京：国防工业出版社，2011.
[2] 张竹林，赵长利.汽车选购窍门点点通.北京：国防工业出版社，2011.
[3] 赵培全.汽车营销理论与实务.第2版.北京：中国水利水电出版社，2016.
[4] 赵英勋.自己懂不求人：购车养车用车一本就够.北京：机械工业出版社，2016.